U0722377

自由风格训练

4 个基本动作优化运动和生活表现

[美]卡尔·保利（Carl Paoli） 安东尼·谢邦狄（Anthony Sherbondy）著 王雄 译

人民邮电出版社

北 京

图书在版编目（CIP）数据

自由风格训练：4个基本动作优化运动和生活表现 /
（美）卡尔·保利（Carl Paoli），（美）安东尼·谢邦狄
（Anthony Sherbondy）著；王雄译. — 北京：人民邮
电出版社，2019.1
ISBN 978-7-115-49519-8

Ⅰ. ①自… Ⅱ. ①卡… ②安… ③王… Ⅲ. ①运动训
练 Ⅳ. ①G808.1

中国版本图书馆CIP数据核字(2018)第228265号

版权声明

免责声明

本书内容旨在为大众提供有用的信息。所有材料（包括文本、图形和图像）仅供参考，不能用于对特定疾病或症状的医疗诊断、建议或治疗。所有读者在针对任何一般性或特定的健康问题开始某项锻炼之前，均应向专业的医疗保健机构或医生进行咨询。作者和出版商都已尽可能确保本书技术上的准确性以及合理性，且并不特别推崇任何治疗方法、方案、建议或本书中的其他信息，并特别声明，不会承担由于使用本出版物中的材料而遭受的任何损伤所直接或间接产生的与个人或团体相关的一切责任、损失或风险。

内 容 提 要

本书是卡尔·保利对15余年的体操运动员经历和10余年的执教经历的总结之作，从升级动作的独特视角，提出了一种化繁为简的运动表现提升训练新思路。

本书首先介绍了自由风格训练的理论基础，解释了通过升级动作改善人体运动表现的训练原理。接着，本书采用分步图解的方式，对手枪式、倒立俯卧撑、双力臂和波比——四个自由风格训练的基本动作及其进阶动作的执行步骤、技术要点和作用进行了全面介绍。同时，本书讲解了自由风格训练计划的制订方法，提供了针对不同锻炼水平的人群的训练计划案例。不论是希望改善运动和生活表现的普通人，还是期望发展高难度动作或运动技能的健身及运动爱好者，都可从本书中受益。

♦ 著　　　　　［美］卡尔·保利（Carl Paoli）
　　　　　　　安东尼·谢邦狄（Anthony Sherbondy）

　 译　　　　王　雄
　 责任编辑　刘　蕊
　 责任印制　周昇亮

♦ 人民邮电出版社出版发行　　北京市丰台区成寿寺路 11 号
　 邮编　100164　　电子邮件　315@ptpress.com.cn
　 网址　http://www.ptpress.com.cn
　 北京印匠彩色印刷有限公司印刷

♦ 开本：690×970　1/16
　 印张：27.5　　　　　　　　2019 年 1 月第 1 版
　 字数：601 千字　　　　　　2019 年 1 月北京第 1 次印刷

著作权合同登记号　图字：01-2017-3626 号

定价：168.00 元

读者服务热线：(010)81055296　印装质量热线：(010)81055316
反盗版热线：(010)81055315
广告经营许可证：京东工商广登字 20170147 号

目录

Dear Chinese reader,

When I heard the news that Freestyle was being translated into Chinese I was overwhelmed with honor. The opportunity to connect with the Chinese sport, fitness, and health community through the philosophy of Freestyle and movement education is a dream come true. I was contacted by Mr. Jerry Wang in 2017 who mentioned he had found my book on one of his trips to the United States. Upon his return to China, Mr. Wang presented the book to Posts and Telecom Press (China). After reviewing the book they decided to move forward with acquiring the copyright to Freestyle and spent the following 8 months translating and revising the book so the Chinese reader could get a full grasp and understanding of the content.

My intent with Freestyle is to provide you with a fresh perspective for observing, describing, and progressing your human movement to meet your unique performance needs. My experience has proven over and over again that the knowledge acquired by becoming a student of one's body through a movement practice has the power to transcend physical health and be expressed in all aspects of our lives, if one can begin to treat human movement not only as a physical practice but rather as a universal language. A universal language that has the power to help us maximize our physical

亲爱的中国读者：

在听到这本书即将出版的消息时，我感到非常荣幸。对我来说，能有机会就自由风格的训练理念和运动教育与中国的体育界、健身界和健康界的专家进行交流，是梦想成真的一刻。2017年，王雄先生与我获得联系，并提到自己在一次美国之旅中发现了我写作的 Freestyle。王雄先生回到中国后，向人民邮电出版社（中国）推荐了这本书。在对图书内容进行评阅之后，人民邮电出版社决定着手获得这本书的中文版权，并在获得版权后的8个月时间里对图书进行了翻译和审校，以便中国读者能够充分理解和掌握其内容。

我写作这本书的目的是帮助大家从全新视角来观察、描述和完善人体运动，以满足自己独特的运动表现需求。我的经验一次又一次地证明，如果人们开始不仅将人体运动视为一种身体练习，而是作为一种通用语言，那么通过运动实践成为身体的学生而获得的知识将超越身体健康的范畴，并在我们生活中的各个方面表现出来。这种通用语言有能力帮助我们最大限度地提高运动表现，同时在其过程中将我们所有人联系在一起。

我希望这本书可以作为一种每个人都能够获得的工具，帮助人们理解人体动作和运动表现，并且能够成为体育教育专家和学生之间的沟通桥梁。我相信，让所有人都能接受体育教育，并促进该领域专家之间的交流，将为我们提供一个坚实的基

performance while connecting us all at the same time in the process.

My goal with Freestyle is for it to serve as a tool for making the understanding of human movement and performance accessible to everyone, and serve as bridge to connect physical education experts and students alike. I believe that making physical education accessible to all and facilitating communication amongst the experts in the field will provide us all with a foundation for maximizing not only sport but also life.

I am excited for you to learn how the philosophy of Freestyle has made a positive impact in the way I move and live and how it can do the same for you!

Much Love, Thank you,
Carl Paoli

础——让我们不仅可以充分享受运动，还可以充分享受生活。

我很高兴你们可以了解自由风格的训练理念是如何对我的运动和生活方式产生积极影响的，以及它将如何对你产生同样的影响！

我爱你们，谢谢！
卡尔·保利

2017年我在美国一家书店闲逛，在运动图书专柜前看到了一本红色封皮的厚本大书，名字极其吸引眼球，*Freestyle*——自由风格。翻开一看，内容既不是街舞也不是饶舌，而是动作表现训练。

这本书的封面设计极具风格，内容更将我深深吸引住，在手上翻了很久，因为时间原因不得不离开时，我拍下了封面。回国后便推荐给了人民邮电出版社，并通过网络渠道联系到了作者卡尔·保利（Carl Paoli）。今年年初跟随国家游泳队徐国义教练组赴洛杉矶集训，本打算和Carl会面，因为任务太紧没有成行，遗憾错过了会面。通过电话和网络有过几次交谈，卡尔的谦虚、真诚和冷静，让我感受到了鬼才的感觉。

《自由风格训练：4个基本动作优化运动和生活表现》，这本书不仅仅是关于体操、CrossFit或者自重训练某一个领域，书的本质是呈现了一个全新的运动表现训练体系——自由风格训练体系。

书的内容分为3个部分。第1部分为"自由风格连接"，是他的理论基础，也是作者在总结自己前期运动生涯及后来十余年担任体操和健身教练的实践经验的基础上，解释他观察和描述动作的方法，解释如何对动作能力进行定义，并且提出了如何通过升级动作来改善人体运动表现的理论框架。简单来说，就是重新认识人体所有动作之间的联系，找到自己当前的能力区间和问题所在，确定自己想要达到的目标，最后通过确定进阶动作和训练计划来完成目标。这个从认识到实现的过程，就是自由风格连接。

第2部分为"自由风格四式"——手枪式、倒立俯卧撑、双立臂和波比，卡尔认为这是为运动和生活中的所有动作构建蓝图时最有用的四大基本动作，并详细阐述了这四个基本动作的进阶过程。正如书中所说，精通基础技能，你就会成为最高级动作的专家。自由风格四式不同于囚徒六艺，四式的专业性、串联性和体系性更加完整，更加符合人体动作科学的进阶逻辑。

第3部分为"自由风格的应用"，介绍了关于使用动作的根本基础，以此来最大限度地完善人们在特定项目和生活中的运动表现，帮助练习者将通过自由风格四式培养的动作能力逐步应用到在运动和生活中看到的许多其他动作上。在这一部分中，作者教了一些可帮助你练习自由风格四式的辅助练习，并帮助你弥补从自由风格四式到你自己的动作目标之间的差距。此外，这部分介绍了制订合理训练计划的理论和实践案例，告诉你如何在特定的时间范围内完成实现解锁具体动作的目标，如何设定进阶过程，以及如何在培养广泛的动作能力基础和针对具体目标的进步之间取得平衡。

这是一本关于动作技能的书。对于初学者来说，几乎任何一个计划都会奏效。只要练习动作和逐渐完成进阶，就会提高你各方面的动作能力。因为初学者当前的动作能力较低，不需要高度结构化或特定的计划。但到达一定水平后，瓶颈就开始出现，对于普通健身者来说，可以快速提升力量或者心肺代谢水平，但对于动作技能的提升，很可能长期无法跨越。比如很多人练习一辈子也无法完成双力臂。而这本书，就是解锁高水平动作的终极秘籍。

这更是一本关于生活方式的书。在书中最后一章，作者将其命名为"生活方式"，分享了9名专业冠军或运动高手各自的运动训练经历和心得，他们来自帆船、极限运动、单板滑雪、体操、举重、CrossFit、越野摩托车、篮球等各个不同领域，这些运动达人各自的不同经历和共同的信念创造出了更广泛的融合。从这些洋溢着无限生命活力的案例中，运动已成为他们所信奉的一种生活方式，这种方式不是你所做的某件事，而是你的生活实践，甚至上升到一种生活哲学。

在运动中不断突破自己——这种生活方式让人致力于不断练习、训练、探索，并专注于发展身心。卡尔提出，你周围的人与你的生活方式同样有价值，这些人不仅仅是队友、教练、医生或治疗师，他们会成为你的朋友、大家庭、最令人赞叹的支持团体，以及从未找到过的灵感来源。与全世界一起分享这种生活方式，也是作者撰写本书的初衷之一。

感谢卡尔的倾心奉献，将其对运动的无比热爱和潜心钻研，凝结成这本大成之作。感谢安东尼·谢邦狄（Antony Sherbondy）的精彩文字，才得以让卡尔的思路完整清晰而富有层次地展现。在我的建议下，卡尔给中国读者专门撰写了中文序，我告诉他，这本书一定会和中国读者见面，现在终于兑现承诺。感谢廖辉、程菲、邱波三位世界冠军以及廉继凯教练和段宏波老师的精彩推荐。练习，训练，应用，创造。训练的重点始终都要回归到基本动作上，基本动作是所有训练的基础。我有充分的理由相信，这本书所传授的知识、理念和训练方法，会让国内所有的训练爱好者受益。

Freestyle是一个很酷的词，它在本书中关于运动，关于生活，关于自我。它是关于我们真正关心的一个话题：通过动作表达自我（Self-expression Through Movement）。当然，你只有真正付出时间，挑战自己，才会找到其中的训练乐趣，如果你能够用本书所学来解锁更高的动作技能，才是一件更酷的事。

王雄

首先，我承认自己是一个不折不扣的卡尔·保利的粉丝。说到对人体是如何移动的和应该如何移动的了解，没有其他教练或运动员比他对我更有影响力。

但我们先来说说最重要的事情。

谈论斗牛是一回事，进入斗牛场中完全又是另一回事。我第一次见到卡尔时，他是一名运动员。他听说过我们的工作内容，就像任何伟大的运动员都会寻求更好的方法一样，他决定亲自来了解一下。几乎每位在职教练都拥有的普遍技能就是发现人才，所以在花了大约两分钟的时间来观察卡尔的动作之后，我发现他有点"不一样"。如果你见过卡尔·帕克（Carl Parkour）做奥林匹克举重的样子，或者是在他在吊环及蹦床上的表现，你就会明白我在说什么。

觉得我在吹牛，是不是？能够立马从一群普通人中发现运动天才？但关键是：卡尔正在执行他以前从未见过或尝试过的动作。我看到他很快就掌握了新的技能，并且做得很好。

我的职业生涯发展顺利。我可以在几乎大部分的职业级、大学级、国家级、奥运会运动赛事中到后台与全球最好的教练们交换笔记。这意味着我有机会接触世界上最优秀的运动员。我常常会看到他们超乎寻常的运动能力。我的孩子也已经习惯和我这一代最伟大的运动员一起出去玩耍。我想说的是，见过太多在各自领域中的优秀人才之后，我开始对这种优秀习以为常。并不是说在许多优秀人才的身边会变得无聊（从来没有！），只是过一段时间之后，你就会开始问一些不同的问题。让我把话题转回卡尔身上。

在观察卡尔的动作时，我很清楚，他接受过正规的动作指导和训练。就像杰出的体能教练丹·约翰（Dan John）所说的："没有人只是走在街上就能做15次过顶深蹲。没有任何人能做到。"但是从来没有人教过卡尔那些动作，同时这也是卡尔如此让人惊讶的原因，他有能力当场转化其过去的技能，帮助自己成功完成新的任务。就这样，我们遇到了真正有意思的问题。哪些技能是可以转化的？如何转化？为什么要转化？是否有一种根本的或基础的动作语言，帮助我们实现终身的持续技能发展？那个程序是怎样的？它的核心要素和价值观是什么？它是否能解释其领域之外的复杂现象？它是否会根据能力进行调整？它是否可观察、可测量和可重复？可否把它教给孩子？简而言之，如何建立一个保持灵活且无限实用的人体动作操作系统？这个操作系统也就是一种模型，它让技能获取优先于原始练习，但是通过长期练习可以实现更大的爆发力、力量并完成复杂的任务，而不会走进诸如受伤、技能较差、动力问题解决不好或无法达到个人功能高峰此类死胡同。

我与许多运动员合作过，他们都非常成功，但对自己的技能几乎没有元意识（meta-awareness）。他们是世界上最好的运动员，但他们并不知道为什么自己的做法会有效，也不知道如何开始认识自己的能力（只知道总是极度投入和努力练习）。他们不知道如何用语言将这些信息传递给另一名运动员，更不用说沟通培养技能所需的数千个细微步骤。这正是为什么多年来在实验室或健身房里和卡尔一起度过的时光是如此让人印象深刻的原因。他知道自己是如何从A到B的，更重要的是，他知道如何教你从A到B。

生活在这个互联网时代，我们可以随时查阅全球最优秀的运动员和教练的训练方法。你可以找到肯尼亚长跑选手使用的5千米训练计划或深蹲训练计划，虽然这似乎很神奇，但这就类似于阅读关于怎么开一级方程式赛车的指南，却无法真正了解如何以200千米/小时通过第一个弯道。你可以这样做，但你很可能会冲进草地，或者带来更糟糕的结果。这正是我们在水平更高的运动或竞技世界中目睹的情况。我们以200千米/小时的速度将数百万只鸡蛋扔进第一个弯道，而没有打破的鸡蛋将会继续进入下一个弯道。我每天都能看到对我们应该如何移动和不应该如何移动的基础理解中的这些漏洞。我的妻子朱丽叶（Juliet）清楚地了解，世界上最好的军人和运动员向我们发来寻求帮助的电子邮件多如洪水一般。问题的规模比你想象的要糟糕得多。例如，我们甚至还不能降低女性运动员ACL（前十字韧带）的受伤概率。如果不知道如何跳跃和落地，年轻女孩怎么能够一路顺利地去参加大学级别和职业级别的运动呢？我向你保证，这并不是力量或意志的问题。这是一个操作系统错误。鸡蛋最终会在某一个弯道中被打破。2014年索契冬奥会首次设立女子跳台滑雪（slope-style skiing）项目，在此之前的那个赛季，该运动项目世界排名前十的女选手中，75%的运动员长期受到膝伤的困扰。

如果要做ACL治疗手术的概率是25%，你还会让你的女儿参与这项运动吗？

那么我们要从哪里开始呢？学校里的体育课所教授的内容十分有限。去任何一所小学的运动会比赛中做志愿者，并准备好被孩子们严重缺乏运动技能的情况吓坏。我是指基本的生活中所需的运动技能，比如跳跃或前滚翻。我已经做过了。我目睹了有的五年级学生无法伸展其髋部，没有足够的能力在套袋赛跑中跳10米。事实的确如此。这无论如何都不算是新闻。几乎我认识的所有大师级教练都倡导为了儿童的发展而进行某种正式的运动训练。还记得你班上曾经上过体操课、空手道课或舞蹈课的孩子吗？这个孩子是否在第一次尝试这项运动时就能用后空翻跳进游泳池，或者他是高中校队里最好的运动员？你当然会记得。大师级的教练们也记得。你看，丰富的执教经验让大师级教练和运动教育工作者们注意到这些孩子的学习能力非常强。

这一切都很好，但仍然没有让我们更有可能实现授予任何类型运动员正式的、系统化的、渐进的和立即可转化的技能。你是否认为小时候常常爬树的孩子通常可以执行引体向上，并且成为更稳定、更高效和更少受伤的泳手和投手？事实上，我也这样认为！不过顺便问一句，要爬多少树？多久一次？爬多高？如果孩子还没有足够的力量爬树，怎么办？如果孩子的生活环境中没有爬树的机会怎么办？如何能让整个班的孩子同时去爬树？孩子们应该如何提高攀爬技能？如何才能保证没有孩子因爬树而受伤？对不对？

通往精湛技巧的道路上并没有捷径。相信我，经过长年跑步和鲁莽无知的运动，就像在一家精美瓷器店里疯狂奔跑的公牛一样，你最终不得不进行腰椎手术或髋关节表面置换术，"付出"昂贵又痛苦的代价。而且可怕的是，你仍然要重新学会正确的训练方式，没有其他出路。当然，你可以停止跑步、骑自行车、举重、打球、冲浪或滑雪。水中有氧运动和徐缓的行走是有效的解决方案……但你已经知道这些了。这就是为什么此刻你会捧着这本书。

在我认识卡尔的8年中，我非常荣幸地亲眼见证他将一生的工作经验和直觉融入这本书。在人体运动表现领域的许多专家都呼吁建立简单的运动能力基准，尽管如此，他们并没有创建出一个可以让我们完成此任务的课程。我们已经破解了体能训练的代码。我们可以让人们比以往任何时候都更加健美和强壮。我们知道这些领域的最佳实践是什么样子，有什么感觉。不过，我们还没有破解让运动员适应力更强的代码，还没有让他们准备好接受这种训练。到目前为止，还没有一个蓝图可以指引我们系统地教导人体运动的基石。我们只是一直希望某个孩子因为偶然的机会进入一项运动，并且能够很好地解决它。但是，如果我们能够消除不确定性呢？如果我们能够授予人们（不只是运动员）工具，让他们能够学会几乎任何新的运动技能呢？如果几乎每个人体动作都可以拆分为最原始的源代码呢？幸运的是，这已经是现实了。本书是一场人体动作革命的开始。为自由风格训练喝彩！

凯利·斯塔雷特（Kelly Starrett）

图片由玛丽亚·戴维（Maria Davey）提供

引言

00

不要让别人的想法限制你自己的想法。

我叫卡尔·保利（Carl Paoli），这是我的故事。

作为一名体操运动员，我接受了超过15年的训练，然后又执教了10多年，之后，我确定了4个动作，它们将改变你对健身和体育运动的看法，并将改变你生活中的运动方式。如果你急于了解这些动作，请直接翻到本书的第2部分。否则，让我先来简单介绍一下自己，以帮助你了解我的训练理念和训练方法的起源。

在我的体操运动生涯中，我意识到我并不是最有身体天赋的运动员。这也可能与我在小学时学习体操的方式有关。那时候，我的教练坐在长凳上，抽着烟，吼着指令。那些年龄较大的孩子会根据她的指示来执行，而我们这些年龄较小的孩子则试图模仿他们。

当我转入当地体操俱乐部的竞赛团队时，周围的孩子都比我更加优秀。尽管有激烈的竞争，或许正是因为竞争，我每天晚上都带着有一天能参加奥运会的梦想入睡，这个梦想促使我努力缩小差距。即使我的表现优于许多孩子，我总是觉得自己还不够符合标准。

17岁时，我的双肘都患有肌腱炎，双脚的踝关节多次扭伤，斜方肌撕裂，前一年颈部受伤，而且因为之前缝了28针在头皮上留下了疤痕，还有，日常练习通常会让我的双手皮肤开裂，腿部瘀伤。我觉得整个身体系统都出问题了。那时，我在西班牙的体育馆和体操界的同行中已赢得了尊重，但我仍然没有接近入选奥运会代表团的梦想。

我记得我的教练曾尝试想出新的技术动作，并与其他教练交流，带回来新的知识，但他的尝试到最后总是用同一种方法来指导每个人，有些人的技能得到了提升，而我通常是无法受益的人。原因可能是我的恐惧，或者简单地说我无法适应，但是我总觉得，这中间缺少了一些东西。

最后我还是离开了体操运动，转换到单板滑雪和冲浪滑水。我掌握这两项运动的速度比我周围的人快得多，我相信是因为这些运动项目的基本技能有很大的重叠。

极限运动让我有一种自由的感觉，我可以自由发展自己的风格。没有人告诉我要穿戴什么或者怎么做。没有真正的学习方法；只是你自己、你的构想和你的身体。什么都行！当你用新的技巧落地，或者你在执行动作时让朋友们变得兴奋，你就知道事情在朝着正确的方向发展。

随着时间的推移，我学会了蹦床运动、手平衡杂技、奥林匹克举重和壶铃训练。通过对这些不同项目的探索，我发现每个项目都只是训练我的身体实现特定动作的目标。我还注意到，这些运动项目的领头人经常发展出顽固的思想方法，即他们的方式是唯一正确的方式——就像我在体操中听到过同样的话。一旦我体验到这种限制，投入另一项新的运动就只是时间的问题。

几个月后，我就知道他们一点都不喜欢我，说实话，我也不喜欢他们。我开始感觉到当初自己以体操作为职业选择时的负面情绪。

有一天我走进体育馆，决定跳过让孩子们按身高排队的步骤。我让他们坐下来并问道："你们其实想学什么？为什么来这里？是什么促使你们过来的？"孩子们知道

我的想法，并且想讨好他们的教练，所以当然会回答说他们的梦想是成为伟大的体操运动员。我知道，他们对自己说的话完全没有概念；每周只花几小时参加一个业余训练计划是不会变成伟大的运动员的。我告诉他们真相："你们在这里，是因为你们的父母希望你们来这里。那么你们其实想学什么？"一个孩子害羞地举起手来，说："我想学会跑上一面墙，接着后空翻下来。"然后另一个孩子说："我想要能够从我的树屋跳下来，并且还活着。"所以我为他们提供了一个训练选择，即每周都会由孩子们选择一个动作或技巧，并使用传统的体操训练来学习这个动作。

几个月后，我看到孩子们有了巨大的收获，而且我和孩子们都很高兴能一起训练。我爱我的工作！一切都变得更加放松，每个人都过得愉快。坐在看台上的家长们很快就注意到了这个进步，并询问他们是否可以加入，一起享受乐趣。我回答说："当然可以。只需要签署这份免责书……"

回到本源

各种风格的训练最终使我回到了我曾经离开的运动项目——体操。我开始教一个业余水平的体操班，但前提是，只为了乐趣而开班。尽管我开体操班的目标是享受，但我发现自己陷入了僵硬的指导方法，与我成长过程中接触的教练一样："你们按身高排队，练习这个动作，直到完美，只有当你可以百分之一百二十地完成它，我们才会继续教下一个动作。"

虽然这是一个非竞赛型计划，每周仅限于几小时的训练，但我给这些孩子很大的压力，并相信他们应该为此而感谢我。

大人与小孩的情况又有所不同。他们知道自己参加训练的目标并不是成为奥运冠军；他们只是想玩乐，并学习很酷的动作技巧，使他们可以在体育馆的蹦床上练习后，回家在自己的后院表演。我试图向他们解释，最好在跑步之前学会走路，但是他们设法说服了我。所以我屈服了，我们开始练习一些很酷的技巧。

第二天问题就来了，其中一个人打电话来说："嗨，卡尔，昨天我和你一起上了一节非常棒的训练课，但是我的手臂很酸痛，我几乎不能伸手去擦拭身体。""我的背部动不了，从臀部到头部都不能动，我走路就像霸王龙一样，双臂蜷曲在胸前。"信息清晰而明确：我们需要让他们的身体为这些技巧做好准备。我有解决方案：体能训练!不是随便的什么体能训练，而是针对体操项目的体能训练。

"我想要能够从我的树屋跳下来，并且还活着。"

体操的体能训练对他们的确很有效，并且他们有了进步。一段时间后，出现了另一个小问题：他们的关节开始疼痛。我真的不知道该怎么做了，所以我再次采用了自己小时候做体操运动员时学到的方法："如果觉得它痛，把它绑扎起来！"用了数百卷运动胶带之后，我的客户看起来僵硬极了，我心里想，"也许体操不适合成年人"。

难道成年人就应该不被允许以任何自己想要的方式活动吗？出于某种原因，我选择不相信这一点。我知道这些成年人有更大的潜力，我只需要弄清楚如何将他们与他们想要的运动方式联系起来。更不用说我真的很喜欢我的工作，我不想放弃。

我正是在那一刻发现了我的执教理念。

作为教练，我的首要任务是帮助人们实现梦想：

1. 帮助他们确定自己的目标，正如对待孩子们那样。
2. 找到一个实用的解决方案，尽可能安全地指导他们朝着这些目标迈进，如成年人所证明的那样。

卡尔教练

确定了我的执教任务之后，我发现艰巨的部分已经摆在我面前。我缺乏信息，不清楚如何最好地帮助成年的非体操运动员为这种动作做准备。在这种条件下，我该如何帮助这些成年运动员学习采用他们想做到的体操技巧呢？

我对此的探索把我从体操馆带到了著名的健身俱乐部连锁店，并成了那里最卖座的私人教练。然后我又到了旧金山的一家共享健身房，每天在那里开始大量阅读和研究举重练习。这种认真的研究，加上与跟随我的最忠实的客户的互动，使我构建出了教导人体动作的理论框架，我称之为自由风格连接（Freestyle Connection）。

我一直都想把功劳记在应得的地方，所以我要特别说明这一点，这对我来说非常重要：当我开始学习 CrossFit 的时候，我的想法有了最大的飞跃。在潜心研究它之前，我尝试了几次，后来还是决定放弃它，部分原因是我认为里面的姿势和技巧太难看。在我这个接受过体操训练的人眼中，CrossFit 似乎很危险；看着那些疯狂的摆动式引体向上（Kipping Pull-up）让我很难为情。幸运的是，我对奥林匹克式举重训练的迷恋终于把我拉进了一家名为"San Francisco CrossFit"的健身房。

后来，CrossFit 成了非常流行的健身方式，随这种流行而来的是对它的许多不同角度的定义。CrossFit是"精英运动员的健身""一种训练文化""快速长距离大负荷运动""很大的乐趣"和"危险"。对我来说，最重要的是，人类一直在试验如何让身体克服各种挑战，试图找到哪些训练适应能最成功地帮助人们更好地移动，CrossFit就是这些无数实验的结果之一。CrossFit创造性地让身体面对一系列难以置信的挑战，仔细衡量人们的动作表现，然后根据其诱发的表现继续改变刺激，从而找到答案。

CrossFit教练为了让训练课既安全又有用，会尝试让人们执行不熟悉的动作以做准备，而我在执教CrossFit时所面临的最大挑战就是管理这个过程所带来的压力。例如，有一天我们将结合负荷较大的奥林匹克式举重训练与跑步训练，另一天我们将高速执行技巧性体操动作训练。这就像要求一个人同时参加两个差异极大的奥运会比赛项目。

这种环境非常适合理解和发展难度刚好在某项特定运动专项的技术动作之下，并与这项运动的技术动作相似的动作。例如，运动员会被要求学习在奥林匹克式举重中见到的高翻和挺举，但是要在这项运动以外的环境中执行它。我在训练客户时的重点稍微倾向于为了学习更好的一般动作模式而去理解具体的技术，而不是为了达到特定的执行要求而理解具体的技术——例如，我们多次重复练习硬拉技巧，是为了培养心肺耐力，而不是像力量举运动中见到的那样专注于举起最大的重量。

此外，为每个动作找到最适合个人执行水平的变化或风格，从而提升动作水平，这种行为会带来创新——这是一个找到安全的最优训练刺激的过程。起初，我认为

标准如此变化是很危险的，但现在我知道，通过适当的指导，从长远来看，这样做会更安全、更有效。

结合我以前在体操和个人训练中获得的经验，这种新的训练方法帮助我的客户立即看到了成效。这些成效鼓励他们再次练习体操，或者是第一次尝试体操训练。我会教更多基本的动作模式，我很惊讶地发现，这种教学方法在体操馆中体现出来的效果比体操专项训练更好。我的客户真的学会了，而且他们在第二天不会感到肌肉酸痛，不会有可怜兮兮的样子。

虽然我对这些结果感到很激动，但同时也感到困惑。如果没有训练具体的体操动作，学生怎么可能在体操上有进步呢？虽然我对自己体能训练的技能充满信心，但是我不能明确指出我做了什么特别的事情。

有一天，我听一位瑞典神经科学家谈到儿童发展的问题，他说："孩子们需要学习阅读，然后用他们的阅读能力来学习新事物。你需要学习阅读，以便通过阅读来学习。"瞧！我意识到，这就是我们一直在做的。我教会人们如何运动，所以他们可以使用那个动作来学习新的动作。我们必须学会运动，所以我们可以通过运动来学习！我为这些运动员在一般动作准备和运动专项训练之间找到了适当的平衡。

在十多年的执教时间里，我对教授动作基础的信心，加上在这个基础之上创造个人动作风格的方法，会让那些在以前其运动项目指定的训练方案中无法获得成功的运动员变得更加强壮有力。我坚信，通过教授人们多种动作风格，让他们根据自己的个人优势来利用这些风格，是在特定运动项目中尽可能提高运动表现的一种更

好的方法。

我在这里要澄清重要的一点，我的建议不是简单地做CrossFit或任何其他训练计划。我的意见是要在一般运动准备和运动专项训练之间取得平衡。CrossFit只是为我提供了很多手段，证实了调整这种平衡是提高个人运动表现的最佳方法。作为运动员和教练，我们必须不断努力，在动作能力与运动专项或专项目标的过程之间取得平衡。

我们来看一个缺乏平衡的具体例子。在我的体操生涯中，我最喜欢的项目是跳马，但我的问题是，我的跳跃并没有产生足够的力量去完成我的动作套路中需要的额外动作。我的教练和我在体操馆里努力练习，以获得更大的力量，更用力踏跳，并跳得更高。但那些解决方案对我来说并不奏效。多年以后，当我退后一步从对动作的更基本的理解去考虑我的表现时，我才弄清楚自己有什么不足，并弥补了这些不足。我缺少一些基本的跳跃动作模式，这一点在当时很难在体操专项训练中暴露出来。

现在我意识到，为了增强我的跳跃爆发力，我应该采用一种与跳跃动作相匹配的训练风格来帮助我填补最常见的漏洞，而不是简单地继续练习在体操跳马中特定的跳跃训练。即使每一项运动针对其特定的完整动作都有简化版本的训练，但这些训练有时却远离了你所尝试解决的实际问题的本质。只有更好地了解人体动作，才能使你决定如何在各种风格中选择可以解决你所面临的动作问题的风格。这就是为什么你要练习一种看起来似乎与在你的运动项目中需要执行的动作风格所完全无关的动作风格。

只遵循一个训练计划，而不是了解人体动作的一些基本原则，这可能会让自己错过很多东西，我一想到这一点就觉得自己要疯掉。我不是说任何人或训练计划跟着以前的结果继续练习就是愚蠢的。其实我说的恰恰相反：大多数训练计划包含有关人体动作的一些基本道理。这就是我所说的答案：我们需要对基本动作进行恰当的教学训练，以提高跨项目的能力。我并不是说这很容易做到，或者说这是第一次有人尝试这么做。作为运动员，我们总是必须在探索不同风格的动作和按我们的特定训练做好准备之间进行权衡。

我最大的痛苦就是通过过往经历了解到，当我埋头学习其他风格或准则时，却找到了可以解决我之前在体操中遇到的障碍的方法。我只是没有获得所需要的人体动作训练，无法了解如何使用其他风格来改善我自己的动作。自由风格是我帮助你避免犯同样错误的方法，让你有能力、有实效地选择和组合各种训练风格，以达到你的具体目标。

什么是自由风格训练（Freestyle）

我将自由风格训练定义为一种体能训练方法，可以跨越并练习其他训练科目，为技能打好基础，然后以对于特定的运动项目或训练科目最有效的方式使用该技能。我在本书中所展现的，就是总结了我在建立并使用有效的技能基础达到具体目标的过程中，所积累的知识和经验。

自由风格训练的重点是学习多种训练科目和多种动作风格，同时尽可能高效地迈向具体目标。如果有很难接受多种风格的心态，是因为你可能认定了不应该把时间浪费在不是自己选择的训练科目上。但请记住，每一个训练都可以溯源至多种风格的交叉点。体育运动中的正式练习很重要，但如果你没有找到自由风格所建议的探索与进步之间的平衡，就很难创建、定义和发展运动或动作风格。

所有运动项目都以身体与环境的彼此相互作用为基础。这些相互作用通常是一种自由的运动探索，它开始时可能只是一种游戏，或者只是随性而为。最终，基准、标准和规则被制订出来，形成一项训练科目，使其能够被分享、监管和改进。在这个意义上，自由风格可以被认为是一个过程，即发现有趣的或是来自友好竞争灵感的运动，并最终使其成为正式运动项目的一部分。

自由风格在现代体育演进中也起着至关重要的作用。例如，摔跤是一种可追溯到古代奥林匹克的搏斗艺术，其暴力的原始风格曾使摔跤被用于训练和战斗。通过探索一种不那么暴力但仍然有效的训练和竞技方式，这种原始风格演变成了一种

不那么残酷的形式：古典式摔跤（Greco-Roman wrestling）。古典式摔跤不允许摔跤手使用腿部，这种规范大大限制了一个人使用整个身体去执行动作的自然能力。而探索人体动作的行动又一次导致了一种新的风格的出现，这便是一种不太正式和更开放的摔跤风格，允许使用腿部和手臂，这种风格最终演变为今天的自由式摔跤。只有当我们可以摆脱已经在一项运动中确立的方法时，这种探索才会发生，这对运动风格的演变至关重要。

有时一项运动会随着标志性动作的创造而演变。当对运动员有具体要求，然后为他们提供创新空间的时候，他们往往会翻查自己学到的动作"词汇表"，并构建出新的"词汇"。我们以游泳为例，特别是400米混合泳比赛，它包括按以下顺序执行的正式泳姿：蝶泳、仰泳、蛙泳和自由泳。我愿意相信，最初向参赛者表达的最后一段自由泳比赛游程的要求是"用你喜欢的任何风格尽可能快地完成"，其思路是测试他们使用各种不同风格的能力，然后要求他们在最后一段游程拼尽全力，并找出适

嘻哈音乐中的自由风格（*Freestyle*）

在嘻哈音乐世界中，自由风格被用于说唱（Rap）和街舞（B-boying）。在说唱中，"自由风格"一词的含义在多年的发展中有了变化；它曾经是指从一个预先写好节奏的说唱到节奏的展示，但没有特定的主题，而现在这个词意味着"脱口而出"（"off the top of your head"）。尽管自由风格说唱的表演是即兴发挥的，但也有一个涉及训练和排练的正式基础。排练基础与即兴发挥之间有一个关键点，就是通过创作将各个排练过的单元结合起来，实现通过音乐的自我表达。艺人经常在"对决"（Battle）或

比赛中展示这些技能。

当一位名叫BBoy Wicket的舞者邀请我与他一起去韩国旅行时，我开始熟悉嘻哈音乐的自由风格。他将在韩国与Ratsgade Rockers（来自美国的传奇舞团）在R16对决，R16是世界上最大规模的年度街舞对决之一。在此次活动中，我了解到，即使所有街舞者都有同样的基本动作模式，但每一位在对决中表达这些动作的方式就定义了他自己的风格，并让他拥有个人风格的舞蹈表达。

合自己的最好的泳姿。大多数人最终选择了爬泳，因为它是速度最快的，也就是所谓的自由泳。

我们的身体通过自然调整，在设定的标准中选择出的最佳解决方案就是自由风格。这例证了身体如何根据具体要求进行针对性的调整，从而在单个项目中创造出标志性的动作模式，并进一步定义了某个科目或运动项目。

自由风格是我关于完善人体运动表现的理念。无论你选择何种训练风格或科目，都可以通过了解其他风格或科目，并花时间练习那些可以作为原有风格的补充的内容，从而完善你的表现。

通过自由风格，你可以开发标志性动作，表达出针对特定意图的最佳运动方式，就像前面谈到的游泳那样。在经过人体动作基础的训练和实践后，这些标志性动作变得成熟，然后以创造性的方式结合起来，在需要精确执行和最高水平的运动（如比赛）中运用它。

就动作本身而言，自由风格是指身体自由表达以及人体可以采用的无限种类的风格。我认为自由风格对于任何运动项目或身体活动的学习和发展都很重要。相信你所学到的知识并让自由风格自然发生，你就可以让自己不断成长。自由风格就是通过自由风格训练的过程就是进步的过程。

自由风格的4个关键要素

因为你正在读这本书，无论你是运动员、健身爱好者、训练师还是教练，或者只是一个普通的健康人，我都可以放心地假设你希望有所进步。理解身体的运作方式并不容易，更不用说要知道如何进一步发展它。在

训练中遇到障碍或做出导致受伤或影响运动表现的错误决定，这并不罕见。本书的主要目的是：无论你的专长、能力或目标如何，都要帮助你确信自己正在采取正确的步骤。

我很幸运能够到世界各地执教，与有才华的运动员和教练合作。在圣迭戈的CrossFit运动员训练营（CrossFit Athlete Camp）中，世界各地的运动员聚集在一起准备他们的比赛，提高他们的成绩，并深入了解他们各自为了将成绩提高到新的水平而需要什么。我曾与一组运动员致力于练习吊环"双立臂"（Muscle-up）。有些人可能不知道，吊环双立臂是一种为CrossFit设计调整过的体操动作，执行过程是通过摇摆将自己拉起到吊环上方。在我这一组中，有一位女士号称能做出世界上最好、最高效的双立臂。我琢磨着，"如何使她的表现更具价值，更有见地？"

我开始介绍我在所有研讨会上教授的双立臂动作步骤，其重点是帮助初学者尽可能快速地提高。具体来说，目的是帮助人们第一次完成双立臂。令人惊讶的是，这位女士之后来到我面前说："这样效率更高！我很喜欢！"有趣的是，我在创造大部分动作步骤时，都以用慢镜头观看她完成吊环双立臂的视频作为参考。

我总是告诉与我合作的教练和运动员："我没有发明这个动作；我只是在探讨它。"换句话说，我只是观察某人执行动作，然后描述我所看到的，但我在选择用词时，总是考虑到运动员的经验和背景，而不是用特定于动作本身的技术术语。以这种方式描述动作，对于将自我意识带给运动员至关重要。它标志着从探索状态转变到身心合一，将竞技表现提升到新的高度。指

导运动员探索自己的动作和行为的这个过程让他们能够自我指导，并更好地解决自己的运动表现问题。

用如此少量的指导就完善了这位女士原本已经是顶尖水平的双立臂动作，这表明，知识的呈现方式可能比知识的质量和数量更有意义。这么多年来，我逐渐意识到，有时重要的并不是我们对某个特定主题的知识量，而是我们如何收集和影响我们提供的信息。

我发现有4个关键因素决定了我们如何收集信息，并以建设性的方式分享信息。

1. *观察与描述*：我们天生就拥有观察、评估和描述我们动作的能力。作为教练和老师，我想牢记这一点，因为它颇有教益。

2. *感觉*：我们有能力感觉到自己的身体与我们所处环境的关系，这是一个很好的自我评估工具。即使这种感觉是主观的，它也可以提供关于某人在特定情况下的行为反应的方式及原因的最重要信息。

3. *动机和目的*：为了生存、被奖励，或是在某个方面成为最优秀的人，甚至是纯粹的好奇心（这只是列出一些激励因素），这些都是我们活着并进行运动的驱动力。若不了解是什么在驱动一个人或一个团体，就不可能制订成长和发展的计划。

4. *技术*：我们是所处环境的产物，但我们也在塑造和发展我们的环境。动作技术极大地受到我们的运动方式的影响，我们必须理解这一点，才可以发展我们自己并在此基础上发展技术。

尽管这些因素看起来很明显，但它们往往被忽视。它们是理解我们自己的最有效的工具：作为个体，我们是谁？为什么我们用这种方式运动？我们的运动表现如何受到周围的人的影响？我们如何受到新动作技术的影响？

我们来仔细看看这4个因素。

观察与描述
动作是最基本的沟通形式

我们阅读肢体语言的能力深植于我们的遗传密码之内。它在人类进化的数百万年中不断发展。沟通是生存的重要工具。例如，众所周知，人类将肢体语言作为寻找配偶和生育的工具。

在所有沟通中，非语言沟通占50%~70%。在结合语境理解时，一个人的姿势、面部表情、眼球转动和手势通常足以传达信息。肢体语言是直观的以及全世界通用的。

如果你看到有人微笑，你不需要一个学位或一位翻译就能明白她很开心。秒懂这些信息的能力令人兴奋；它提醒你，你天生就拥有一个强大的工具来研究和发展人体。

一位受欢迎的嘻哈艺人说，"上学很轻松。为什么呢？因为答案都在书本里。"他的意思是，答案通常就在我们面前。就研究动作而言，如果我们停下来，关注身体在发生什么变化，我们就可以发现很多问题的答案。

我选择专注于运动表现的力学机制方面，因为动作就在我们面前。我们可以从多个方面去测量、控制和测试它。虽然我很清楚生理和心理方面都很重要，但我逐渐意识到，当我们重点关注外在物理方面时，往往也会渐渐了解另外两个方面。

作为教练，我努力就如何提高他人的运动表现做出最准确的决定。这需要学习如何处理通过观察动作所收集到的信息，并借助于我们的知识、个人经验以及直觉（这是最重要的）来描述我们所看到的信息。

由于人体运动表现的复杂性，我们很难全面了解它，但是通过掌握外在的物理方面，并对人体的生理和心理方面有基本了解，我们将掌握足够的信息去做出合理的决策，以保证持续进步。

感觉

真正的人体运动表现只能通过感觉来衡量

在我执教之初，我经常示范执行动作，并在我运动时自我描述这些动作。这样，我就成了我自己的观察者。这种做法不仅让我自己在执行这些动作时有所提高，还增强了我作为教练去观察和指导他人的能力。

因为你是一个理解运动的观察者，学习动作会比较容易，但你怎么观察自己？幸运的是，你有自己的感官可以指导你。感觉的能力是一个强大的工具，凭借这个工具，你可以用与外部观察员几乎相同的评估方法来评估自己。

当你做自我评估时，可能会遇到的挑战是：你每天执行的大部分动作都是无意识的；在执行这些动作之前，你并不需要考虑它们。如果你养成了坏习惯，比如在工作时弯腰驼背地坐着，就可能会带来特别大的问题。这些习惯现在可能会引起一些疼痛，并导致以后的受伤。只要知道自己的感觉，就可以明确什么是错误的，以及如何纠正它。

你可以使用所有感官来指导身体与环境的关系，但我主要关注疼痛感、平衡感和身体及其部位在空间中的位置感。这些统称为本体感觉。

我关注本体感觉是身体及其部位在空间中的位置和移动的感觉。正如吊环双立臂的故事中提到的，只需让人描述你在运动时的样子，就可以提高你的运动表现。通过有意识地描述你在运动时的感受，你可以增强自己的本体感觉，从而提高自己的运动表现。

通过训练你的感官，特别是身体层面的训练，你可以对自己的表现做出相当准确的评估。这个评估对于提高移动能力至关重要。

动机和目的

分享就是进步，进步就是成功

为了制定出最有效的个人成长与发展计划，我们需要了解是什么在激励我们。我关注的3个主要动机是生存、回馈和创新。

工业科技革命和新技术的引进使我们现代人无须暴露在恶劣的自然环境中。今天，"生存"的动力主要来源于奖励回馈或对被惩罚的恐惧。

以准备参加奥运会的运动员为例。该运动员希望在其运动项目中成为最好的选手，他在训练中奋发努力，并愿意投入毕生精力去实现赢得一枚金牌的目标。一旦该运动员赢得金牌，他就能与世界上的所有人分享他的胜利。若没有这个庆祝的时刻，奥运（和笼统意义上的比赛）将不复存在，胜利将伴随运动员一起逝去，而不会成为历史和人类进化中的一部分。

分享胜利的时刻至关重要，它为追求类似目标的所有人建立了一个参考点。这个参考点是基准，它会变成下一批运动员瞄准、实现并最终超越的目标。超越一个又一个的成就的需求是我们竞争和成长的自然动力的一部分，这不仅仅体现在体育运动中，也体现在自然界和社会的其他方面。我们要理解，不断设定新的表现基准是人之天性，你可以构建更有效的路线图或进度来进一步发展自己的运动表现。

最后，正如丹尼尔•H. 平克（Daniel H. Pink）在他的著作《驱动力》中所指出的，除了生存和回馈奖励以外，还有一个激励因素在驱动人类，但往往没有被承认。这个驱动因素就是要创造或做出一些新的东西，并与世界分享。我喜欢把这个驱动力理解为是被发展和扩大我们的视野的需求所激励的。

技术

技术是我们如何移动的产物，反之亦然

1980年，苹果公司创始人史蒂夫•乔布斯（Steve Jobs）在演讲中表示："人是工具制造者，有能力制造工具来扩大自己拥有的内在能力。"这句话引用自一项关于许多物种从一个地方迁移到另一个地方的移位效率的研究。研究结果表明，秃鹰是移动效率最高的物种，而人类的排名在30多位。然后有人决定做同样的测试，但是人类用自行车参加测试。这一次，人类成为冠军，甩开第二名一大截。我们制作和使用工具的方式使我们这个物种在动物界与众不同。

练体操长大的我理所当然地认为，我们必须在不同的器械上执行动作，并且每2到4年，我们就会看到这种器械的新设计。直到后来进入健身行业，我才真正开始理解，这些工具的设计目的就是要让我们的身体最大限度地展示出其能力。例如，高单杠制作得更有弹性，以产生更大的动力和速度；跳马则变成了一张桌子，以发展更高水平的新技能。技术到底对于某个运动项目的技能发展有何影响，这就是一个鲜明的例子。这也会发生在日常生活中，记住这一点也有助于了解作为物理实体的我们在今天到底是谁。这些工具大大影响了我们的文化，也极大影响了我们的日常交通方式、自我照顾方式以及玩耍和活动。

技术对提高运动表现有如此之大的影

社区

在我的执教生涯中，我去了许多不同的国家、不同的健身房，我不断重复地看到一个相似之处。每个健身房都有类似的群体互动，一个领导者和一群人组织起来，准备完成某些练习。通常情况下，他们会努力提高自己及其运动项目或技能的表现。

这种群体互动的优点是，它允许参与者不仅被领导，而且有机会以最小的风险去挖掘其表现中非理性或本能的一面。

和大多数专业的教练机构一样，每个参与者都在这种体验之后找出了自己的另一面，并成为更好的运动员和个人。一名教练带领一群运动员的这种互动出现了2个基本的结果。

1. 利用这种由自然本能控制的更原始和非理性的状态，使运动员感觉更有活力、更人性化。
2. 利用社区的支持，让运动者走向目标，实际上是向他们传播体育文化。

响力，但它也可能具有同样大的害处。我们倾向于轻松地调整，在能量消耗方面感觉舒适，但这对我们的身体可能会造成伤害。以"坐"这个动作为例。穴居人坐下休息和吃东西，而工作时要用双脚站起来。如今，我们坐着工作、休息和吃饭，只有很少的工作需要站着做。在体育运动中，我们看到技术的发展明显提升了运动员的成绩，但对于旨在增强身体健康和促进整体就绪状态的健身领域来说，技术往往与舒适感相混淆，并将大部分健身活动变成广告噱头，这些活动对时间的浪费要多于它们带来的好处。

牢记我们如何使用技术来完善运动表现，以及技术如何影响我们的运动表现，这让我们更详细地了解如何有目的地进一

丹尼尔·E.利伯曼（Daniel E. Lieberman）在 **The Story of the Human Body**（《人体的故事》）一书中对人体运动进化史有一个有趣的解释：人类似乎是唯一能够在炎热天气中跑极长距离的哺乳动物。这个关键的适应似乎是在200万年前获得的，有理论认为当时的人类开始形成了狩猎–采集文化。

这本书提出了2个关键的适应。
1. 人体全身遍布着许多汗腺。
2. 我们具有用两条腿走路的能力。从能量消耗方面来说，我们的移动比用四条腿行走的其他哺乳动物更高效。

技术与表现

我的体操队友和我每隔4年都会很兴奋，不仅仅是因为奥运，还因为奥运周期之后的一切。我们通常会在这个时候看到评分系统发生变化，但让我们最兴奋的是在不同体操器械中实现的技术进步。我们之所以会兴奋，原因是器械的每一个改进都会改变我们的运动表现，提高我们执行更高水平技能的能力。

我在成长过程中遇到的一个简单变化是集成在吊环的锚点处的悬挂系统，它将吊环的钢索连接到立架。悬吊系统减轻了对肩膀的影响，并有利于更高级摆动动作的表现。双杠也变得更有弹性，让运动员能够更容易摆动，并且支撑双杠的脚架的设计变得棱角不那么分明、更圆，这使得它们更安全，不会那么吓人。我也有机会体验跳马从皮革覆盖的硬木马转变为能更好地缓冲冲击力的跳马，并最终采用了桌子的形状，以支持更安全和更高水平的动作表现。

在用于实践体育运动的器材中实现的技术进步，对于我们在人体运动表现中所看到的进步发挥着重要的作用。

步发展我们的身体，而我们的身体又如何进一步发展出新的技术。

使用指南

自由风格训练是我作为运动员、教练和个人的经验结晶。我写这本书的目的是帮助你发现最相关和最有用的知识，以改善你的运动表现，实现你的目标。本书采用互动的方式来帮助你了解身体的结构与其在空间中的移动有何关系，以及身体如何与身边不断变化的环境相互作用。你可以把本书视为开发人体运动蓝图的实用手册，理解自由风格理念的本质，而不必担心在不同风格和项目上的学习、实践和训练，你就可以针对自己运动表现的问题找到潜在的解决方案，并更接近自己的具体目标。

本书同样适用于试图分析其运动表现以便完善训练的资深运动员、寻求学会新动作以便在训练中获得更好的冲浪体验的业余/周末锻炼的勇士运动员、第一次想拿起滑板的新手，甚至适用于在杂货店"赛道"上的"运动员父母"，他们抱着一个婴儿，牵着一个稍大的孩子的手，同时还推着一辆满满的购物车。无论你是谁，你的训练目的和执行能力都是独一无二的，那就是自由风格。

从本书中可以获得的主要收获是：

1. 在具体训练科目中选择 一个具体动作，如肖恩·怀特（Shaun White）的绝技"Double McTwist 1260"（单板滑雪动作，前空翻加后空翻加转体1260度）；

2. 使用自由风格训练方法来平衡和探索所有风格的人体基本动作，并向具体目标迈进。

当我谈论针对性时，我的意思是具体说明谁在参加训练或在试图发展人体动作，何时，在哪里，以及如何进行这种训练或发展。为了理解你的具体需求，你必须有一个目的。你的目的是什么？因为每个人都有一个目的，所以人体动作的表达方式有很多。

这些独特的表达被称为风格，它们综合形成了自由风格的概念。

作为一个探索过多种训练方法的人，我意识到接触大量不同的训练科目和风格对于建立广泛的经验和知识基础有很大的好处，但试图掌握所有的风格是不可能的。因此，你的方法将会是始终侧重于某些风格或专长。

我不是在帮助你从事专业研究，我只是在开阔你的眼界，让你可以更清楚地了解你应该使用什么项目来调适自己，为什么你适合这种项目，并根据自己的需要去调整它。这就像解释如何选择一件量身定制的衬衫，而不必在大、中、小码中选择一个。如果你从本书中只学会了一件事情，那就应该是它了。成为行业专家，学会了解其他专业，学习根据自己的目标和宗旨来调整它们，不要害怕创新！

本书并非特定于体操、CrossFit或任何其他计划或运动项目。而是关于如何发现、学习和教授人体动作，以及如何能更好地了解在自己的专业内如何运动的总结。

作为一名体操运动员的成长过程让我发现，自重动作练习或健美操动作练习于我已深入骨髓，所以我使用一些正式的健身动作来解释我在发展人体运动表现方面的理论和发现。我选择了4个基本动作，我认为它们是非常强大的工具，可以用来作为传授人体动作的基础。然后，我可以帮你剖析这些动作，并根据你的需要调整它们。

这不是卡尔·保利我个人的计划。无论你对本书有何期望，你都可以利用这些材料获益。为了帮助你做到这一点，我会教你代表了我的思想过程的基本框架。这将有助于组织你自己的想法和实践，并给你一个词汇表来描述你的动作水平或阶段、具体目标、重点以及如何融入渐进式训练计划。这些框架是围绕动作机制开发的，而且你还将看到这个框架与人体运动表现生理和心理方面的关联性。

与本书进行交互阅读的最佳方法，是在阅读一个新的概念后，将书放下来并对这个概念进行实验，然后回来学习可用于诊断、实验和构建个人练习的动作。这种体验将会是互动式的：你会读到一些东西，帮你制订一个计划来达到一个动作目标，或带领你形成一个新的目标。此时，你应该立即放下书，开始朝这个目标前进。本书将永远是你手边的一个工具，帮助你集中精力实现目标；当你准备好进入下一步，或者有时间继续接受教育时，请重新翻开书本。这个旅程必须是迭代和持续的——这是一种生活方式。我会提供工具；你只需要带着开放的心态去观察自己的风格和别人的风格，并且愿意为实现自己的目标而努力，你必须继续与自己沟通，并和世界上的其他人沟通。

通过我的训练哲学，那些为了更好地了解人体动作表现而创建的体系框架，以及4个基本动作，我会教你如何在任何运动项目或身体活动中找到适合自己的方法，并帮助你构建属于你的成功之道。

隆重介绍一下火柴头先生（Sticks）。他会带你进行一些解剖学冒险，为我们讨论所有这些自由风格的"爵士乐"奠定基础。

本书分为3个部分。第1部分讨论我的自由风格连接框架，用于观察和逐步改善动作。这部分是最理论化的；这些理论只是根据我的经验来解释我的思维过程。第1章介绍我用于描述身体和动作的简单语言，可以被认为是解剖学和生物力学的简化总结。第2章和第3章可以说是最重要的、描述了本书其余内容背后的理论。这两章的中心内容就是动作进阶，或如何提高你的运动能力。在这两章，我定义了移动能力、动作力量，以及我如何制订改善动作的计划。

第2部分详细介绍了我的自由风格四式（Freestyle Four）动作。第4章介绍手枪式（Pistol）训练，第5章介绍倒立俯卧撑（Handstand Push-up）训练，第6章讨论双立臂（Muscle-up）训练，第7章是关于波比（Burpee）运动训练的内容。这部分是对动作的详细解释，并使用第一部分开发的理论来帮助你了解如何执行这些动作，以及它们如何在具体的运动项目或总目标上帮助你有所提高。

最后，第3部分为你提供将自由风格融入你的生活中的工具。第8章介绍许多有助于自由风格四式发展的重要动作。第9章提供了制订计划的理论和实践示例（创建训练时间表，以达到你的目标）。第10章阐述了9位运动员探索运动生活的方式，他们帮助并启发了我对自由风格的追求。

我们都深受周围人的影响

对掌握动作基础的追求是成功的体育教育实践的重要组成部分。这是我多年来在与很多优秀的教练和运动员的合作中所学到的东西。本书是我教导和学习动作基础的方法，多年来，在我身边的人一直在影响和塑造着这种方法。我已经说过，我没有发明人体动作的基础；我只是在探讨它。

我曾经有机会与之合作的每一位老师、教练、运动员、同事和学生，都对我的生活和我作为教练和老师的职业生涯产生了影响。特别是我的体操教练哈维尔·阿马多（Javier Amado），他是我遇到过的最坚定和最有决心的教练。他为了我的队友和我的幸福和成功牺牲了他在生活中的一切。我看待和指导动作的方式反映了他的教学方法和理念。时至今日，我仍努力让他感到骄傲，每天当我在自己身上看到他的教练特质时，都会想起他。

而我的良师益友凯利·斯塔雷特（Kelly Starrett），对我的工作和我作为教练的为人处事有最大的影响。凯利使我的思考变得周全。他教我如何在运动、生活和体能之间建立联系。他给了我一种语言，可以更好地表达我对训练的想法和理念。在本书中，在我讨论动作和那些不断将人体运动表现提高到新水平的法则和解决方案时，你都会注意到凯利的教诲对我的影响。

自由风格连接

观察，描述，执行。

经历了十多年的指导、教学和探讨身体的发展，我创造了一个通过动作来提高人体运动表现的理论框架。我的这个框架的目标是帮助你将人体动作的所有基本方面联系起来，以更好地定义你的目标，找到正确的训练起点，并创建和实践计划，以进一步发展你的身体能力。我将之称为自由风格连接。

本书的这一部分由3章组成。

01 观察： 我为你提供一种简单而具体的语言，用来描述人体运动的复杂性。每一个学科都有一些基本动作，这些动作包含了其他学科的根源。观察性的语言可帮助你识别这些基本动作模式，并根据你的运动表现目标对其进行调整。

02 移动能力： 我将介绍一种衡量移动能力的方法，它可以帮助你专注于迈向个人目标的进度。你将学习我对力量、技能、技能转移、健身和运动能力的定义。

03 进阶： 我将解释大部分成功进阶背后的基础，以及身体移动能力的高效进阶对于生活和运动有多重要。

观察

01

　　每个人都关心自己身体的运动表现。医疗和健身运动领域提供了无数的解决方案来改善运动表现。但是，你应该选择哪种解决方案，你如何知道某个特定解决方案是否有效以及为什么对你有效？

　　事实上，人体有206块骨骼，超过600块肌肉，它们在不断变化的环境中相互作用，这使得这个任务变得非常困难。作为教练，我花了很多时间思考为什么某个动作是好的或者坏的，在那个动作中的哪些模式可能会导致受伤或产生益处。在10年的执教生涯后，我找到了观察和描述人体基本运作方式的简单方法。本章的目标是让你深入了解这些方法，你可以使用这些方法来更好地了解身体的运作方式，并将这些知识应用于你的特定领域：健身、运动或医疗。

　　本章给出了解剖学和生物力学的基本概述。它还教授一种语言，你可以用这种语言将所观察到的人体动作和运动姿势与你的目的联系起来。我喜欢称这种语言为"姿势–动作–目的"（Position–Movement–Purpose）：

　　*姿势（Position）*指我们在动作中看到的基本身体形态；

　　*动作（Movement）*是从一个身体形态到下一个身体形态的变化；

　　*目的（Purpose）*是动作的动机。

查尔斯·达尔文（Charles Darwin）

要详尽地识别和描述动作，有一个重要的方法，就是将动作拆分为身体在运动中经历的最明显或最主要的形态。我称这些身体形态为*姿势*，我使用"全身–局部"（Global–Local）语言来描述它们。*全身（Global）*指全身都可以采用的形态，*局部（Local）*指主要关节采用的形态。

在健康和健身领域中，通常用全身–局部语言从微观和宏观层面来描述系统。我将提供此语言的简化版本，将中线与四肢相关联起来。

*中线*是一条从头到脚穿过身体的假想线，代表脊柱。基于脊柱来讲解动作有几个重要的原因，首先是动作控制，我将在第2章中介绍这一点。脊柱是由24根椎骨和4条不同曲线组成的复杂系统。尽管如此，将其视为单一单元或中线（如左图所示）对我们是有用的。

当观察和描述中线时，有2个关键属性：空间方位和中线形态。

在空间中的全身方位

中线在空间中的方位是一个简单的概念，其之所以重要，主要是因为重力在我们的生活中是一个基本部分。当你在空间中改变方位时，重力会对你的中线产生不同的挑战。你需要解决这些挑战，才可以在整个动作过程中保持所需的全身形态。

我认为要考虑的4个关键全身方位是：

1. 站立；
2. 倒立（上下颠倒）；
3. 仰卧（面部朝上）；
4. 俯卧（面部朝下）。

全身

当脊柱稳定并对准时，它将为四肢的动作创造一个坚实的基础。这种稳定的脊柱姿势是执行和学习大多数其他动作模式的最佳基础。正如我将在第2章中解释的那样，稳定的脊柱姿势对于动作控制至关重要。凯利·斯塔雷特（Kelly Starrett）在其著作《豹式健身》中提出了他的"单关节"（One Joint）规则。其中指出，若能够将脊柱作为一个单元来进行全身控制，则在局部层面可以实现最佳的运动肌肉控制和运动表现。

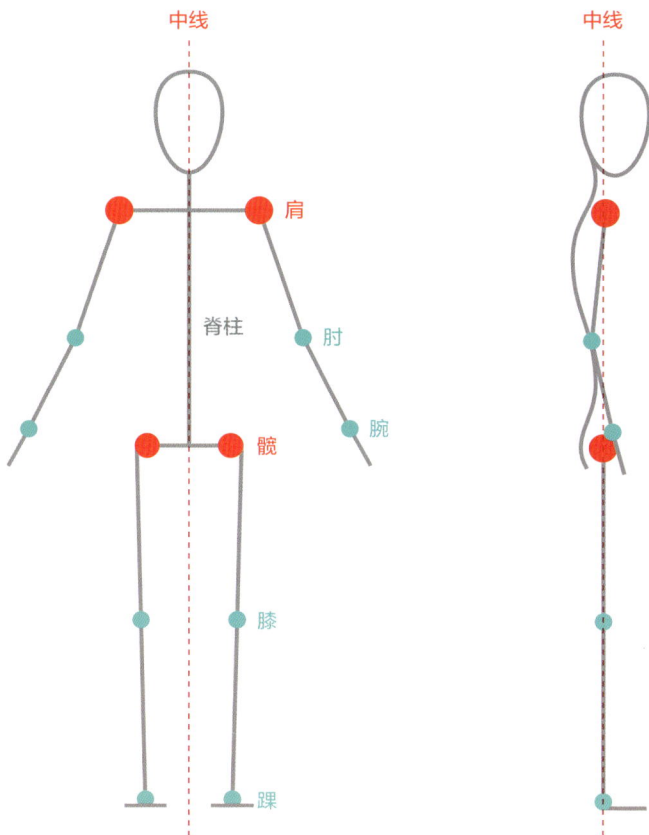

全身/局部坐标系

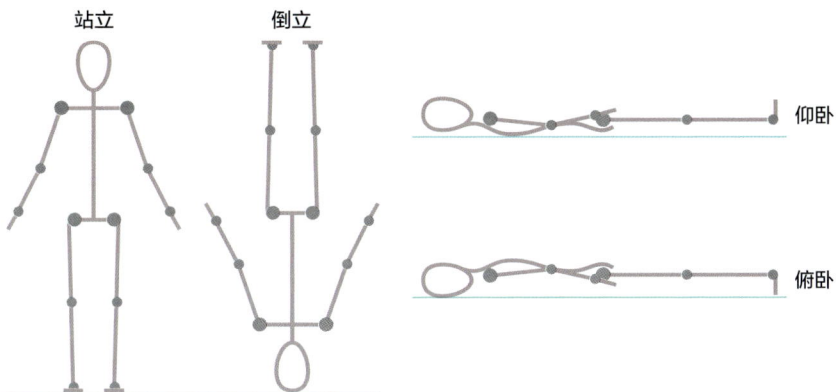

在空间中的全身方位

全身形态

    在你移动时，中线所创造的形态是全身系统的另一个关键方面。我使用由3个平面组成的一个简单坐标系来表示，其中每个平面都定义一个中线的位置，由此定义出全身形态。请注意：很容易将身体姿势与特定动作的方向相混淆，所以我会在几个地方指出可能会引起混淆的描述。

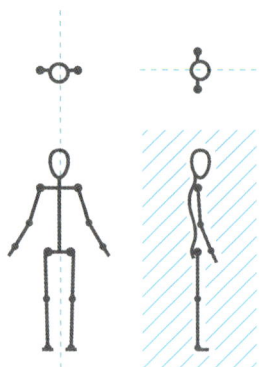

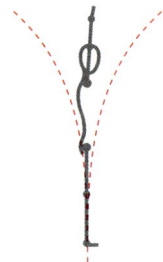

矢状面将身体分为左右两半。矢状面内的常见动作是行走。

屈曲/伸展发生在矢状面内。当脊柱弯曲时，你是屈曲姿势，脸部移近脚趾。当脊柱拱起时，你是伸展姿势，后脑勺移近脚跟。

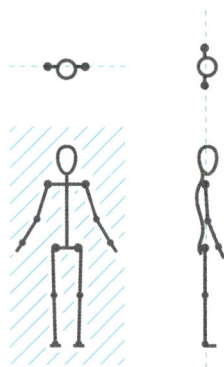

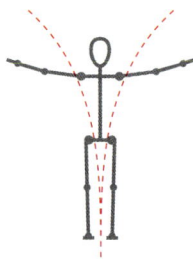

额状面将身体分为前后两半。在这个平面内的常见动作是侧手翻。

侧屈发生在额状面内。当头部左侧弯向双脚时，你处于左侧屈的姿势。相应的还有右侧屈。

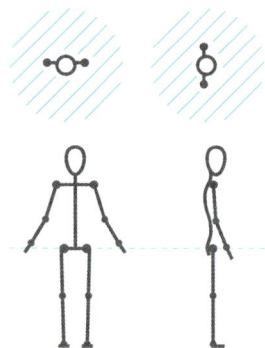

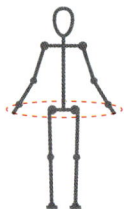

横截面将身体分为上下两半。在这个平面内的常见动作是扭转或旋转。

旋转发生在横截面内。你可以向左或向右旋转。

34

全身示例

　　看几个例子，我们可以练习使用全身语言来描述身体的姿势和动作方向。虽然大多数动作在现实生活中并不是孤立于一个运动平面，但为了说明目的，以下示例只针对某一个运动平面进行描述。

足球中的头顶掷球
平面：矢状面
全身动作：屈曲和伸展

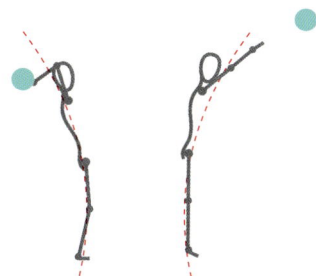

侧手翻
平面：额状面
全身动作：侧屈和伸展

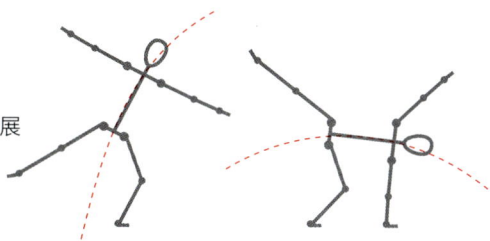

单脚尖旋转
平面：横截面
全身动作：旋转

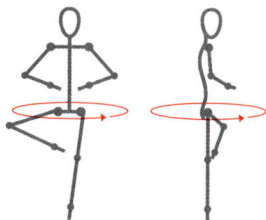

棒球的投球
3D动作，结合了所有的平面，是全身动作

局部

在局部层面，我专注于主要的活动关节：髋、膝、踝、肩、肘和腕。尽管在人体内有360个关节，但我们要专注于主要的活动关节（髋和肩）及其各自的助手，这样可以帮助我们观察和描述身体在运动中所做的事情。

局部系统有2个非常重要的特性：

1. 主要活动关节与次要活动关节；

2. 关节的位置。

主要活动关节与次要活动关节

主要活动关节与次要活动关节的属性很容易定义，也非常重要，但正如你将在整本书中看到的，有时在某些复杂运动中可能很难确定它。我将主要活动关节定义为最接近中线的主要关节——下半身的主要活动关节是髋，而上半身的主要活动关节则是肩。次要活动关节离中线更远——上半身的次要活动关节是肘和腕，下半身的次要活动关节则是膝和踝。有时我们需要比较髋和肩的相对运动顺序，在这种情况下，髋被认为是主要活动关节。

肩： 在健身和医疗界，肩关节窝通常被描述为放在球钉上的高尔夫球。注意肱骨的头部（球形）落在肩关节窝上，后者可以看作发球台。肩膀之所以对脱臼等受伤更敏感，不能像髋部产生那么大的力量，这就是其中一个原因。

髋： 髋被视为关节窝里的一个球，股骨的头部位于髋关节窝的较深处。髋之所以比肩更稳定，并在移动中作为产生力量的主要关节，这就是其中一个原因。

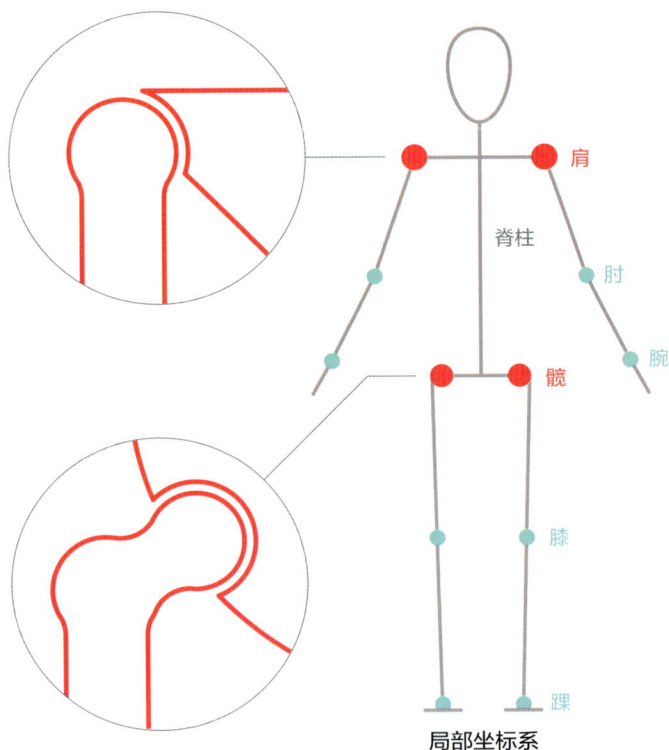

局部坐标系

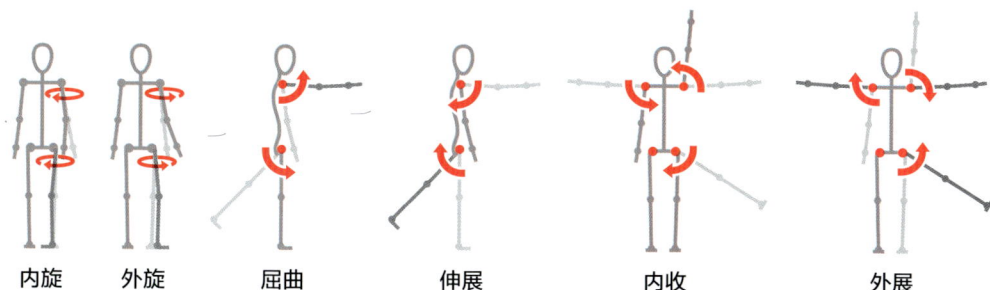

内旋　　　外旋　　　屈曲　　　伸展　　　　内收　　　　外展

关节的位置

关节的位置可以基于3个简单的变量来描述：

1. 内旋/外旋；

2. 屈曲/伸展；

3. 内收/外展。

这种术语不是我创造的，所以你会在很多地方找到这些术语的定义，但是我会解释一下我自己对于这些概念的想法。

我喜欢依据人体解剖学姿势来考虑关节的位置。那么，*内旋*是使关节朝向中线旋转的运动，而*外旋*是使关节向离开中线的方向旋转的运动。*屈曲*缩小关节相对于中线的夹角，*伸展*则打开这个夹角。*内收*将四肢带向身体的中线。内收可能发生在不同的运动平面内。例如，在开合跳中，手臂移动到身体两侧并举起到头部上方，内收发生在额状面内。内收也可能发生在横截面内，例如当你伸出手臂并抓住在你正前方的东西。最后，*外展*将四肢带离身体的中线。就像内收一样，外展可能发生在不同的平面内，但其方向与内收恰恰相反。

这3个变量定义了一个很好的坐标系，用于解释身体的四肢可以采用的姿势。注意，人们通常将某个姿势的关节移动方向与关节所处的特定位置相混淆，例如肩部伸展与伸展姿势。

局部示例

我们来看看身体的主要关节。虽然大多数任务需要多关节同时移动才可以完成，但这些示例偏向于独立的关节运动。

伸展

俯卧撑从肩部伸展的位置开始，并以肩部屈曲的位置完成。请注意，当你从俯卧撑的底部撑起来时，尽管你处于伸展位置，但你在朝着屈曲的方向移动。

内收

内收是将双臂或双腿带向身体中线的行为。内收可能发生在不同的运动平面内。在开合跳中，手臂移动到身体两侧并举起到头部上方，内收发生在额状面内。内收也可能发生在横截面内，比如你伸出手臂并抓住你正前方的东西。

外展

外展是将四肢带离身体中线的行为。就像内收一样，外展可能发生在不同的平面内，但其方向与内收恰恰相反。

额状面

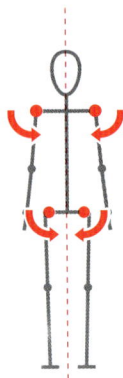
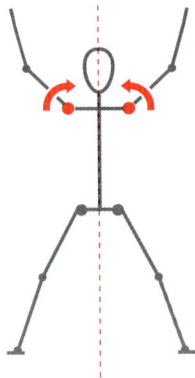
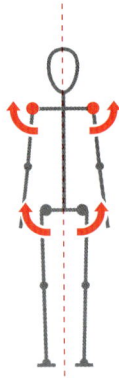
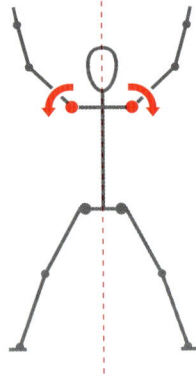

横截面

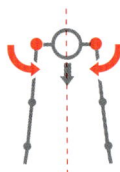
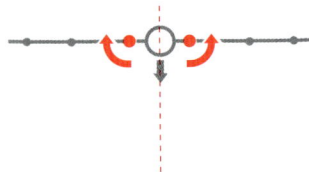

姿势的层次结构

当观察和描述我们的身体如何移动时，我们应该从脊柱开始，再到四肢，或从全身层面开始，再到局部层面。如前文所述，从全身层面开始，让我们将重点放在基于中线的身体整体形态上。以这种方式开始，也是为学习动作，创造安全有效的进阶或方法的关键。进阶是本书最重要的部分之一，将在第3章中进行详细介绍。

如前所述，当观察局部（关节）层面时，我们要区分主要和次要的活动关节。例如，如下图所示，对于俯卧撑来说，主要活动关节是肩，次要活动关节是肘和腕；而对于深蹲，主要活动关节是髋，次要活动关节是膝和踝。

从全身的角度来观察动作，可以让你将重点放在身体的中线和动作控制上。局部方法可以让你详细了解某个动作在关节层面上看起来是什么样子，以及如何将起初看起来并不相似的两个动作关联起来。虽然这两种方法可以分开来讨论，但在描述动作时，我总是同时从全身和局部的角度进行考虑。

俯卧撑显示肩为主要活动关节，让你处于全身伸展状态。次要活动关节为肘，使其处于局部屈曲状态。

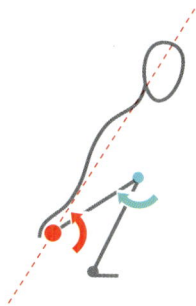

深蹲显示髋为主要活动关节，让你处于全身屈曲状态。次要活动关节为膝，使其处于局部屈曲状态。

在上一节中，我们从观察身体的全身姿势和局部姿势开始动作的研究。然而，人体不会保持静止；我们一直处于运动中。所以本节重点介绍身体是如何从一个姿势移动到另一个姿势的。首先，我会使用4种简单的方法来观察和描述动作：

1. 开始–过渡–完成（Start–Transition–Finish，STF）；

2. 推和拉；

3. 移位–连接–流动（Shift–Connect–Flow，SCF）；

4. 功能性动作。

在开始–过渡–完成方法中，开始、过渡和完成是身体在移动时的主要姿势。使用这3个姿势来锁定复杂的动作模式，可以帮助我们了解所观察到的内容并创造更好的进阶。

接下来我们看看推拉力学，这有助于我们了解自己如何移动才不会在生物力学和解剖学上陷入困境。

若不了解身体与其环境的关系，我们就无法完全理解我们是如何移动的。移位–连接–流动（SCF）方法帮助我们理解重力如何与身体质量中心和支撑基础相互作用，以创建独特的表达。这种方法对于创建和开发新的动作模式特别有帮助。

最后，我们都一致对"功能"感兴趣，"功能性动作"一词在健身行业已经流行一段时间了。本章的这一节，将以我对功能性健身的定义，以及我对通用的动作优先次序方法的观点作为总结。

开始－过渡－完成

任何动作（如站起来、抱起孩子、刷牙或开车）都可以分解成若干个主要姿势，这些是身体在执行动作时所经历的最关键形态。主要姿势是开始、过渡和完成。

举个例子，在椅子上坐下，然后重新站立起来，这是一种下蹲风格。为了执行这个动作，身体必须经过3个主要姿势。

开始姿势很重要，因为它是你有机会为良好的动作和执行做准备的唯一形态。它也不会受到其他姿势的影响。准备中的错误通常会在过渡中，尤其是在完成中被放大（有时呈指数级放大）。

1. 开始

在执行运动前进入的第一个形态。在本例中，是站立姿势。

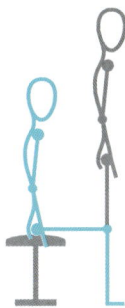

2. 过渡

在动作中采用的标志性形态，通常位于开始姿势和完成姿势之间的中点。在本例中，是坐在椅子上的姿势。

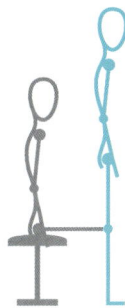

3. 完成

最终的形态。在本例中，它恰好与开始姿势（站立）相同。

过渡是最重要的姿势，因为它通常有助于区分不同类型的动作。例如，深蹲和硬拉之间的差异最好用这两个动作的过渡姿势来解释。即使这些动作有着不同的目的，但从局部（关节）的角度来看，它们有许多共同的特征；例如，髋和膝的屈曲和伸展，以及踝的背屈和跖屈。尽管有这些局部相似点，但就过渡姿势而言，在深蹲中髋低于膝，而在硬拉中则髋高于膝。

再举一个例子，行走和跑步的不同之处在于，行走在过渡期间总是有一只脚在地面上，而跑步在过渡期间则双脚都不接触地面。

研究过渡姿势不仅有助于我们区分动作；它也帮助我们发现不同动作之间的关键相似点。作为体能教练，我关心相似点的发现，因为我希望能够学会在健身房之外看到的任何动作，并将其与可以在健身房内进行训练的动作关联起来。最好的办法就是根据它们的过渡姿势来匹配动作。例如，跑步可以很容易地与深蹲匹配，因为髋、膝和踝在两种动作的过渡中的功能可以对应起来。

动作也容易在过渡中出错。例如，在深蹲的最低位置，双膝通常会彼此靠近。运动员在引体向上和臂屈伸之间的某个位置会想起吊环双立臂练习。所以要想移动得更好，动作的进阶必须集中在这些关键的难点上。这是第2章的重点。

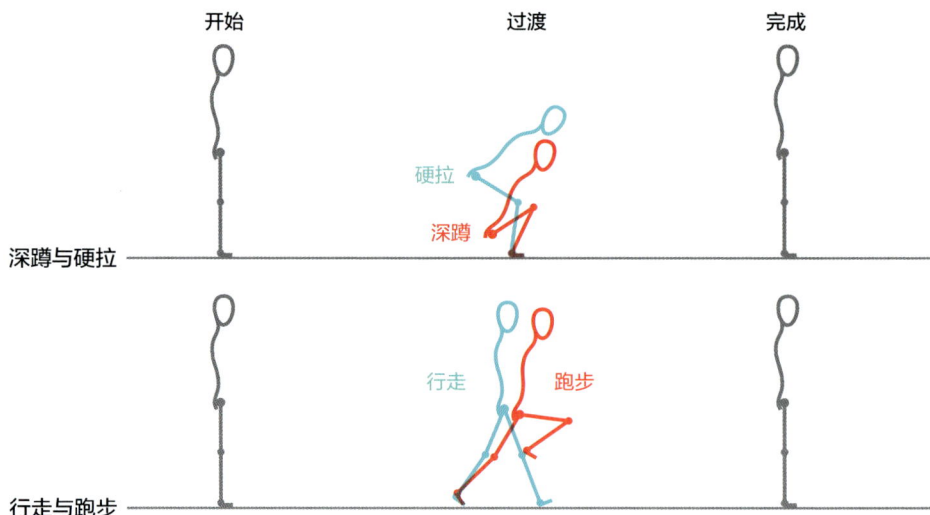

在户外

在健身房里

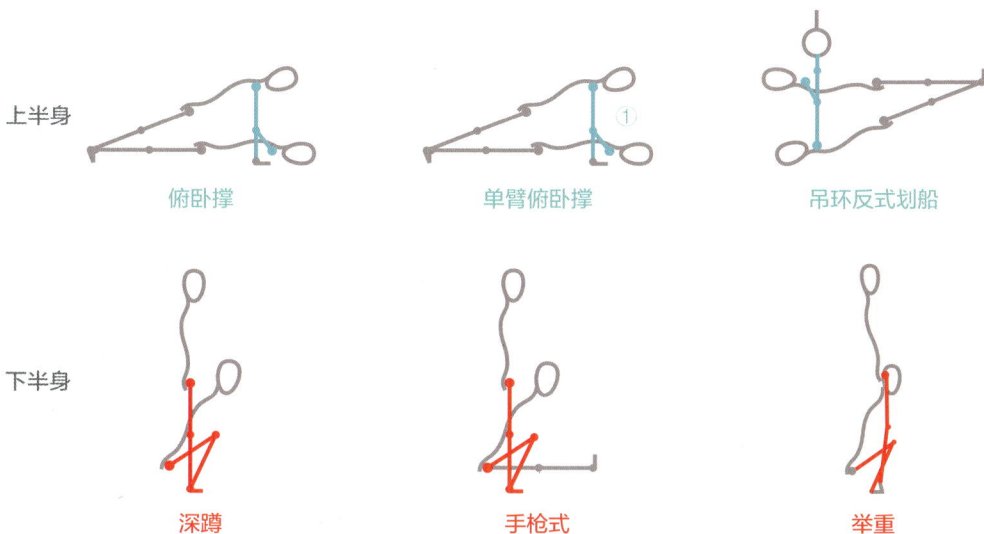

上半身

俯卧撑　　　　　单臂俯卧撑　　　　吊环反式划船

下半身

深蹲　　　　　　手枪式　　　　　　举重

研究过渡

　　当在健身房外观察动作（例如跑步）时，使用开始–过渡–完成方法来确定身体经历的姿势以及如何将它们与健身房中看到的动作关联起来是很有帮助的。

　　在这个跑步的例子中，"火柴头先生"的手臂从前向后摆动。在健身房里，可以从推拉角度来看待这个摆动。可以用来锻炼手臂摆动的最明显的推的动作是俯卧撑，而拉的动作则是吊环反式划船。在跑步过程中，双臂交替从前向后摆动，如果从身体的任意一侧来观察，你会发现一个旋转的分力和单臂动作。在健身房中，单臂俯卧撑可以帮助模拟和发展独立的手臂动作及围绕身体产生的旋转力。

　　下半身的工作方式是一样的。在这个例子中，深蹲可以作为进一步发展基本的下半身动作机制的方法，手枪式或单腿深蹲可以发展单腿动作和模拟在跑步过程中因旋转力而产生的挑战，最后，奥林匹克举重可以加强伸髋和爆发力，这是跑得更快、更长、更有力所必需的条件。

一个动作的完成姿势可以用于诊断在开始和过渡的过程中发生了什么事情。例如，在执行重量较大的抓举时，如果先抬起髋部，杠铃很有可能往前冲，举重者要在身体前方翻肘支撑杠铃。这个向前的完成姿势告诉你在过渡中的主要问题：你的髋部缺乏外旋和稳定性，所以你的髋部向上冲，以寻求你站起来所需的肌肉张力。

所以，通过研究这些主要姿势，我们可以将任何动作分解成最重要的几个部分。正如你将在第2章中看到的，当我们研究如何最有效地学习动作时，这种分解变得特别有用。

如果一个奥林匹克举重运动员抓举的姿势不正确，在第一阶段提拉时先抬起髋部，而不是肩部，那么杠铃的路线就会偏离身体，可能导致举重运动员举不起杠铃甚至受伤。

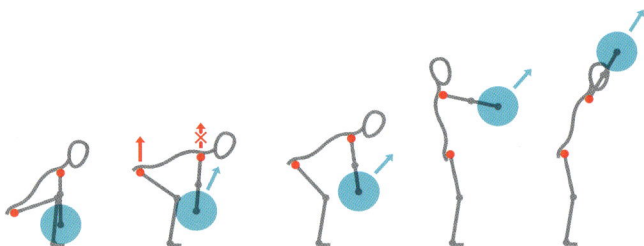

若举重运动员可以保持对姿势的控制，在拉起过程中同时抬起髋部和肩部，他就可以使杠铃靠近身体。这是成功举起杠铃的理想路径。

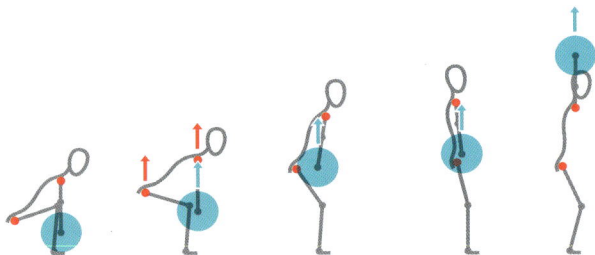

它并不总是看起来的那个样子

我在西班牙访问C.A.R. de Madrid（位于马德里的奥林匹克训练机构）时，有机会旁听了一节西班牙国家体操队的训练课，看到我的一位童年好友在进行他的成套自由体操训练。他在执行翻腾串连时遇到了起跳的问题。他总是偏离，而不是垂直向上跳起，他的教练在他起跳时不断地提示。教练大声喊出"抬起手臂"或"先起跳，然后翻转"的指示。

在看到我的朋友努力纠正起跳之后，我注意到这个问题根源不在起跳姿势，而是在起跳前的动作。当他开始其翻腾串连时，他的一条腿向侧面打开一定角度，使他能够带着更高的速度和更大的爆发力进入串连动作。虽然这让他觉得自己表现得更好，但这个微妙的角度转

变导致了他的离轴起跳。一旦他意识到这一点，他就能够在起跳前的动作中纠正腿的角度，从而解决问题。

完成姿势非常重要，因为它是确定动作是否成功的最明显指标。体操运动员在翻腾串连中是否正确落地，或者举重运动员是否举起了杠铃？不幸的是，当注意力完全放在完成姿势时，很容易忘记从头到尾跟踪完整的动作轨迹。复杂动作模式涉及由多个动作模式组成的序列，因此处理起来会特别困难。我的朋友在起跳时遇到的麻烦正是属于这种情况。开始－过渡－完成方法有助于提醒我凭经验去判断完成姿势的由来，我要将焦点从完成动作转移到过渡动作，并回溯到开始动作。

推拉

当从一个姿势转换到另一个姿势时，会发生肌肉骨骼相互作用的复杂序列，可以将该序列描述为肌肉的伸长和收缩，它会导致引起骨架移动的张力差异。我喜欢用一句话来简化这个复杂的生物力学过程：你的四肢或全身被推离你或者被推向你，抑或是被拉离你或拉向你。无论身体是将自身推离某物，还是将某物推离自身，都可称之为推。

简单地说：

1. *推*是对某物施加作用力，使其朝着离开你自己或力量源的方向移动的行为；

2. *拉*是对某物施加作用力，使其向着你自己或力量源的方向移动的行为。

推和拉是我们用来从一个姿势改变为另一个姿势的作用力。物理学告诉我们，力对于移动至关重要。有很多复杂的方法可用于描述在移动中发挥作用的所有作用力，但是我依靠一种非常简单的方法来命名这两类作用力：推和拉。而这种用于描述我们的动作背后的作用力的简单语言，可以解释在运动项目和生活中看到的大多数动作。

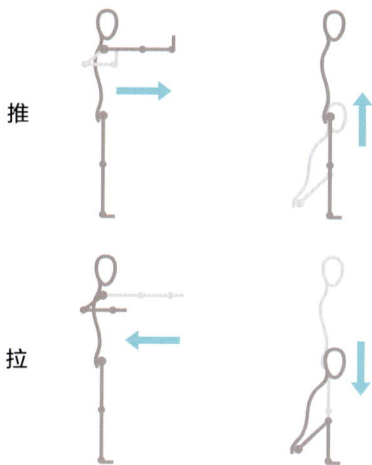

推

拉

推、拉的概念可能会变得复杂，特别是在健身领域中，因为推拉行为通常与上半身有关。尽管下半身也接受推拉训练，但通常是采用髋关节铰链和深蹲来训练。教练丹·约翰对上半身和下半身的推拉的重视也与这一认识密切相关，比如他的5个基本人体动作——推、拉、铰链、深蹲和负重行走。只要我们记住推是离开身体，拉是朝向身体，就可以很容易地将它们与上下半身关联起来，并将其应用于任何动作模式。

移位–连接–流动

动作是令人眩晕的肌肉骨骼相互作用的复杂系统。幸运的是，我们可以通过关注重力、我们的质量中心与支撑基础之间的关系来简化这个系统。无论其功能和风格如何，所有动作都遵守宇宙间相同的物理定律。移位–连接–流动（SCF）方法使基于这些物理定律创造动作的过程得以简化。

移位

移位是使质量中心（如果是站立位，就是髋）移动到支撑基础（在这种情况下，双脚）上方，以创造动作的行为。任何动作都涉及这种移位。一个明显的例子就是行走。当使用移位来改变空间中的方向时，就会出现这种移位的一个更极端的例子，就像在体操中所看到的那样，运动员围绕接触点或其质量中心进行整周旋转。

我们想当然地认为重力在很大程度上影响我们在空间中的移动，但在学习和发展新的动作模式时，还要记住它是一个极为重要的工具。我将在第2章进一步探讨这一点。

连接

连接是指与外部物体的物理接触，例如地面、一个器械，甚至是手杖。由于人类在重力的影响下已经进化了数百万年，所以我们已经发展出受到我们环境（即我们的身体与地面及我们周围的物体的接触点）影响的自然行为。接触点越多或接触面越大，我们感觉越稳定舒适。

你有没有想过为什么自己睡觉时要躺下？也是这个原因：当你躺下时，你的脊柱，其中包含你的中枢神经系统，不需要围绕它的肌肉提供100%保护，让你可以放松。由于与床的表面有大面积接触，你处于更稳定的姿势。

为什么跑步是比行走更高级的动作？因为行走与地面有一个恒定的接触点，而跑步中则会出现没有连接的时刻，使得身体更加不稳定，因此需要更高水平的动作控制。

连接变化引起的这种复杂性的增加是在第2章中会进一步讨论的一个重要主题。基本上，更多的接触点等于更大的稳定性。

流动

流动描述的是稳定和连续的动作。它通常表现为有节奏、节拍、效率或循环的动作。我对它的看法是，流动是尽可能长时间、高效率地不断循环一个动作的能力。

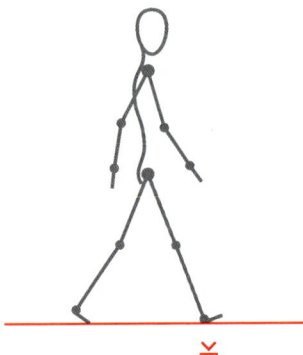

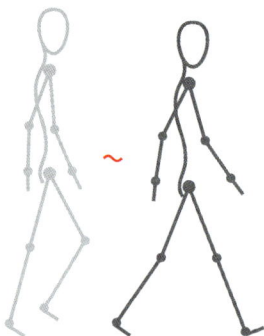

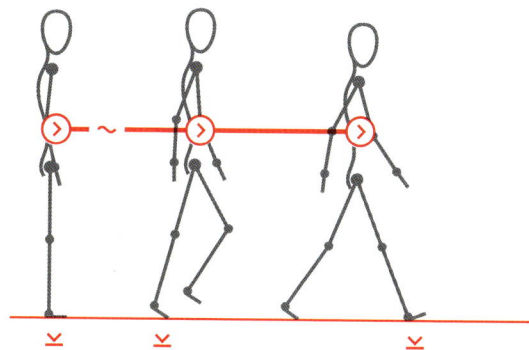

行走： 行走开始于静止的姿势，双脚落在地面上。为了开始这个动作，质量中心会发生移位，导致身体有控制地落在支撑基础的前边界上。行走为了防止跌倒，一只脚抬离地面，造成与地面的连接发生变化。离开地面的脚向前移动，直至可以与地面重新连接，并创建下一个支撑基础的点，质量中心必须移位至这个新的支撑基础。随着这个循环一遍又一遍地重复，流畅的运动成为效率的关键。这种方式的移位－连接－流动在移位过程中没有方向的变化。

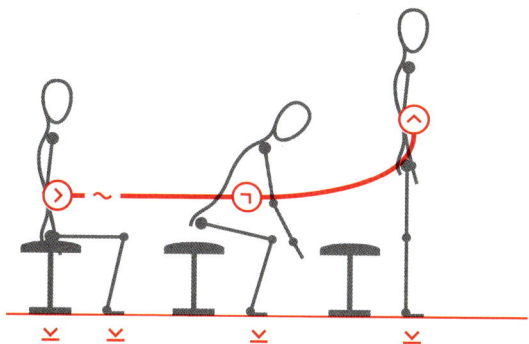

从坐在椅子上变成站起来： 和行走的例子一样，为了开始从坐在椅子上变成站起来这个动作，必须将质量中心向着双脚向前移位。当身体通过在髋部弯曲并向前倾斜来移动质量中心时，身体大部分重量落在双脚前部的位置，髋部离开椅子，改变连接点。当这种情况发生时，双腿同时蹬地，以完成站立，同时质量中心移位到更垂直的方向，平衡的站立姿势完成。这种方式的移位－连接－流动在移位过程中有方向的变化。

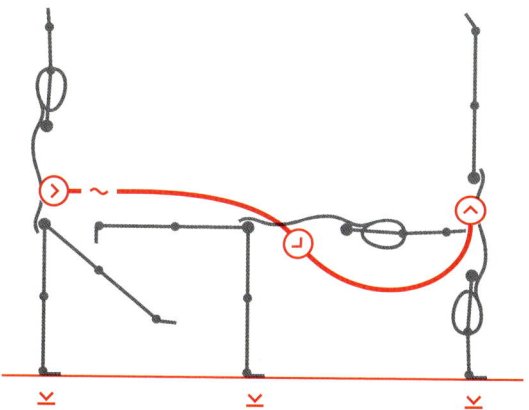

上踢至倒立： 上踢至倒立这个例子结合了前面的两个例子。该动作的第1部分需要向前移位，然后是髋关节铰链，这导致向下弯曲的移位。当身体倒置发生时，移位再次改变方向，双手伸向地面，以便垂直离开地面，以平衡的手倒立姿势完成。这种方式的移位－连接－流动在移位过程中出现了多次方向上的变化。

运动中的平衡

移位与平衡的概念有很大的关系，但是当质量中心的移位与支撑基础相关联时，平衡是动态的。例如，在质量中心保持完全静止于支撑基础上方时，站立达到平衡。在行走或跑步时，你不断地将质量中心移位到其下方持续移动的支撑基础之上，这就需要运动中的平衡。

流动就是在改变与你周围的表面的接触点时，能够流畅地执行质量中心相对于支撑基础的移位。

功能性动作

我开始执教时，功能性动作是健身行业的大趋势。无论是壶铃训练还是TRX（悬吊系统），甚至杠铃操（Body Pump），每项训练科目都会宣传其"功能性"训练的优势。但最大的问题是，功能性动作究竟是什么？它有很多定义，例如"从核心到四肢的动作""多关节动作""适用于日常生活的动作"，以及"快速地、长距离地大负荷移动"。所有这些定义都很好，但我认为它们都没有准确捕捉到功能性动作的真正意义。

我认为，功能性动作的定义包含3个方面。

1. *安全*：你必须能够执行动作，并且在完成动作时没有受伤。
2. *有用*：动作必须帮助你实现一个目标。
3. *持久*：动作必须是执行任务的最高效方式。

我将单独描述这些方面，但重要的是要认识到它们有所重叠并彼此依赖。例如，经常行走这个持久动作被认为具有高度的安全性和有用性。

安全

萨尔·马塞克拉（Sal Masekela）是我的好朋友、运动员、激励者和导师，他曾经告诉过我一个关于训练在水下闭息的故事，这个训练是为了在有大浪的情况下更加安全地冲浪。冲浪者通常会被迫在水下停留10秒到30秒，这段时间给人的感觉就像是永无止尽。闭息是所有大浪冲浪者的关键救生技能。与他的同伴上了几节训练课之后，萨尔的肺活量和闭息能力都有所提高。但大概两分钟后，他就会感到缺氧和不可避免的生物警报，告诉他必须不惜一切代价开始呼吸。

直到更有经验的同行鼓励他坚持熬过那种绝望的不舒服感觉，他才再次尝试闭息更长时间。他们告诉他计划好有意识地冒险熬过这个两分钟的呼吸生物警报。当那种感觉再次来临时，萨尔不允许他的身体放弃，就像有一个开关被按下了一样。当时就好像他的身体走进了一个新的房间，他突然间充入了更多的氧气。在那一刻，他意识到他的肺活量比自己想象的要大得多，这最终使他有信心且冷静地打破了他以前的纪录。

作为教练，我最关注的就是与我合作的人的健康和平安。每当我们尝试改善人体运动表现时，都有内在的风险。如在萨尔的故事中看到的，有意地坚持熬过呼吸的生物警报可能是相当危险的。但是当萨尔练习时，他确保自己身边有经验丰富的运动员和教练在指导他。他们都会CPR（心肺复苏术），他们在游泳池的受控环境中练习——换句话说，他们有适当的安全措施。最终，他们帮助他理解、接受并减轻故意闭息的固有风险。记住，教练应负责确保运动员既要不惧怕他所承担的风险，还要能够不断完善对该风险的评估。

挑战人体运动表现的极限总是涉及一些不适。这种不适的感觉可以作为当前能力的限制因素，或是疼痛和未来伤病的信号。幸运的是，利用经验和知识，你可以评估这一信号并做出明智的决定。理解不舒服和潜在伤病之间的差异，对于任何试图长期提高身体表现的人来说都至关重要。

萨尔的故事说明，尽管安全是我们的首要关注点，但与经验丰富的教练和一群同伴合作，可以帮助你在控制风险的同时挑战自己的极限。如果你学会观察和描述自己当前的状态以及可能到达的下一个状态，就可以更轻松地绘制出一条通往该目标的路径。

有用

在我还是一个年轻的体操运动员时，当我用于练习的体操馆在暑假关闭后，我去健身馆完成我的夏季力量训练课。有一天，我的计划涉及一套肘部伸展练习，以锻炼三头肌。当我拉着附在钢索上的绳子，把双臂从胸前伸展到髋部时，一个大个子走近说："嘿，孩子，背部要平。"我弓着背转过头去，用"你是谁"的眼神看着他。他说："是的，我知道你是一个体操运动员。你训练时需要思考并且要表现得像个体操运动员。"基本上，他是在说，每一个动作都必须转换，至少要看起来像你所关心并想要改进的另一个动作。

如果一个动作有助于实现目标，那么它是有用的。为此，一个有用的动作应该有利于你向着目标前进。比如说，我是一名奥林匹克举重运动员，我为了变得更强壮而练习深蹲。深蹲是有用的，因为它改善了我在高翻和抓举中的深蹲技巧。深蹲可以帮助我衡量我在这个目标上的进步，因为我可以量化它。事实上，许多人会依据其深蹲重量来确定自己的奥林匹克举重潜力。利用姿势方法和动作方法（全身–局部、开

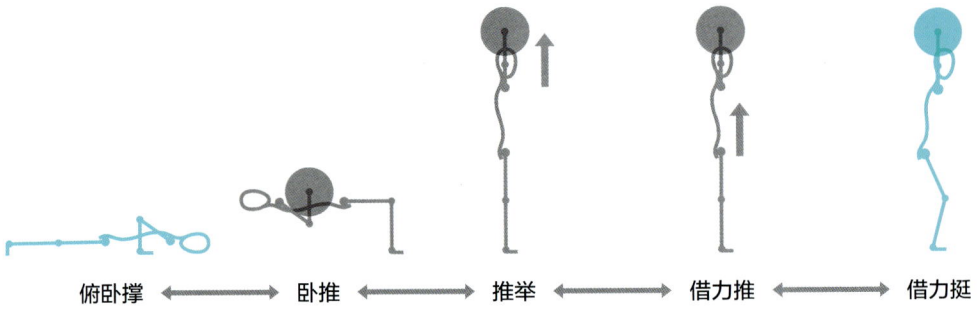

| 俯卧撑 | ← → | 卧推 | ← → | 推举 | ← → | 借力推 | ← → | 借力挺 |

俯卧撑与高级推动作（如奥林匹克举重中的借力挺）中的推力学机制相同，但更简单。了解推力学的基础知识，有利于创建帮助改善动作模式的进阶，也有利于观察低效点。

始–过渡–完成和移位–连接–流动），很容易看出奥林匹克举重和深蹲之间有很大程度的重叠。

奥林匹克举重中的一个动作是挺举：杠铃从肩膀被举到在头部上方被锁定的位置。有意思的是，很多有才华的奥林匹克举重运动员的挺举重量很大，尽管如此，如果你仔细观察他们的俯卧撑或者引体向上，你可以在其基本动作模式中很容易发现低效点和功能障碍。同样这些低效点也可能出现在挺举中，因为这些动作的姿势和力学的重叠程度很高。但是，虽然挺举既复杂又快如闪电，但俯卧撑是相同力学的更简单表达，因此是观察低效点，改善动作模式以及衡量举重运动员目标进展的好方法。

我们都围绕自己已掌握的知识来诊断问题，根据各人不同的目标和背景，有用性也可能有不同的意义。本章将帮助你提高观察和描述动作的能力，使其与你的目标更加匹配。

持久

观察顶级运动员执行动作的任何人都可能会在某个时候说："哇，那个人的效率好高！"但是，你如何真正了解个人的效率有多高呢？你检查她的能量消耗了吗？我们都是生物力学专家吗？还是有一些关于效率的东西，看起来和感觉上是正确的？

在健身和体育行业，效率这个词经常被用到。但是，它到底指的是什么？其实，效率通常被用来形容表现最好的人——那些执行最高水平动作的人，成功率高、受伤率低。这些人的身体姿势通常在其动作执行过程中也很好看。我们自然地看到好或者不好的样子，并用它来衡量效率。但是，为了解决其效率，你需要了解执行特定动作的最佳方式。在本书中，我使用本章中的动作语言，将重点放在效率的物理和机械两个方面，而不是生理和心理方面。它们都是相互关联、密不可分的。

在观察动作时，你可能自然就会问："最高效的执行方式是什么？"——换句话说，"从A点到B点最快的方法是什么？"为了弄清楚这一点，你可能会觉得重要的是要提出更具体的问题：你的负重大吗？距离多长？有什么时间要求？这些不同的要求表明，某种动作风格可能比另一种更有效。它们甚至可能会产生新的东西，如新的要求或对现有要求的重新理解，最终产生全新的动作风格！这就是效率导致创新。

对于一项任务来说，功能性最强的动作就是你可以终生多次重复执行的动作。有趣的是，即使我们无法解释，但我们都天生具备识别这种效率的能力。有时，仅仅是识别还不足以进一步发展动作；你需要刻意地去训练动作才能发展它。我会在第3章讨论持久动作与进阶之间的关系。

功能性动作小结

比如说我在家安装木地板。我有木板和一堆钉子，我要将钉子敲入木板，并将它们连成地板。当我开始将钉子钉入木板时，我自然地想垂直敲打钉头，将每颗钉子直线向下打。根据我的经验和我可以施加的力量，决定我需要敲打或多或少的次数来将每颗钉子一直打到底。但是，如果我没有垂直敲在钉头上，钉子可能会弯曲或断裂，那么地板就会不那么好看，或无法使用那么长的时间。

因为我们都想表现得更好，并且感觉良好，所以我们必须优化我们的移动方式。我喜欢将功能性动作比喻为这个故事中的锤子和钉子。当面对任务（安装地板）时，我优先考虑安全，以避免伤害自己。我执行动作（锤击钉子）有一个明确的理由，就是要保证实用价值（铺好地板），我专注于如何有效地执行这个动作（垂直锤击，以获得牢固耐用的地板）。我们的目标是始终追求最好的方式，而不是最熟悉的方式。保持功能性和健康之间的这种关系，就可以帮助你绘制出最佳的做事方法。请记住，只要符合这3个标准，每一个动作都是功能性动作：它是安全的，它有一个目的，而且它是持久的。

每个人都有理由去移动。你可能坐在办公室的椅子上，坐进车里，或者用坐姿作为一个训练工具（深蹲）让自己的身体更强健。坐/蹲的原因和风格可能不同，但如本章所述，两者的一般动作是一样的。

蹲属于一般性行为。我们可以说，它是通过弯曲髋、膝和踝来向地面降低身体，并保持身体的其余部分不接触地面的行为。然而，当我们注入目的这个概念时，深蹲就变得非常具体。目的定义了动作的风格。让我们以3种深蹲风格为例：力量举、奥林匹克举重，以及"林中大便式"深蹲（Poop in Woods Squat）（见下一页的插图）。

这3种深蹲风格之间有大量的重叠，但每一种的细节都有很大的差异。差异来源于其不同的目的。尽管这个概念很简单，但我看到教练员、运动员和健康从业人员总是在争论谁对谁错，以及执行某个动作的最佳方式是什么。特别是在体能训练领域，很多人认为自己已经找到了执行每一个动作的完美方式。说实话，他们可能没有任何错误，甚至会获得惊人的成果。但是，执行动作真的只有一种方式吗？其中确有一种风格优于许多其他风格？或者，一种动作风格属于该动作不断演变的一部分？如果你想要受益于所有动作风格，并提高自己的个人表现需求，就必须考虑这些问题。

正如我的一个好朋友也是前运动员说的："每个人都是对的，每个人都有错。"目的定义动作，而身体去适应它。"姿势–动作–目的"这种心理模式在我的执教生涯中起着重要的作用。如果你可以学会看到动作的目的，你不仅能够进一步了解所有动作的发展历程，而且还将为你的运动项目、你的团队和你自己增添价值。

力量举

所采用的风格是一种宽站位，膝盖在脚踝上方，杠铃搁在头部后方的肩上，胸部直立，以保证最好的施力线路。这种风格的目的是在背部承受最大重量的同时从站立姿势到深蹲姿势，然后再重新站立，这个过程为一次重复。

奥林匹克举重

姿势稍窄一点，膝盖在脚踝外侧，而杠铃则搁在头部前方的肩上。这种深蹲的目的是从地面上提起最大的重量，放在肩部正面或举过头。这种风格为举重者增大了运动范围，以便施加最大作用力。

林中大便式深蹲

背部可以圆起来，使得臀部可以更靠近脚踝，并且双脚要分开得足够远。这种深蹲的目的是方便排便，无论你是否相信，这些力学机制使身体放松，所以更容易排便。

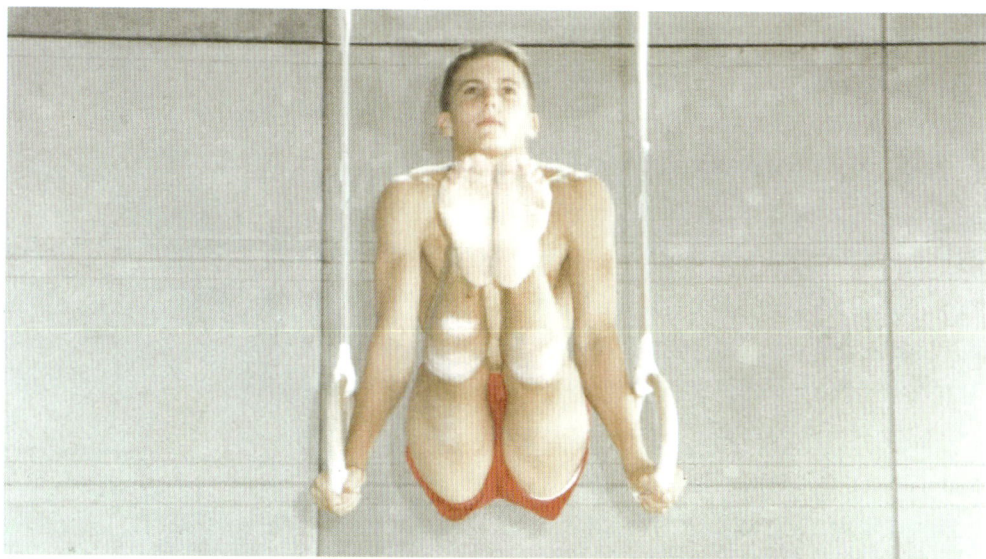

当我观察不同运动项目的动作风格时，我相信这些动作的标准通常可以由3个特征决定。

1. 其技巧是安全和高效的。

2. 它们适合那种鼓励最佳执行的评分系统。

3. 它们在美学上很成功，并且"看起来很有美感"。

例如，我们来看看为什么体操运动员在吊环上支撑自己时会将手转向外，如上面的图片所示。从解剖学的角度来看，这对于在吊环上支撑身体是最安全、最稳定、最高效的姿势。它是避

免除双手以外的任何身体部位接触到悬挂吊环带子的最佳方法，在体操评分守则中，这是吊环动作正确执行要求的一部分，同时，从美学观点出发，它刚好是最悦目的身体姿势，代表着力量和优美。

这种情况不仅仅发生在体操运动中，在其他比赛和运动项目中也是如此。如果你停下来观察这3个特征，它们往往会出现在每一个训练科目中——否则，可能是时候重新思考那个训练科目的执行方式了。

移动能力

02

"欲动则已动。" ——李小龙（*Bruce Lee*）

　　我们都希望身体有能力做许多不同的事情。我认为用一个3层模型可以最好地总结这种动力，该模型描述了我们提高移动能力的愿望。在观察帮助我们培养移动能力的领域时，这3个层次尤其有意义。

　　健康/健壮/安康：健康是每个人的头等大事。我们希望感觉良好，并希望能够长寿。在这个领域中，我们看到许多健康从业者在提供解决方案——医生、物理治疗师、整脊治疗师和按摩治疗师等。他们研究人类健康和长寿，他们的目标是帮助我们做出更好的决策，以最大限度地利用有限的时间，并让我们感觉可以控制自己的生活。

　　健身：健身行业的重点是实现和保持健康。锻炼一直是我们生活中的一部分，但只有到了现代科技社会，日常生活的身体要求大幅减少的时候，健身领域才开始变得重要。长期久坐不动的生活方式激发出了更多身体发展和保持我们体育文化的方式。

　　体育/运动：随着体育发展的需求超出了为自然威胁做准备的需求，"玩"成为一种传统，而运动项目亦随之出现。我们可以将体育视为通过特定任务目标的健身来实现健康的能力。传统上，我们认为体育与运动项目有关。但在日常生活中，运动能力实际上是对随机身体需求做出反应的能力——例如，在没有警告的情况下将物体扔给你，并且你能够在物体碰到你之前躲避，或者，你被绊倒在地翻滚起来却没有受伤。

街舞男孩大卫（David）　摄影：Glen Co Photography

艾萨克的故事

除了理解是什么在激励我们更好地移动以外，我们还需要一些方法来评估我们的身体能力。有些运动项目（特别是体操）试图提出严格的定义，来比较运动员的能力。尽管我们对运动能力有直观的认识，但建立明确的规则实际上具有相当大的挑战性。

我的好朋友艾萨克·博泰拉（Isaac Botella）是一个运动能力很强的人。作为西班牙体操队中才华横溢的成员，艾萨克多次赢得全国冠军和欧洲冠军，甚至在2008年北京奥运会的跳马比赛中排名第六。吊环是他最为出色的项目，但在这个项目上，艾萨克觉得还有些欠缺。

有一天，我在艾萨克的一次练习课中和他闲聊，他无意中向我提到，吊环上有某些技巧是他无法做到的。具体来说，他很苦恼没法做好倒十字。对于一个非体操运动员来说，这似乎是个不可能的任务。但在男子体操中，这是一种常见的技巧，而且像艾萨克这个级别的运动员，应该早就掌握了这个技巧。真正不幸的是，尽管艾萨克已经积累了这么多的荣誉，缺失的这一块仍对他的心理以及他如何衡量自己的能力产生了负面影响。除此之外，他觉得自己的肩膀可能就是不够强壮或能力不足，特别是经过两次肩膀大手术之后，他认为这使他无法成为顶级体操运动员。

我让艾萨克做俯卧撑给我看。他轻松地执行了几个有力的俯卧撑，你可以预期任何受过良好训练的体操运动员都能做到这种水平，但我注意到其肩膀的基本推起动作模式似乎有一些功能障碍。为了验证这个理论，我要求他用一个可能暴露潜在错误技巧的姿势。采用这个姿势，艾萨克

一个俯卧撑都做不了！一个顶尖体操运动员居然无法使用这种基本动作模式。

我希望你现在已了解（并且你将在第5章中具体学习），执行俯卧撑可以有许多方法，但是我要求他尝试的风格包含执行更高级别的动作（他在吊环上缺失的动作）所需的关键动作模式。在他的基本动作技巧中精确定位了这个潜在漏洞之后，我继续向他解释了它与倒十字及其他吊环动作的联系。

几个月后，在2012年伦敦奥运会之后，艾萨克和我聊天时说起，他希望自己早一点开始训练这种基本的动作模式，因为它使其肩膀在许多高级动作中感觉到了很大的力量差异。他也想知道，如果在其职业生涯的后期重点关注基本动作模式，是否能够帮助他更进一步提高，或者避免像手术这样的挫折。在体操（和其他许多运动项目）中，高水平运动员最终几乎完全集中于其运动项目的特定动作模式，然后用同样特殊的动作模式来协助他们进一步发展。例如，在训练做铁十字（Iron Cross）时，体操运动员通常会通过在健身房模拟该动作的变式拉力器飞鸟来协助训练这种动作模式。这些运动员往往会忽略基本动作模式中的漏洞对于执行最高级的动作会有多么重要的影响，他们没有给予那些基本动作模式应有的重视。

对我而言，这个故事中让我最有成就感的部分是，我能够帮助我的朋友重新了解他惊人的动作能力，哪怕只是一会儿。这甚至启发他看得更远，看到另一个尚未挖掘的执行水平。

这个故事也帮助我定义身体素质。我把它定义为：为了完成让我们在运动和生

活中取得成功的具体任务而移动的能力。在艾萨克的案例中，许多人会根据他的体操奖牌得出结论：他是成功的。但是成功的衡量标准包括别人的观察和我们自己的内心感受，而艾萨克还没有满足他的内心标准。

这个简单的定义有助于我解决一个在健身界中经常被问到的问题：谁更健美，更强壮或技巧更好？是能够在超大负重的情况下做深蹲的力量举运动员，还是能够执行看似不可能的身体运作的体操运动员？是快如闪电的短跑运动员，还是不知疲倦的长跑运动员？起初，你可能会认为我在回避这个问题。但是，由于我将身体素质定义为执行特定任务的移动能力，因此完全不能在不同训练科目之间进行身体素质比较。这个问题是没有答案的，因为身体素质取决于你想用来定义成功的任务，而成功的最终衡量标准就是你能否执行这个任务。你能在3小时以内跑完马拉松吗？你能够在超大负重的情况下做深蹲吗？那么你按照自己的目的去量身定做好了。

当我谈论动作能力时，我避免比较不同运动员的生活追求。这种观点可用于建立进阶，帮助你在所关心的任务上取得成功。正如你将在第3章中学到的，进阶是将动作分解成多个阶段，将你从一个能力级别进展到下一个能力级别。在开发进阶时，我总是分析要执行的任务，将它分解为你已经有能力执行的动作和稍微超出你的当前能力的动作。

在健身领域（其实是任何一个领域）中，我们被很容易获得的衡量指标所左右，而不重视那些对我们的目标有意义的指标。我看到很多运动员沉迷于缩短时间，或者在杠铃上再增加一千克负重，而不去思考更好地执行他们用来定义其成功的动作所需要的动作能力。

在本章中，我将介绍如何衡量你的移动能力，以便让你能够专注于自己的个人目标进阶。在第一节中，我会解释姿态和动作控制之间的区别。之后，我会讨论动作力量，我将其定义为移动的生理功能。接下来，我会介绍技能，我将其定义为通过执行动作运用生理功能的能力。最后，我将技能转移定义为运用基础运动力量和在某些运动中开发的技能，将其应用到其他运动、体育活动或者训练科目的能力。即使我们大多数人可以观察人体动作，并直观地知道移动能力是什么，但我的目标是帮助你知道为什么以及如何通过训练更好地移动。

只要你知道自己为什么要这样做，我就不在乎你在做什么。

用于评估在健身房或运动项目中观察到的动作质量的两个最常用的词是*姿态*和*控制*。我喜欢将姿态视为动作的最佳技巧和力学机制，而将控制视为正确执行这些力学机制的能力。能够通过姿态和控制来执行动作，就等于说你已经掌握了这个动作。

第1章专门介绍观察和描述我所说的姿态。在描述控制时，许多健身专家会考虑动作控制（Motor Control），或者说通过神经系统刺激肌肉，并导致肌肉发力、收缩和移动骨骼的过程。我更喜欢采用更务实的方法来看待动作控制：用完整可见的人体运动过程来理解、实践和发展动作控制。换句话说，它是在整个运动范围内以及不同时间和负荷要求下保持姿态和控制的能力。动作控制是运动神经控制的机械或物理结果。

你可以使用这种更简单的控制定义来理解、衡量和训练移动能力。由于动作控制以运动神经控制为基础，我将首先介绍神经系统的简化图。本节的余下内容讨论动作控制，方法是在基本的身体形态中观察并挑战它：站立、空心体和平板支撑。

神经系统概述

动作涉及通过神经系统的信号的复杂协调（有时由大脑处理），以及肌肉骨骼系统中的物理或机械行动。虽然神经系统可能很复杂，但我觉得必须对其有基本的了解，之后才能开始讨论动作控制。

幸运的是，我小时候作为体操运动员学到的基本知识就足以满足我今天的需要了。动作控制可以认为是双面系统：一方面是中枢神经系统（CNS），即大脑和脊髓，另一方面是周围神经系统（PNS），即支配所有肌肉组织的神经突起。这个模型有助于我们理解，一方面是我们希望尽可能无限制地进行各种机械性活动，另一方面是我们需要尽可能稳定地处理和维护神经网络。

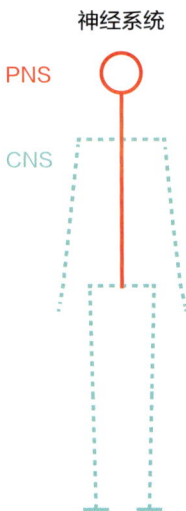

神经系统

PNS

CNS

基本形态

在第1章中概述的全身－局部术语描述（从第32页开始）与神经系统的这种双面结构和我们对动作控制的理解有很大程度的重叠。全身系统侧重于中线（即连杆版本的脊柱）的姿势和形态。局部系统关注移动的周围神经系统。

人体的美妙在于它不仅仅局限于某一个平面的运动或动作。它可以完成这些平面的动作或运动组合，让你拥有数量无限的动作和姿势选项。这个概念应该让你感到兴奋，因为这是你第一次看到"自由风格"的世界。

鉴于对神经系统的矛盾要求，我认为脊柱是双方的调解者。脊柱的曲率（参见第32页的图示）似乎已经自然地适应了数千年的人类进化，使我们能够在不同的脊柱平面上移动。人类脊柱的构成允许头部动作、手臂动作和旋转，这只是其中的几个例子。最重要的是，脊柱移动是为了提供空间，维持整个周围神经系统的连接，同时仍然保护和稳定中枢神经系统。虽然脊柱是一个非常复杂的系统，由骨骼、软组织和许多其他部分组成，但我们将排除所有这些变量，并将其视为一根简单的连杆，称之为*中线*。

将神经系统简化为一个双面系统，用一根连杆平衡CNS的稳定性需求和PNS的移动性需求，这种理解使我们能够通过基本形态来处理和挑战动作控制。从全身姿势和空间方位的角度来看，人体需要有几个基本形态。

我喜欢使用这些基本形态来介绍动作控制。这些形态是基础，因为似乎你所做的每一个动作都需要它们。在本书的余下内容中，我会选择这些形态，并用帮助你培养动作控制的方式来挑战它们。动作控制对于正确执行动作是至关重要的。

首先，我介绍站立，根据人类进化过程，这是我们的动作起点。其次，我会介绍空心体姿势，这增加了空间方位的变化（躺在地上）。这种方位变化需要使用肌肉张力来控制脊柱的形态。这种张力是发展我们在整个动作过程中对全身姿势进行控制的基础。最后，我们将身体翻转到俯卧（面朝下）姿势，并继续发展肌肉张力，以使用不同的策略来控制脊柱形态。

站立

体操运动员首先学习的是如何站立。我们要站直，双腿绷直，挺胸，背部平坦，双脚并拢，双臂放在身体两侧。我的体操队以这种方式开始每一节训练课，队员排队站立，被告知这一节训练课的内容。这也是我们结束每一天的方式。站立这个简单行为是从训练课开始就建立姿态和力量的一种方式。不管最后我们有多累，我们都要有力地结束！

站立的表现点

01 站直，双脚并拢，双脚的脚跟和大脚趾都要互相接触。

02 锁紧膝盖，挤压臀部，吸气收腹，挺起胸部，并将肩膀向后拉。

03 想象有一根绳子扯住头顶，拉长脖子，收下巴，但不要往下看。

04 双臂伸直，双手放在髋部两侧，拇指向外，让手掌朝向前方。

你可能不会对站立这个行为有太多的看法，但是站立可以决定并影响动作控制。你可以在脊柱层面观察站直的身体，看看脊柱的姿势如何影响随后的动作。作为现在专注于体能训练的退役体操运动员，我已经意识到，健身房的设施放大了现实。这种放大效果适用于一切，甚至是站立。

你可能在医生办公室的墙贴上看到过解剖式站姿，如果你仔细想想，那就是力量和控制的姿势。它是有力的，因为脊柱垂直于地面堆叠起来，这是它最稳定的姿势。这种稳定性的存在要归功于周围的肌肉组织，如背部肌肉向内拉向脊柱，以保持肩膀的向后和向下。臀部也收缩，使骨盆平坦。腹肌也参与了，在下背部周围创造了一个假想的保护带。这种站姿相对容易采用，通过练习，你可以把它转移到许多动作中。

作为一个体能教练，不管你要执行什么动作，我都不鼓励大幅改变脊柱的姿势，但我知道这不是在运动场或生活中看到的自然或真实的行为。脊柱需要保护，并准备好发送必要的信号，以促成最佳动作。这就是健身界痴迷于核心力量和中线稳定性的原因。有一个非常基本的方法可以去挑战这两件事情，即学习如何将脊柱保持在尽可能最中立的稳定姿势——前面描述的解剖式或堆叠式脊柱。我的导师凯利·斯塔雷特是*Becoming a Supple Leopard*（《豹式健身》）一书的作者，他将其称为有组织的脊柱。

站立也恰好是你（应该）在大部分时间里采用的姿势。在健身房里，为了训练，你可以采用夸张的站姿。

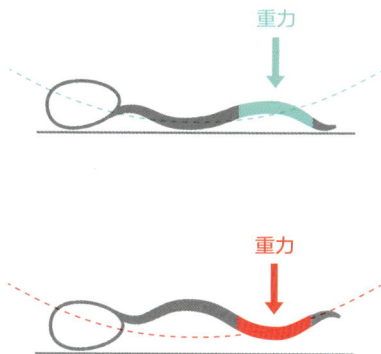

重力

重力

即使你大部分时间都保持竖直姿势，但无论你是站立还是坐着，你每次移动时，脊柱都会改变空间方位。它会向前、向后、向侧面倾斜，或者是这些方位的组合。这些空间方位的变化会对脊柱造成不同的压力，这是由于脊柱周围肌肉张力有所变化，最重要的是，脊柱的方位相对于重力的牵引有所变化。因此可以说，在移动的同时保持脊柱处于中立或解剖学姿势就可以给你以反馈，帮助你了解动作控制，以及它与健身领域的常见概念（如核心力量和中线稳定性）之间的关联。

空心体

在站立时保持中立姿势大多数人不会感到困难，甚至在我们改变竖直姿势的过程中也不会遇到很大挑战。在压力或刺激下最有助于我们了解和提高移动能力，所以，引入对动作控制的简单要求有助于挑战中立的脊柱姿势。当脊柱改变空间方位时，它会受到重力的影响，这似乎是最先会遇到的一个自然挑战。简单地改变你相对于地面的姿势（如仰卧）就可以增加一个受控的挑战。

进入空心体姿势对于一些人来说很难，而对另一些人来说就很容易。不管你属于哪一类，如果你以最大张力保持空心体姿势，你会很快疲劳，不得不结束这个动作。目标是尽可能长时间稳定地保持这一姿势。一个简单的测试是在保持空心体姿势结构的时候，看看可以使用多低的肌肉紧张度。当我通过有意识地改变保持该形态所需的肌肉紧张度来进行测试时，人们开始颤抖。这种颤抖是在"退缩"一节（第64页）中描述的退缩反应。

腰椎是连接上半身和下半身的一段脊柱，是成年人的脊柱中最重要的部分，用于处理动作控制。颈椎控制颈部，要记住这是婴儿的脊柱中最重要的部分。腰椎专门用于运动神经控制，颈椎则专门用于本体感觉和空间方位。

01 >

空心体01 仰卧，在胸前抱膝，抓住胫部。

02 >

02 保持相同团身姿势，双臂在身前伸直。

03 >

03 伸直一条腿，保持另一条腿弯曲。

创造紧张度

为什么要绷直脚尖？绷直脚尖是体操中的常见表达，但这种表达比简单的美学具有更深的意义。绷直脚尖是推的一种表达，身体的构造使得这样做可以创造张力和动作。我想问一个简单的问题：如果你的车坏了，或者轮胎没气了，你必须用自己的身体把它从路上移开，你是推它还是拉它？显然，你会推它。从解剖学或结构的角度来说，这有很多原因，但是就动作控制而言，这是因为拉长神经系统可以在身体中产生更多的张力，并且便于更好地施加作用力。如果你观察某个人跳跃，你会看到她用双腿蹬地，当她蹬离地面时，你会看到她的髋和膝伸展，然后她的双脚指向离开身体的方向，表示完成了推动，并通过运动范围和来自伸展点的肌肉张力实现了机械功输出的全部潜力。

加载顺序：进入姿势的顺序对于动作控制是非常重要的。它被称为加载顺序，即对动作增加负荷的顺序。可以通过改变姿势而不加入外部负荷（如杠铃），以达到最终姿势（或通常是起始姿势）。在完成空心体动作的进程中，先抬起双腿和双臂，以便对脊柱增加负荷。这会让腹部区域的肌肉紧张，但在腰椎周围不会产生压力。当你把双腿放下时，你会稳定地增加对髋部的拉力，从而增加腰椎周围的肌肉紧张度。在腰椎增加的这种张力需要补偿性地增加腹部张力，以维持中立姿势。当你将手臂移动到耳朵两侧时，也会发生类似的事情，但是由于双臂的肌肉大小和长度比腿部小得多，其产生的效果也会小得多。

即使空心体姿势是在脊柱层面上练习动作控制的好方法，重要的是要理解，这种全身形态不适用于深蹲或硬拉，甚至是倒立。但是，这是学习如何对下背部或腰椎增加负荷的好方法，该部位对于进一步伸展非常敏感，并会触发退缩。在空心体姿势中，减少张力时看到的颤抖是一系列微退缩（Micro-flinches），这是一种非常基本的生理运动神经控制表达。如果你在移动时无法控制这个脊柱姿势，当你进入更复杂和更高级的动作时，它会影响其他动作。

健身房是现实生活的夸张表达，你可以用最大紧张度来训练动作和姿势，以发展运动神经控制。随着身体适应并变得更加高效，达到同样的紧张度就不再需要消耗那么多能量。这是训练和进阶当中的一个基本概念。

04　　　　　　　> 　　　**05**　　　　　□

04 伸展双腿，使它们完全伸直，双脚并拢，并绷直脚尖。

05 双臂举过头。此时是空心体姿势。

我们是天生的推动者。想象你正在开车，在离加油站只有几百米的时候，它的燃油耗尽。你会下来把你的车推到还是拉到加油站呢？

退缩（flinch）

当我要求你探索在保持控制空心体形态时所需的紧张程度时，你可能会发现到达某个点时会战栗或抖动，挑战你对该形态的控制。你为什么会抖动？

由于在张力或负荷下，腰椎层面的稳定性不足，所以你会抖动。但这是什么意思？中枢神经系统就像一个指挥中心，它与身体的沟通有着非常复杂的设计。在这些元素中，有一个是被称为"退缩"的复杂而强大的保护机制。

我提起退缩（或脊柱退缩）是为了让你了解动作控制，因为特别是在脊柱层面上缺乏稳定性时才会启动这种保护机制。

你在空心体位置中遇到的摇摆只不过是这种退缩的一个例子。这种程度的退缩是一系列的微退缩——这本质上就像神经系统的一个开关，试图保护你免受伤害。

发生微退缩是由于失去神经肌肉控制。在这种情况下，因为你处于全身屈曲状态，所以脊柱的腰部区域负荷增加。在脊柱的这一部分，就只有肌肉组织可以支撑结构。在其他部分，如胸椎，有肋骨和肩带，可以提供额外的稳定性。腰椎周围的这种自由很重要，因为它有助于将下半身的驱动力传递到上半身，也可以从上半身向下传递。

我摆出空心体姿势。如果失去了腹部和臀部的参与，重力会把我的上半身和双腿向下拉，让脊柱处于局部伸展状态。

我摆出俯卧姿势。当我把髋部和腹部从地面推离时，重力将我的腰椎拉至伸展状态。

空心摇摆（hollow rock）

像空心体这样的静态姿势对于提高运动意识（身体在特定要求下的感觉）是很有意义的。空心体形态旨在教导脊柱稳定性，在执行动作时，它会转化为更好的脊柱姿势。这里的关键词是其他动作。为了进一步提高这种稳定腰椎的能力，以便实现更好的整体动作控制，你可以添加一点运动：摇摆。脊柱周围的张力会随着前后摇摆而移位。

请注意，我用了"移位"一词。在你摇摆时，质量中心从支撑基础（下背部和臀部）的前方移位到支撑基础（上背部）的后方。特别是当第一次执行空心摇摆时，即使你真的很擅长保持静态空心体姿势，也可能会觉得前后移位很难。

摇摆运动本身并不一定很困难，但在你摇摆时，它确实会导致脊柱发生不同层面的紧张程度的变化。当你向前摇摆时，双腿将身体向前和向下拉，上半身随之执行一个仰卧起坐。即使你从来没有做过传统的仰卧起坐，每次你起床或者从坐在椅子上变成站起来时，你就执行了和在向前摇摆中同样的动作，这是一种推的表达。通常在向后摇摆时，脊柱倾向于偏离形态，臀部和腿部留在后面，脊柱开始恢复更加伸展的姿势，特别是在腰部或胸廓的顶部。发生这种情况是因为在向后摆动时，双腿的下降使得对脊柱加载的重量逐渐加大，这需要你执行髋部向脸部和上方的提拉。虽然看起来很简单，但在我们的现代环境中，我们已经失去了执行这个动作的一些能力。

01 >

空心摇摆01 以空心体姿势开始。

02 >

02 双腿向着地面下降，开始摇摆。当你向前摇摆时，保持空心体姿势。

03 □

03 向后降低身体：肩膀向着地面下降，双腿从地面拉起。继续向后摇摆，让双臂伸向地面，并强调抬起臀部，以保持空心体姿势。

这是跑步时会受伤的主要原因之一。每次抬脚都会造成过度紧张，并因此对脊柱造成压力，导致受伤。

每次坐到椅子上的时候，双腿都会执行拉力。但是，因为椅子是稳定的，位置高，又有靠背，你通常不会有控制地将你自己拉进椅子；你只是直接下落。这种便利导致我们下肢执行拉的能力不足，这导致腰椎伸展，随之失去运动神经控制，表现为失去动作控制。

通过增加空心摇摆的动作，你不仅可以了解如何改变脊柱周围的紧张程度，还可以了解从下肢发起推拉的基本原理。

平板支撑

对空心体姿势的基本了解是一个很好的基础，在此基础上，可以针对脊柱添加动作，如空心摇摆。现在，再想远一点。睡觉的时候，你的背部可能觉得很舒服，然后执行一个仰卧起坐来起床，但是每当你蹲下来并重新站起来或者弯腰捡东西时，你的脊柱会在空间上旋转到不再仰卧或竖直的姿势，而进入俯卧或面朝下的姿势。这将我们带到俯卧撑姿势，在健身界被称为平板支撑，在瑜伽中被称为四肢支撑式（Chaturanga）。

平板支撑姿势
在平板支撑姿势中，双臂锁紧，肩膀正好位于指关节上方。身体从头到脚呈一条直线，双腿伸直，双脚并拢并弯曲，用脚掌跖球部支撑身体，臀部和腹部收紧。

平板支撑姿势很重要，因为脊柱上由重力引起的作用力来自相反的一侧——前方。这些作用力会使腰椎想塌下和伸展，你必须将脊柱拉离地面，并专注于挤压臀部和拉紧腹部，以便使骨盆中立，更好地对齐。

虽然在平板支撑中的这种控制看起来很简单，你可以尝试一下俯卧测试，只用前额和双脚来支撑，就可以让自己进入这个姿势。对于大多数人来说，这种做法会导致脊柱姿势的明显偏差。

重要的是要从俯卧姿势了解如何采用伸展的全身形态，也称为超人（Superman）姿势，以及运动中伸展的全身形态，即超人摇摆（Superman Rock）。

01 >

02 □

俯卧测试01 面朝下俯卧在地上，双臂放在身体两侧，双腿锁紧，挤压臀部并收紧腹部。

02 将臀部和腹部拉离地面，同时保持上背部和颈部与身体的其余部分呈一条直线，全身稍微屈曲。

01 >

02 □

超人01 面朝下俯卧在地上，双臂伸直过头并靠近中线，掌心朝向地面。收下巴，双腿伸直并拢。

02 把髋部推向地面，脚跟在身后用力向上，从而抬起双腿。将双臂、脸和胸部抬起，离开地面。你应该感觉到脊柱周围很紧张。

01 >

02 >

03 □

超人摇摆01 从超人姿势开始，将胸部降低到地面，双腿推向天空，从而发起摆动。腿部驱动力有助于保持超人形态。

02 在向前摇摆到达最高位置后，保持该姿势，直到重力占据主导并开始将双腿向下拉。逐渐将双臂和肩膀抬离地面，以保持超人的形态。

03 使用在过渡中创造的动量，让双腿降落到地面。把胸部和双臂拉离地面。在整个摇摆运动范围中保持超人姿势。

尽管本节的重点是腰椎，但是要记住，保持颈部和头部的姿势是非常重要的，因为它会影响动作控制的相对空间方位。头部姿势通常决定身体将要跟随去哪里，但是，当头部的移动独立于身体，或者说当将头部和颈部连接到身体的肌肉紧张时，你失去了创造空间意识的能力，并因此失去了动作控制。这是本体感觉，即对身体相邻部位的相对位置控制和在动作中使用的力量的感觉。

注重动作质量的优势，而不是数量上的优势。

你需要多强壮才可以执行超大负重的深蹲？我们可以研究这个动作，并在肌肉层面谈论收缩力，但我们也可以简单地说："足够强壮，可以执行超大负重的做深蹲"。这看起来可能像循环论证，但力量是真正让我们在健身中迷失的地方，并且我发现，以任务为核心来定义健身，对于让我保持在正轨上特别有用。毕竟，要衡量某个人有多"强壮"，有什么是比完成惊人的任务更好的标准呢？

为了执行超大负重的深蹲，你需要拥有执行要求举起超大负重的深蹲的技能以及支持这个动作的生理功能。

动作力量

我将*动作力量*定义为支持动作的生理功能，而*技能*则定义为在执行动作中运用此功能的能力。

我认为区分动作力量和技能是很重要的，因为在健身房里，就提高适应能力而言，我们一直在努力了解自己目前的能力。例如，知道你在3个小时内跑完马拉松，这就是一个极好的衡量指标。众所周知，提高成绩的方法是从生理适应开始的。但这些生理适应是什么，它们与你的移动能力有何关联？

我认为，在CrossFit的10个身体素质方面中，有4个方面最适合描述构成个人当前移动能力或动作力量的基础的生理学：

1. *力量（Strength）*是肌肉的收缩潜力，通过运用它来移动骨架以完成任务；
2. *耐力（Stamina）*是维持肌肉力量的能力；
3. *心肺耐力（Endurance）*是使我们能够坚持长时间执行动作的心血管系统功能；
4. *柔韧性（Flexibility）*［也被称为灵活性（mobility）］是移动身体时在关节和肌肉层面上体现出最小限制的生理功能。

这些生理因素对于提高运动表现很重要。我们可以观察、衡量和反复使用它们，并且在健身和运动中已经存在许多形成这些指标生理适应的常规方法。但不幸的是，健身界经常迷失在最明显的衡量指标中——例如，在杠铃上再增加一磅。如果这种训练不能转化为朝向目标的进步，那么它就是没有用的。某个指标可以测量出来，但并不代表它就是最重要的衡量指标。

作为教练，我的工作是确定生活和运动项目中的具体动作模式，将它们带入健身房运用并改进。我以不同的方法挑战这些动作模式，以增强运动表现。为了将这些挑战的成果转化为现实生活和运动项目的成绩，我需要理解第1章的动作描述。你停下来想一想就会明白，你收集到的数据就是你如何移动的结果，因此这些数据是非常重要的。

动作力量不仅仅实现生理学的发展，还要实现动作质量的发展，更高的动作质量让你可以利用你真正想要的生理适应，可以支持高质量动作的生理适应。

动作有力的概念，就像它看起来的那么简单，就是拥有可以支持最高质量的动作的生理功能。以动作质量来衡量动作力量的进步，将帮助你最大限度地以最能转移到生活和运动的其他方面的方法来训练你的身体。

如前所述，我将技能定义为运用动作力量去执行任务的能力。技能（Skill）的这种定义很容易与术语"技术，技巧"（Technique）相混淆，技术是描述执行特定任务的方法。

技能

卡尔·刘易斯（Carl Lewis）式跳远和跑酷艺术家从一座建筑跳到另一座建筑物使用类似的力学跳跃机制，第1章中的方法使你能够确定那些相似的力学。我将擅长跳跃定义为技能，而将执行每种跳跃风格所需的特长定义为技术。

我们要区分动作的一般力学和特殊力学，这有助于进一步理解技能和技术。以深蹲为例。你可以根据自己的目的以许多不同的方式执行深蹲，但深蹲的一般动作模式就是屈曲髋、膝和踝，将身体的质量中心向地面降低。我们可以说深蹲是一般的，但是深蹲的风格是特殊的。技能是指一般深蹲力学，而技术是指执行某种风格深蹲的具体要求。

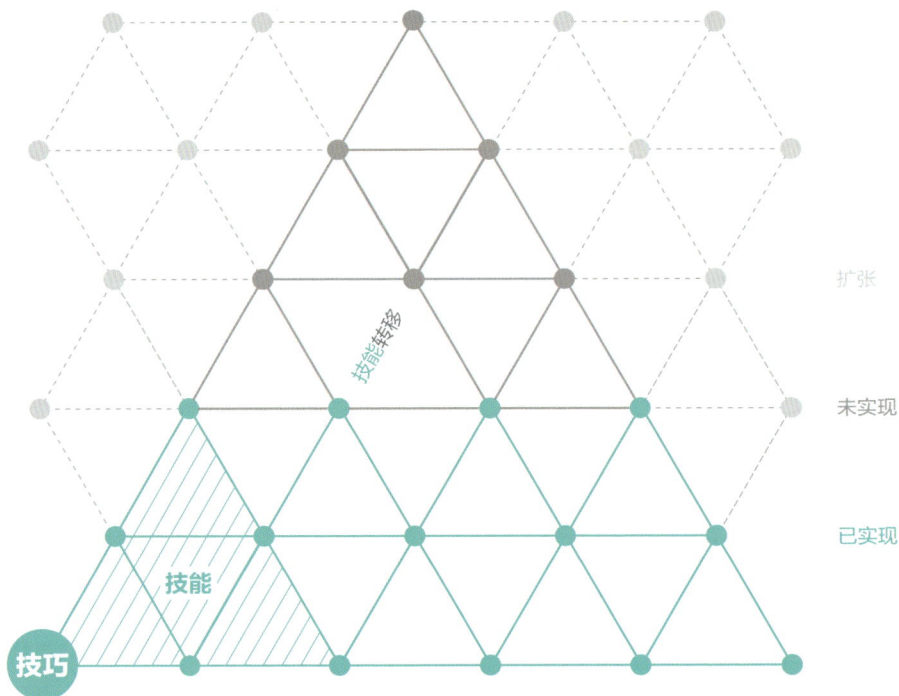

扩张

未实现

已实现

技能转移

技能

技巧

这张图说明了我对移动能力的观点。每个节点代表一种特定的移动技术或技巧；技巧集合起来可以被认为是技能；我会认为将一种技巧连接到另一种技巧的线条是技能转移。请注意，该图采用金字塔的形状，代表由已实现移动能力构建的强大基础不仅会决定你可以达到的技巧高度，而且还会决定将通过学习一种技巧所获得的技能转移到其他未实现但接近的技巧的能力。还要注意，金字塔发展并不限于一个方向，而是创建一个无限扩张的移动能力再生区。

　　每种一般动作模式都有无数种风格。想想投掷一个物体：所有的投掷风格都涉及类似的力学，但是它们的差异对其定义有重要的意义。例如，棒球中的投球是一般投掷力学，但是不同风格的投球（比如曲线球、指节球等）就需要不同的技术。

　　技能和技术之间的区别可能会更加容易混淆，因为评估技能的最直接方法就是观察各种技术的执行。所以请记住，技术是每种风格的具体细节，而技能是一般力学。

　　对于动作力量来说，重要的是，为了训练一种技能，要识别这种技能的生理基础。同样，我发现CrossFit对身体素质方面的定义很有用，我相信其中4个方面代表了技能的基础：

1. *平衡*（*Balance*）是在相对于支撑基础移动或提升时控制质量中心或组合质量中心的能力。
2. *准确性*（*Accuracy*）是准确或正确移动的能力。
3. *敏捷性*（*Agility*）是改变移动方向的能力。
4. *协调性*（*Coordination*）是以流畅的方式执行复杂动作模式的能力。

这些身体素质要素让你能够以准确、平衡、流畅和有序的方式机械地执行复杂的动作。技能是让复杂的人体各部位协作的因素，使人体的极端复杂性看起来很简单。

虽然要分别理解动作力量和技能，这对于理解它们在各种进步中发挥的作用非常重要，但在实际动作中，它们是绝对不可分离的。训练人体的神奇之处在于，当你发展和提高动作力量及技能时，你可以看到自己执行基本动作的能力有所提高，从而提高在特定生活和运动场景中的运动表现。此外，我相信，将技能理解为在特定任务中运用动作力量至关重要，这有助于理解如何优化动作执行，从而实现各种进步。

技能转移

我们身边也许都有一个"全能"的朋友。除了令人不解的优秀之外，他还会让你想了解怎么可能像他那样全面。如果你问问他的背景，你可能会很快意识到他为什么这么优秀。

我很幸运地与这样一位运动员有过非常密切合作。

她的名字叫安妮·索斯多尔，人称冰岛安妮（Iceland Annie）。她在CrossFit运动会中赢得了两次冠军，我很幸运地成了她的团队中的一员。当我最初与她一起工作时，她就是那个"隔壁家的孩子"——她就是什么都做得好！即使她觉得自己的学习曲线比所有其他人都慢，但她实际上比别人要好得多。她是不可阻挡的。

认识她后，我开始明白为什么。她的记录简直称得上疯狂。她在冰岛长大，全家人都非常活跃；安妮练习了好几个运动项目，并且喜欢跳舞和表演。她先是练习艺术体操多年，最终进入田径领域，并专注于撑竿跳高。她的训练经历包括在一个严格的能量代谢体能训练营这样类似的环境中进行训练。她能够比其他人更快地学习新事物，这并不是侥幸：她有很好的动作基础，还有执行训练的惊人动力，并且时刻在心理上准备学习。

安妮的运动能力故事与我自己的执教经历相似，虽然我已经在本书的引言中提过自己的经历，但我觉得，经历对我在本书讲述的方法非常重要，我想再说一遍以示强调。当我第一次当教练时，我指导一群小男孩进行非竞技体操训练。最后，他们的父母也想参加，并且，我没过多久就意识到，我必须制订体能训练计划来帮助成年人应对体操的挑战。多次无功而返后，我发现了 CrossFit。CrossFit 方法的实施让我的运动员的执行方式有了很大的改变。即使我了解这些动作和挑战，我的脑海里仍然有一个声音不断地告诉我，"卡尔，你还是毫无头绪！"我真的没有头绪，反正它是有效的。

几年后，我听到来自瑞典的一位神经科学家谈论儿童发育，他说："孩子们需要学习阅读的基本技能，然后使用这种技能来学习新事物。你需要学习阅读，以便通过阅读来学习。"瞧！我就是在那一刻突然明白了。这就是我在做的事情！这就是我！我教会人们如何移动，所以他们可以使用那个动作来学习新的动作。我们必须学会移动，所以我们可以通过移动来学习！这就是技能转移概念的重点：学习如何移动，以便我们可以让动作变成一个工具，提高并优化我们在生活和运动中的表现。

运用运动能力

我在 2011 年 CrossFit 运动会期间指导"冰岛安妮"·索斯多尔。我知道爬绳会是其中的一个挑战，尤其是看到所有人在 2010 年都拼尽全力然后悲惨地失败之后。在比赛前几天，我决定花 5 分钟教安妮一个非常基本的爬绳技巧。这个技巧是对我教她在吊环上做的双立臂训练的一个调整，只是绕吊环旋转来越过障碍物。因为我们已经练习了这种双立臂技巧很长时间，所以爬绳技巧对她来说变得很容易。

在比赛的第一天，安妮在开始时很艰难。到当天结束的时候，最后的赛事项目公布，其中当然包括爬绳，还有大重量的挺举。这是揭示真相的时刻：我们没有练习爬绳技巧，但安妮能否运用她所学到的东西？答案是肯定的。她不仅运用它并赢得了这个赛事；她还改变了这项运动。安妮向 CrossFit 的世界引入了一种新的运动风格：要服务于一个目的，并不需要特殊训练，只需打好执行的动作基础，以及掌握身体如何自然移动——这是技能转移的一个很好的例子。

如果动作力量是移动身体的生理能力，技能是在动作执行中对这种力量的运用，那么技能转移就是运用基础运动力量和在某些运动中开发的技能，并将其应用到其他运动、体育活动或者训练科目的能力。技能转移也可以意味着创造性地增强特定的技巧。

让我们回忆CrossFit定义中身体素质的生理要素，它包括10个方面。我用其中4个来定义动作力量：

1. 力量（Strength）；

2. 耐力（Stamina）；

3. 心肺耐力（Endurance）；

4. 柔韧性（Flexibility）。

我用另外4个来定义技能：

1. 平衡（Balance）；

2. 协调性（Coordination）；

3. 敏捷性（Agility）；

4. 准确性（Accuracy）。

剩下的两个方面是速度（Speed）和爆发力（Power），在CrossFit中，它们被称为其他8个方面的结果。这个结果总是发生，并且是通过动作学习的。

若没有技能转移，我不相信我们可以利用我们在动作力量和技能上所获得的成果，并在大部分情况下用它们来充分表达速度和爆发力。

通过技能转移，我的目标之一是向你展示，无论你在训练中选择何种动作风格或训练科目，如果你掌握了人体动作的基础知识，就将最大限度地提高在不同训练科目之间转移动作执行的能力，或者是从健身房转移到运动和生活领域的能力。

所有动作风格的总和就是自由风格（Freestyle），通过训练达到的连接这些风格的能力是我的自由风格连接框架最重要的优点。

若不理解技能转移的概念，我们就无法最大限度地以运动能力为目的训练基本动作模式。生理适应很重要，但动作模式才是最重要的！自由风格通过技能来连接，通过技能转移来运用，并表现为运动能力。

进阶

03

最好的进阶将会帮助新手快速提高，又会让高手感受到挑战。

　　进阶是自由风格连接框架的重中之重。它是建立路线图来提升你运动表现的行为。如果进阶让你总能在运动和生活中成功地最大化自己的运动表现，那这就是一个良好的进阶。

　　第 1 章和第 2 章虽然都很重要，但它们只是开发出创造这些进阶所需的语言。在本章中，你将了解大部分成功进阶背后的基础，以及身体移动能力的高效进阶对于生活和运动有多重要。

照片由史蒂芬·马托西安（Stevan Matossian）提供

我们都能够凭直觉去移动，并且提高移动能力。以小孩子第一次学习走路为例。当婴儿出生时，他们只能仰面躺着，挥动他们的手臂和腿。最终，他们掌握了坐的能力，并在成年人的帮助下到处移动。在此之后，所有的婴儿都经历相同的发展阶段：转身，贴地爬行，离地爬行，跪起，蹲起，站立，迈步，行走，攀爬，最后是跑步。

我们来看一下孩子学习走路的阶段。在她从离地爬行过渡到蹲的过程中，她获得了力量。从用双手双膝支撑的爬行姿势到抬起臀部，变成用双手和双脚支撑的下犬式（Downward Dog）。她要寻找某件东西抓住，并开始站起来。她想要抓住的"某件东西"会是你，特别是你的手。你开始牵着她四处走动，教她如何抬起脚，而她自然地也会这样做。当她完成这些辅助步骤时，她获得了行走的力量。

我们作为幼儿的家长或家庭成员的经验使我们很容易看出，孩子自然地从更为基础的动作状态进入更为高级的动作状态。孩子的父母和社区形式上促进了这种自然的进步，以帮助她更快地适应。这种形式上的进步是我们在数百万年的进化中身体的本能。小孩子越快实现自理，就越容易生存。这种生存的欲求不是我们有意识的想法；这是我们身体的一部分。

无论是作为经历了数百万年的物种，还是在个人层面的一生中，我们的身体都处于不断进化的状态。人体进化就是为了生存。斗转星移，人类的身体系统已称得上设计精妙，我们的思想指导我们的身体移动，以保护自己和其他人，并最终继续繁衍我们的物种。长期以来艰难的生活环境推动了我们的移动方式的发展，以完成这些任务。那些艰难的条件帮助身体学会保持控制。

不幸的是，今天的环境并非如此。我们已经可以满足所有的生活需求——我们需要的所有食物都可以在超市找到，因为我们有先进的交通工具，长途旅行也很轻松。具有讽刺意味的是，现代的人类身体为这些舒适和技术进步付出了代价。

值得庆幸的是，人类的智力足以认清这一事实。我们甚至创造出一些设施来将模拟的艰苦的生存环境带回到我们的生活中，以提高我们的身体能力，从而带来健康、更高水平的游戏和体育运动。随着这些设施的迅速增加和发展，一个模仿生存需求的结构化系统正在实施。我们从未有过比这更正式的"体育教育"。不过，随着时间的推移，我们创造这些人工设施背后的动机已经消失了。

如果我们想让身体继续改善，我们必须记住我们来自哪里，以及人体是如何进化的。这一点非常重要，尤其是我们希望充分利用我们的知识和经验，以及现代科学技术，寻求创新解决方案来继续自然地适应我们的环境和我们未来可能面临的潜在生存要求。

正如我之前所说的，我们在这些设施上对待运动的方式受到我们本身的影响，而我们又是数百万年进化的产物。为了进一步适应，我们必须明白这个重要的事实。

我们关于这些设施提出的价值数百万美元的问题已经变为："我们为什么要这样移动，这些动作'正确'吗？"为什么我们在做我们正在做的事情？是为了我们可以改善动作本身，还是说这个动作是更大的进阶中的一个阶段？

本章为你提供了几个必要的工具来回答这些问题，并建立成功的进阶。我将进阶分为3类：自然的、正式的和创新的。这些类型让我们在更大的背景信息中理解和创建用于提高动作质量的路线图。然后，我会分享我用来理解和制订进阶的原则和方法。理解这些原则不仅对于自己设置进阶至关重要，对于充分理解本书其余部分中所看到的进阶也非常重要。

通过考虑我们取得进步的3种不同方式，我们可以更深入了解如何提高动作质量：自然的、正式的和创新的。

1. *自然的进阶*是基于我们进化而来的移动方式去应对我们自身的要求和目的。在孩子学习走路的自然进阶中，我们在全世界都看到相同的步骤。父母不必做很多事情去鼓励这些步骤。

2. *正式的进阶*是有目的地去构建，通常以自然的进阶为基础，用于训练和提高动作，并使其更有效率。作为一名体操教练，我可以教会你在体操界中发展起来的步骤，以提高成功执行倒立动作的可能。

3. *创新的进阶*来自于超越我们目前的局限，并与他人分享这一进阶的驱动力。例如，一个自由式滑雪者在尝试创造新的技巧或跳跃，将他的运动提升到一个新的水平。这些进阶类型之间有一个自然循环；一旦哪怕有一名滑雪者发现了一个新的创新进阶，当其他滑雪者知道其存在并自己尝试它时，它往往会转变成一个自然的进阶。正如我之前描述的，这个进阶现在已经是自然的进阶，它启发并塑造下一个正式的进阶，以便让更多的滑雪者学会这个新的技巧。

自然的进阶

小时候练体操时，力量训练是我日常生活的重要组成部分。不过，作为孩子，我们并没有思考为什么我们在做所做的任何事情。我们只是去做！我清楚地记得做引体向上，做累了，就开始摆动、踢腿，努力让我的下巴提升到单杠上方。当然，这被认为是作弊；这不会增加我作为体操运动员的力量。但是，这种踢腿和摇摆的风格被称作摆动式引体向上（Kipping Pull-up），已经成为CrossFit世界的合法风格。我可能不是唯一在引体向上的单杠上挣扎过的体操运动员。这种天生的摇摆和踢腿倾向性表明，在疲劳、压力或绝望的影响下，一种动作风格会自然进阶到另一种风格。

自然的进阶在生活和运动中不断发生。通常这是一个必须从A点到B点的简单结果，只是更快、更远或更频繁。例如，如果我正在行走，并且必须更快地到达我的目的地，行走最终会变成慢跑、跑步和冲刺。

正式的进阶

想象一下，我是个有创意的教练，我看到一名运动员在疲劳时开始采用摆动式引体向上风格。我在心里默默计算，尽管他无法再做一个严格意义上的引体向上，但他可以再摆动做起10次而不会觉得太困难。

所以我可能会允许我的运动员在引体向上时踢腿。事实上，我也许会鼓励这种风格，我可以说："我不在乎你的形式是什么样的；只要能让你的下巴尽可能多地越过单杠。"然后我将使用第1章介绍的观察和描述语言来记录运动员在引体向上方面的共同点。这是基于要求（在本例中是指在规定的时间内尽可能多地做引体向上）而产生的一些能力，我将这种摆动式引体向上正式化为一种新的动作风格，我开始指导其他运动员使用这种方式移动。因此，正式的进阶就诞生了。

研究自然的进阶是发展动作的有力工具。采取由身体本能创造的自然进阶来执行动作，发展基于自然倾向的新风格，并以正式步骤创建路线图来教导新风格，这就是我所认为的正式进阶。

创新的进阶

我们都有创造性的一面，我们可以通过艺术、表演、创新或探索困难问题的答案来表达这一面。在身体运动表现的世界中，创造力是持续发展和调适我们身体，并提出新的动作进阶的重要组成部分。

已故的谢恩·麦康基（Shane McConkey）是滑雪界和整个极限运动界的传奇人物，他有一个聪明的想法：在积雪很厚的日子里，在山上使用滑水橇，而不是普通的滑雪板。因为滑水橇比普通的滑雪板更宽大，它会提供不同的体验，让滑雪者可以漂浮在雪面上，而不是沉入雪中并减慢速度。业内的说法是，麦康基这个简单的想法影响了滑雪界，引入了一种观察滑雪体验的新方式，并改变了这项运动。

创意因素可能会模糊不同类型进阶之间的界限。创新的进阶可以称为偶然事件或自然适应。例如，关于摆动式引体向上中的一种新风格的一个视频于2008年出现在网络上，并在CrossFit社区中流行起来。这种风格今天被称为蝴蝶式引体向上（Butterfly Pull-up）。对我来说，这似乎是由于长时间高速执行摆动式引体向上而自然出现的。我认为这种动作进阶是创新的而不是自然的，因为它具有很强的独创性。只有少数运动员想出了蝴蝶式引体向上；这不是其他人在做摆动式引体向上时自然升级的进阶。

创造力不仅仅发生在健身的世界里。我也在街舞里看到它。这种风格的舞蹈是起源于布朗克斯（Bronx）的一个嘻哈分支，极大地受到了体操和武术的影响，是借鉴和实施那些标志性动作是属于独特学科中原创的特定动作或动作风格，如CrossFit中的蝴蝶式引体向上、棒球中的指节球，以及田径中的跳高。

不同学科的能力使其成为原创。虽然回想起来，这个过程似乎是自然的，但它却需要创造力，因此发展了创新的进阶。

同样地，我最喜欢的一位体操运动员将在街舞中看到的风车动作编进了他的自由体操套路里。不久之后，另外一位体操运动员实施了大回环（Airflare），毫无疑问，这是街舞界的一个原创动作。我在创新进阶方面的独创性是：创新进阶不仅仅是创造一种新的移动方式的行为；它还可以包括借用和略微改动来自另一个学科或生活领域的动作。

创新的进阶源于我们能够看到自然的进阶，探索人类能力的边界，并最终超越我们的身体能力的界限，而不必停留在其他人建立的正式标准之内。跳出比赛或运动的规则去思考，这有助于我们将原创性带进表现，并让我们能够提出提高表现的新方法。创新的进阶是接纳原创动作，然后正式化，将其作为一种独特风格或一门新学科引进。

进阶原则

如果你像我一样，你可能会想：篮球运动员如何跳起来扣篮？体操运动员如何执行连续后空翻，中间再加几个转体？冲浪者如何能够在各种混乱中稳稳站在冲浪板上并无缝衔接地乘浪前行？他们采取了哪些步骤，他们如何去学习这些步骤，除了问自己这些问题之外，你可能也想过，如果我想学习这些东西，我到底可以从哪里开始？答案总是从头开始。这或许是显而易见的，但是你必须从某个动作的基础开始，并逐步练出自己感兴趣的动作。很少有人不同意这个说法，但大多数人很难弄清楚到底应该从哪里开始，如何制定最有效的进阶或如何一步步接近目标。

现在你已经知道，我将进阶定义为提高运动或生活中的移动能力。我已经讨论了3种进阶类型，但是我还没有介绍进阶的实际创建。在本节中，我将讨论制订正式进阶的原则。我相信这是我作为教练所做的最重要的事情，并且我在大部分时间里都是有意识或不自觉地使用这些原则来建立进阶的。

类似于我之前的免责声明，我没有发明这些原则。我通过研究动作和运动的许多学科而发现了它们，并根据我在多年的执教中最成功的经验对这些原则进行了简化总结。在使用这些原则时，你将明白的第一件事是，有许多方法可以成功地提高移动能力。

不幸的是，有很多专家声称其方法是学习如何正确地执行X动作的唯一方法。这通常源于一种固有的世界观，专家学习到一种方法，看到了该方法的成功，于是强化了该方法的正确性。然而，一种方法的成功并不意味着它是唯一成功的方法，也不意味着对于任何个人它都是最有效的方法。

事实上，最佳进阶并没有固定的结构，也不是唯一的。将进阶视为测量指标和构建路线图的持续过程，而不是将其视为从现有进阶中找到正确进阶的过程，这会更有成效。

我的目标是帮助你学习创建正式进阶的艺术。如在"进阶类型"一节中所述的，构建正式的进阶是为了使自然的进阶更有效率。我看到构建进阶的艺术在以下步骤中不断更替：

1. 定义你的目的或目标；
2. 测量当前的运动表现水平或动作能力水平；
3. 创建路线图或精心计划各个阶段，帮助你凭借目前的能力到达目标。

有很多系统、方法、学科和训练风格。你要选择哪一个呢？哪一个最好呢？事实是，你可以通过几乎任何路线图获得成功；不会只有一个解决方案对你有效，对于所有人来说，也绝对如此。然而，作为一名运动员和一名教练，经过多年的进阶编制之后，我发现任何学科中最成功的进阶背后都有一个真理：在进阶的每个发展阶段，都要平衡成功机会与朝向最终目标所取得的进步量。

无论你是多么高级的运动员或动作高手，保持进步的最佳方法就是掌握基础技术。

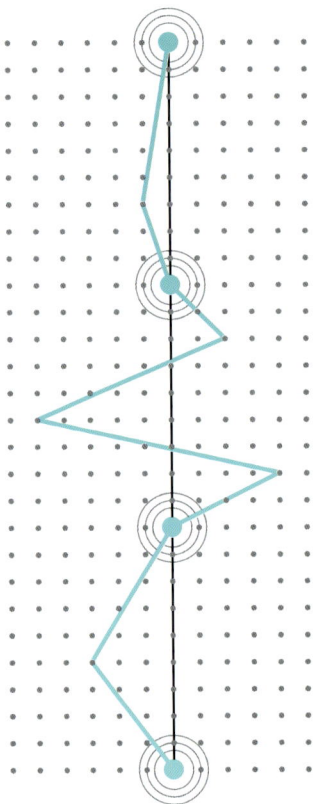

通用技能/路径

你的技能/路径
风格

虽然有一些里程碑式进阶有机地创造了某个特定动作的通用路径，但我们都从不同的技能和风格开始并取得进步。任何给定动作都有无数种风格，这个事实让我们能够以个人的方式实现最终的目标。

这种平衡最终成为重要的辅助工具，因为它可以帮助你做出明智的决策。它也可能被认为是"最低有效剂量"——产生预期结果的最小量［参见蒂莫西·费里斯（Timothy Ferriss）的 The 4-Hour Body（暂译为《每周健身4小时》)］。底线就是，进阶旨在让你尽可能快地从身体表现的一个阶段上升到另一个阶段，同时保持每个阶段的安全、有用和持久——换言之，更具功能性（Functional）。

如何建立进阶阶段才可以实现移动能力的有效提升呢？把这个秘密告诉你并不能让你更容易找到这些阶段。创建进阶的大部分工作是利用创造性的探索来找到这些平衡的阶段。多年来，我积累了一些原则，用于帮助我探索和建立具有明确定义、平衡的阶段的进阶。这些原则并不是像装配家具的使用说明书那样，而更像可以用来解决复杂难题的指导原则。想想魔方：它是一个完全集成的系统，但有一些策略可以用来简化解决方案，比如选择专攻一种颜色或寻找模式。你最终会创建自己独特的决策树，而这些原则只是帮助你实现该目的的工具。

在深入介绍这些原则之前，我想非常清楚地声明，我的意图不是说你应该忽略专家指导，并且始终从头开始建立自己的进阶。忽视世代积累下来的人体知识，特别是关于在特定学科或运动项目中人体表现的知识，这对于任何运动员来说，都是荒谬的。我只想为你提供工具，帮助你更好地理解专家的进阶，从而让你从这些行之有效的方法中获得更多的成果，并让你在必要时偏离它们。

专家们有很好的理由去推广其方法：这些方法是在其学科中最常用的方法。不过，每一位优秀的教练都知道，即使在最值得信任的进阶计划中，运动员也很容易迷失；我们的身体会遇到瓶颈或停止进步，失败的最大可能性是，因为我们不信任路线图而放弃旅程。所以，我告诉你这些进阶原则，作为帮助你不断发展路线图的工具，哪怕是你最信任的路线图也需要细化，它们只会让你对自己的路径有更大的信心。

现在，你应该明白，本节不会给你一百万个不同的进阶来构建你可能想学的任何动作。正如我刚才提到的，大部分现有的进阶都非常好。我会提供一些基本的进阶原则，帮助你创建路线图，并充分利用你已经在使用的路线图。在本节中，我列出了建立进阶阶段的原则，以平衡相对于目标的进步与成功机会。在接下来的章节中，我会介绍将这些原则付诸实践，并创建一系列的进阶阶段来构建完整路线图的方法。我用这些进阶原则和方法来创建你将在本书第2部分中看到的所有进阶。

推和拉

推和拉是健身房中最常见的概念，是了解与身体相关的所有力量的简单方法。执行任何动作都会涉及推和拉。如果你正在努力练习超出你目前的移动能力的动作，那么你将考虑练习与全身形态和局部形态有重叠的类似动作，但重点放在推而不是拉上。

让我们来看看初学者尝试完成其第一个引体向上的例子：体育馆里经典的以拉为主导的动作。显而易见，起点应该是一个要求较低的拉的动作，例如吊环划船（参见"双立臂"一章中的第237页）。运动员也许能够执行这种划船练习，但是如果他的技术很差，那么俯卧撑将是一个更好的起点。俯卧撑提供类似的全身和局部动作机械力，但更侧重于推，而不是拉。大多数运动员发现，在推而不是拉的时候更容易保持理想的全身姿势和局部姿势。由于这些姿势与吊环划船练习相似，所以运动员可以在这种动作模式中体会到更大的成功，并且能够将来自训练的适应性转移到吊环反向划船，并最终转移到他第一次做的引体向上动作上。

向心加载通常与创造动作有关。产生的作用力足以克服阻力，并且肌纤维在收缩时会缩短。大多数人认为这是肌肉收缩。

离心加载通常与在重复动作的同时保持最佳施力的最佳姿势有关，通常会在推中看到。产生的力不足以抵抗肌肉上的外部负荷，并且肌肉纤维在收缩时会拉长。离心收缩的作用是使身体部位或物体减速，或轻轻放下负荷而不是让它自由下落。

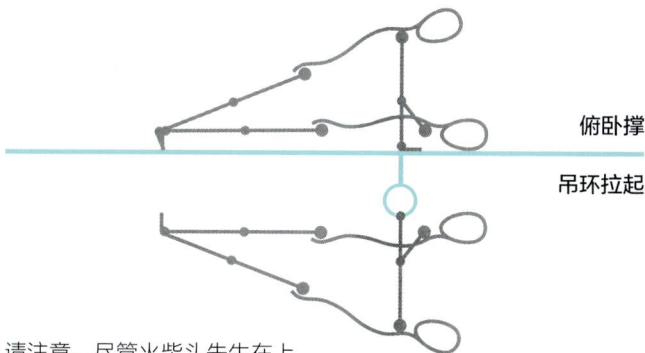

俯卧撑

吊环拉起

请注意，尽管火柴头先生在上图中是推，而在下图中是拉，其全身姿势和局部姿势是完全相同的。

在基于推拉建立进阶时，还需考虑的另一件有趣的事情是，你是否在动作中难以保持正确的姿态。例如，我们来看深蹲。当深蹲完毕站起来时，主要作用力是从地面推开。这种推或多或少都会有效，具体取决于你的过渡姿势（即深蹲的最低位置）的完整性。你在过渡中的形态是你如何将自己拉到最低位置的结果。如果你在向着地面下降时不明白如何拉自己的身体，你的下降就会变形，并且无法为从过渡到完

在深蹲中先发展推，再发展拉，以改善下降的动作，这个例子也适用于臂屈伸。人们在执行臂屈伸时常犯的一个错误就是让身体放松到最低位置，肩膀在手的上方（用红色表示）。而不是保持前臂垂直，且肩膀在准备推回到高位的最佳位置（用绿色显示）。

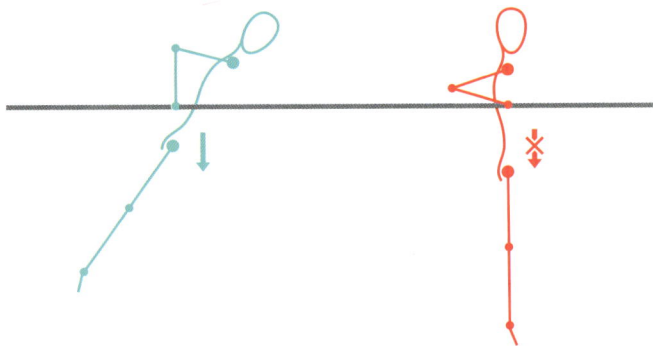

假肢技术

在残奥会中，假肢的技术和设计的进步使得失去腿部的运动员能够在接近十秒的时间快速跑完100米。其中一款著名的假肢是飞毛腿猎豹（Flex-foot Cheetah），由一位名叫范·菲利普斯（Van Phillips）的医疗工程师设计，他失去了一条腿，并且对于为假肢运动员参加高水平竞赛所提供的技术并不满意。

菲利普斯设计的主要特性之一是将动能存储在假肢中。该特性让运动员可以利用短跑中常见的有力踏地，达到用力蹬离地面的目的，并有助于随后的抬腿，以跑出下一步。这个例子可以帮助理解拉在一个看起来以推为主导的动作中的重要性。而以前的假肢没有强调拉，效果比较差。

2:1 拉:推

在我的体操生涯中，我和一个队友会在一个小健身房里进行我们的休赛期力量训练。我在那里第一次听说拉力练习要两倍于推力练习的概念。这个"2：1=拉：推"比例的想法不仅仅是他们在这个小健身房里的一个想法；多年后，当我成为一名私人教练时，它也出现了。我听到关于这个2：1比例的常见理由是，如果你的推力训练高于这个比例，特别是上半身的训练，你就会因为胸部肌肉太大而产生不好的体形。胸部肌肉的这种过度发育最终可能会开始将肩膀向前拉。

在那些日子里，这个逻辑对我来说就足够了。但是当我更深入了解人体时，我开始怀疑这个概念。我的一些实验使我相信，就体形而言，推可能比拉更为重要。例如，用下肢推离地面有助于站直。就像站直那样，倒立的正确姿势需要用手去推地面。

我的信念是：推和拉是并驾齐驱的，必须平等地进行训练才可以发展我关心的动作。我们总是需要谨慎，在选用某种标准或进行训练时要了解它们来自哪里，以及它们对目标有何好处。

成的主要推动做好准备。所以如果有人在完成深蹲的上升阶段时出现问题，我往往会从下降的拉力开始训练（见第239页的"反向动作"）。

全身－局部

在第2章的"动作控制"一节（第59页）中，我讨论了脊柱的完整性对于在任何动作过程中建立对形态控制的重要作用。这是全身－局部原则的激励因素，基本上优先考虑全身形态或者脊柱的投影，而不是局部形态或其他关节的投影。这个原则在从中线开始向外的一个连续范围内延伸。所以，在脊柱的姿势之后，髋优先于肩。接下来，考虑上半身时，肩部优先，然后是肘，之后是腕；而当侧重于下半身时，优先考虑髋，然后是膝，之后是踝。

这个原则还涉及在全身或局部层面的不同形态的优先排序。对于全身形态，我优先建立一个中立或解剖形态，然后到屈曲、伸展、侧向屈曲/伸展、旋转，以及这些形态的组合。对于局部形态，我选择按顺序建立外旋、屈曲、伸展、内收、外展和内旋。最后，我会讨论在开发动作活动范围之前建立动作形态的重要性。

从脊柱到四肢的关节优先顺序

只有建立有效的全身姿势后，你才能在局部层面最大限度地发力。正如凯利·斯塔雷特经常说的："我们的身体结构如此，是为了建立一个坚实的平台，在该平台上可以产生爆发力动作。关节的优先顺序从中线流向四肢。所以，在脊柱之后，下一个优先关节是髋，即使髋只是作为对身体其余部分的支撑。

髋是身体的主要发力点。髋是最稳定的关节，也是最靠近骨盆（位于脊柱基部）的关节。髋也最接近腰椎，如第2章的"动作控制"一节（第59页）所讨论的，腰椎对于保持稳定以优化动作执行非常重要。

肩是身体的次要发力点。我喜欢将身体视为混合动力汽车，把髋看作为汽油发动机，把肩看作为电动发动机。髋类似于汽油发动机，对于大幅度的动作模式最有用。肩类似于电动发动机，用于力量较弱并且往往技术性更强的动作模式，如烹饪、写字或梳头刷牙。如果髋关节活动不理想，则通过脊柱传递的动力将受到限制，并且由于无法在肩部产生同样大的力量，整体表现将会受到限制。

无论是上半身还是下半身，从脊柱到四肢的优先顺序依然存在。所以，对于上半身，优先顺序是肩、肘，然后是腕，而对于下半身，优先顺序是髋、膝，然后是踝。这个优先顺序定义了进阶；我并没有忽视这样一个事实：在你移动时，这些关节以非常和谐的状态同时工作。所以当制订一个动作的进阶时，首先考虑优化最接近脊柱的关节，然后按顺序训练其余的关节，一直到四肢。对于全身动作也同样，但优先考虑髋，然后是肩。

例如，后空翻需要优先考虑髋，其次是肩，因为髋在执行起跳动作时非常重要。即使肩是次要考虑的，但作为追随者仍然发挥着巨大作用，它可以将跳跃的力量、控制跳跃的方向及空中身体姿态的能力最大化，甚至可以让你通过手碰到胫部来增加稳定性，旋转的动作变得更稳定。

另外，将杠铃从肩膀上推举过头并不需要移动髋关节，但是优先考虑髋关节仍然是重要的，因为髋会稳定脊柱，从而影响全身层面的动作控制。

全身形态的优先顺序

我按照以下优先顺序训练全身形态。

1. **中立：** 在解剖学姿势（站立或竖直）中，重力会影响脊柱，并且大多数情况下只产生压缩力，而没有其他作用力。想想一叠硬币。如果将它们完美地堆叠在平坦的表面上，重力或硬币上的负荷的作用力会叠加。

2. **屈曲：** 脊柱屈曲是身体在脊柱结构和重力的影响下而有意选择的自然方式。屈曲也朝着你视线方向发展。这是大多数人起床或弯腰系鞋带时执行的第一个动作。

3. **伸展：** 我选择将伸展作为下一个形态，因为它让你可以着重于脊柱层面的动作控制。为了补偿由重力引起的自然屈曲，你必须移动到伸展姿势才能找到中立的脊柱姿势。学习如何超越中立达到伸展，可以有助于增加整体灵活性，因为在伸展中，你会由于脊柱的结构而使动作受到限制。特别是在胸椎层面（上背部），脊柱自然弯曲，并且由于肋骨、周围的肩关节以及支撑颈椎（或颈部）和控制手臂的作用，胸椎需要稳定性，这让胸椎变得非常僵硬。

4. **侧向屈曲和伸展：**许多人重视健身房的双侧动作，但忽视现实生活中经常出现的单侧动作。我将侧向屈曲和伸展视为双侧和单侧动作之间的桥梁。执行离轴加载的任何动作都会使脊柱侧向屈曲，为了保持中立姿势，你必须通过伸展来抵抗那种负荷。另外，良好的侧向屈曲对于健康的脊柱和周围肌肉功能都非常重要。

5. **旋转：**在大多数人体动作中都可以看到旋转，但我几乎将它列为最后一项，因为脊柱呈螺旋形态，是全身最复杂的形态。脊柱的自然曲率和脊柱中的大量椎骨及关节使旋转相当复杂，难以"掌握"。

6. **组合：**按照此顺序设计动作进阶，就可以最大化组合这些全身形态的能力。脊柱层面上组合形态，造就了运动和生活中的诸多动作模式，如行走、跑步，以及用一只手抱起孩子而用另一只手炒鸡蛋，并侧着头将电话夹在肩膀和耳朵之间。

局部形态的优先顺序

我按照以下顺序优先发展主要活动关节（髋和肩）的局部动作。

1. **外旋：**这个关节动作排在首位，因为它有助于使关节更接近脊柱，进入稳定姿势，准备好工作。它也会影响全身姿势，因为它使胸椎姿势更中立。

2. **屈曲：**我把屈曲放在第二位的原因之一是，它使动作专注于你目力所及的方向。（能够看到如何移动是极好的反馈——不然为什么在健身俱乐部里会有那么多镜子？）另一个原因是在最常见的动作中往往会发生屈曲。

3. **伸展：**接下来是伸展，是将四肢置于身后的表达。事实上，在视觉上看不到这个动作会使它的完成更困难一点。在现代环境中，我们不再花费足够的时间自然地开始和停止伸展，而且我们的能力也变得有限。解决了伸展才可以优化屈曲动作。

4. **内收：**在解剖学姿势中，你自然地处于内收状态。训练内收对于加强解剖学姿势很重要。解剖学姿势是发展大多数动作的最基础的姿势。

5. **外展：**外展放在这个顺序的后面，因为当四肢离开中线时，主要活动关节（髋和肩）往往成为次要活动关节。例如，请参阅第8章（第326页）中的宽距俯卧撑。

6. **内旋**：内旋放在最后，因为它不会在解剖姿态中出现，所以训练较少。当然，我们不能完全忽视它，因为这个动作是所有其他动作所必需的，特别是在关节伸展的时候。

超出运动范围的姿势

有时在动作的静态位置或定格中思考动作会更容易。事实上，我已经建议使用开始–过渡–完成语言来观察动作（第41页）。**姿势**指的是你可以进入的形态，如第1章的"全身–局部"一节（第32页）所述，例如屈曲和伸展。**活动范围**简单地描述在某运动平面内移动关节的能力。常用术语是边界（End Range）和中程（Midrange）。**边界**指的是在不改变任何其他关节形态的情况下，关节能够沿着某运动平面移动的最远位置。因此，每个人的运动范围边界都可能因其灵活性的不同而不同。**中程**通常是指未到达边界的任何位置。我们的练习仅限于中程范围内时，自然会觉得更舒适。

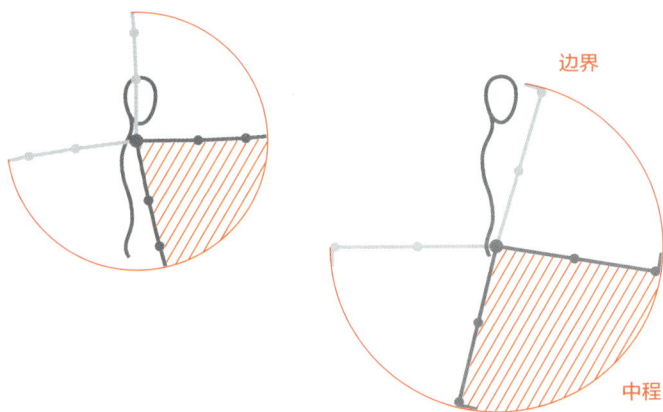

边界

中程

例如，当练习波比（Burpee）时，即先面朝下趴到地上，然后起来再次进入站立姿势，重要的是从最接近解剖学姿势的位置开始，以便在全身和局部层面都更好地移动。但是，如果要求以严格的解剖学姿势执行波比，大多数人会遇到麻烦，因为他们不能摸到脚趾，并且动作必须有所妥协才能顺利完成。如果减少髋部动作的运动范围，例如在身前放一个杠铃片或一个箱子，就可以解决这个问题，并巩固姿势，直至达到有效执行动作模式所需的最佳运动范围。请参阅第7

章中的箱子波比（Box Burpee）进阶练习（第288页）。

让我们回到尝试完成第一个引体向上的例子。在推、拉原则中，我讨论了使用俯卧撑作为发展引体向上的工具。除了从拉移动到推之外，俯卧撑还会改变肩关节的运动范围。这是基于在建立运动范围之前先建立姿势的原则。虽然推举似乎在力学上更接近引体向上，但我会从俯卧撑开始，而不是推举。因为在运动范围的中程，比在边界时更容易检查解剖学姿势的完整性。请参阅第232页，看看划船动作为什么安排在引体向上之前执行。

稳定性

无论在静止还是运动状态中，稳定性都是保持姿态和平衡的物理结果，换句话说，保持质量中心在支撑基础的上方。例如，想想太阳马戏团（Cirque de Soleil）的一位艺人表演单臂倒立而没有明显的摆动，再想想橄榄球跑卫在几个人试图阻截他的时候，高速跑动而且没有跌倒。虽然马戏团表演艺人的动作是静态，而跑卫的动作是动态，但这两个动作都需要稳定性。我喜欢将稳定性分为两种：与表面的接触点和生理稳定性。

与表面的接触点

你与表面的接触点越多，保持稳定性所需的肌肉紧张度就越低。我们来看一下最简单的例子：躺在地上。从接触点的角度来看，这是一个非常稳定的姿势，所以它作为休息和睡眠的姿势是很有道理的。在健身房讲解进阶动作时，我首先强调的就是支撑基础。你的支撑基础越大，或者你与表面（无论是地面还是外部物体）接触的面积越大，你就会越稳定。创建进阶时，要从大的基础开始，然后缩小基础——例如，从站立到行走到跑步。

有一件事似乎会令人惊讶，你离开表面更远时，就会持续失去稳定性。例如，当在蹦床上进行训练时，你跳得越

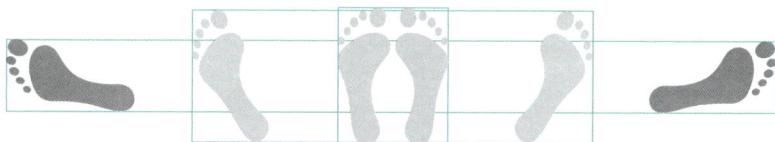

改变双脚的位置就会改变支撑基础的形状，并且不同的形状可以导致不同的稳定性水平。例如，平台与平衡木的对比。

高，你所拥有的稳定性就越低，你必须用更大的肌肉张力来补偿。

在支撑基础中，理想状态是在静态的表面（如地面或引体向上单杠）开始，而不是动态或移动的表面（如溜冰鞋或高空秋千）。对于动态的表面，优先练习连贯的动态表面，即肢体固定在一个物体（如高空秋千、滑雪板或杠铃）上，然后再练习非连贯的动态表面，即肢体固定到两个独立的物体（如吊环、滑橇或哑铃）上。

生理稳定性

生理稳定性是由关节周围的肌肉张力决定的。肌肉张力越大，稳定性越高。例如，在倒立时，要求体操运动员拉直双腿并绷直脚尖，这是为了在全身产生更大的肌肉张力，以增加姿势的稳定性。请想一想，当你紧张起来并准备好被推挤的时候，以及当你放松且毫无准备地被推挤的时候，比较一下两者有何区别。

我们以俯卧撑为例，看看增加自由度并因此而分散肌肉张力是如何降低肩膀的稳定性的。最稳定的起始姿势是使双臂尽可能接近解剖学姿势。双手离中线越远，传播给肩关节的自由度越高，肩部姿势越不稳定。

另一个重要的概念就是与你自己建立更多的接触点。你与自己的接触点越多，往往拥有的稳定性就越高。例如，我们来看一下引体向上。有些人在执行引体向上时双腿彼此缠绕或钩住。这样做会增加腿部本身的接触表面积，并创造出让这些运动员感觉更稳定的姿势。

我们要考虑的第三种生理稳定性是双侧与单侧负荷。当你将一只脚抬离地面（造成身体单侧负荷）时，除了与表面接触点的明显变化外，你还会体验到很大的生理变化。为了保持稳定，你必须改变全身的肌肉紧张程度。在学习倒立平衡时，最好的练习往往是先练习双手倒立平衡，然后再练习单手倒立平衡。在练习滚动手枪式（第149页）时，你要使用同样的进阶原则；在升级到单腿动作之前，先练习稳定的深蹲，这很重要。

单侧负荷（或偏离脊柱的侧向负荷）的主要挑战是，你必须处理在尝试保持必要的全身形态时发生的旋转力。在单侧负荷引起旋转力的情况下，重力对身体有何影响呢？单臂吊在单杠上就是一个显而易见的例证。由于身体姿势而导致的任何离轴或偏离中线的负荷不仅仅导致身体另一侧的侧向移位；由于身体的解剖设计，它还会导致旋转移位。

悬垂测试（Hang Test）需要固定的单杠；动态的器材（如吊环）不适用于该测试。用双手握住单杠，身体悬垂下来，一只手放开，并完全放松，但另一只手不要松开单杠。抓紧单杠并放松肩膀、腹部和身体后，你会注意到自己的身体旋转并离开了手掌朝向的方向。这是在肩膀水平发生的自然内旋。但是在培养动作控制的前提下，这种内旋并不适合创建一个最佳动作模式供以后对其增加负荷、速度、心肺要求或其他类型的压力。

只要你向前伸出另一只手臂（没有抓住单杠的手臂），并在悬垂时收紧腹部，你会马上注意到，悬在单杠上的那

当体操运动员执行转体动作时，我们有时会看到她在动作过程中交叉双腿。这种交叉双腿的倾向性是因为体操运动员的动作力量不足，无法抵抗动作中的旋转力，难以维持解剖学姿势（双腿并拢）。因为她不能通过肌肉张力创造出所需的稳定性，所以她借助交叉双腿来弥补。这样做会影响她的表现，因为：

1. 执行不佳导致她失分；

2. 这不是她的最佳落地姿势。

要改善这种情况，有一个很好的方法，就是努力发展内收姿势的肌肉张力，特别是单侧负荷的内收，这可以通过单侧肩膀负重执行深蹲来实现。

悬垂测试01 一只手臂拉住一个固定的表面，图中是引体向上的单杠。除了握住单杠的手，身体要完全放松。身体转离手掌（握住单杠）的方向，在肩膀层面产生内旋。

02 伸出没有握住单杠的手臂，同时收缩腹部。这样做会导致身体旋转，使得在单杠悬垂的手臂在肩部层面产生外旋。

91

一侧肩膀的方向修正了。这种修正以外旋的形式发生。在这种姿势中，肩部稳定，就在力学上做好了充分准备。这个测试的真正目的是告诉你，如果你从全身–局部的角度去看待身体，你可以看到全身的变化是如何影响局部工作的。

换句话说，如果挤压腹部仍不能在脊柱周围产生足够的紧张度，那么可以通过身体的另一侧来提供帮助。悬垂测试是显示单侧或离轴负荷如何产生旋转力的好方法，你必须解决这些旋转力，才可以在执行动作时保持高效或力学有效性。它还说明，身体要求你收紧脊柱周围的所有肌肉，从而从全身的角度代偿，让肩膀（或任何活动的局部关节）进入更好的动作姿势。

内旋不只是在悬挂一只手臂时发生；当你单腿站立时也会发生。我做悬垂测试只是因为它放大了在行走、跑步、投掷或执行任何其他单侧负荷动作（一侧工作，另一侧支撑）时在局部或关节层面发生的旋转。

在学习动作时，从自己感觉最舒服的姿势开始，这始终是最容易的。大多数日常生活的功能都在竖直（或坐或站）姿势中发生。即使本文的原则并不总是完全一致，例如，你刚刚了解到，躺下的姿势可能是你觉得最稳定的姿势，但常识告诉我们，由于大多数活动都是在竖直姿势中发生，从躺下开始一个动作进阶可能并不是最好的主意。

所以，要从开始姿势的角度去排列空间方位的优先顺序。我通常会遵循以下顺序：

1. 竖直；
2. 仰卧或俯卧；
3. 倒立。

通过观察不同运动平面内的方位变化，我们可以进一步完善空间方位的优先顺序。

矢状面

矢状面将身体分为右侧和左侧，在该平面内的移动最频繁，其旋转轴让你可以向前和向后旋转。就该平面内执行的动作而言，无论在全身或局部层面发生什么事情，我都会使前向动作优先于后向动作。

1. *前向旋转*从竖直转变为俯卧姿势。正如在全身–局部原则中所解释的那样，前向旋转是自然的；此外，

空间方位

当我们从外部观察者的角度谈论空间方位时，我们通常谈论的是相对于地面的方位。但是，当你尝试确定自己在空间的方位时，头部才是真正的关键。如果只是向后仰头或低头，你可以创建水平或倒立的方位视角，但观察者只会说你正在弯曲身体。因此，如果希望对身体在空间中的方位有最佳估计，那么重要的是要保持对头部位置的控制。俗话说："头去到哪里，身体都会跟随。"

学习如何提高动作时，我们从前向旋转开始。最后，我们可以学到前向旋转中的动作，例如前空翻，这可能比后向旋转中的动作更难，例如后空翻。这主要是因为前空翻更加难找落地点。

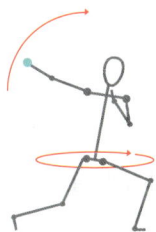

用右手投球或挥拳会使身体向左侧旋转。

平空旋

平空旋（Misty Flip）是一个离轴前空翻加180度转体。这是一个发生在所有平面中的动作的例子，并且它有一段有趣的历史。平空旋是从前空翻的自然进阶演变而来的创意进阶的结果。想象一下，原来的进阶是，你的朋友教你前空翻，告诉你只需要"抛出去"。这个动作增加了转体的原因是在空翻期间发现无法落地，这导致了练习前空翻的人要转头看向

你可以有所预见。弯腰系鞋带就是简单的前向旋转。如果再进一步，你可以把它变成彻底倒立，做手支撑或头支撑的倒立，最终变成仰卧姿势，像3/4前空翻、背部落地，或一个完整的旋转，如前滚翻。

2. **后向旋转** 从竖直转变为仰卧姿势。即使这是如此基本的动作，它也要排在第二位。当你躺在床上时，你会转身到最稳定的姿势，即仰卧。然后，你可以继续向后旋转至倒立，就像直腿后滚翻那样；向后旋转到俯卧姿势，就像在3/4后空翻或直腿后滚翻至俯卧撑姿势；或者执行一个完整的旋转回到竖直姿势，如后空翻，或更稳定的版本，后滚翻。

横截面

横截面将身体分为上下两部分，其旋转轴让你可以左右旋转。它可能不好对付，因为上半身可以独立于下半身移动，但是正如我对矢状面的解释那样，我将专注于全身方面，以帮助你更好地理解这个平面。

你向左或向右转的能力取决于你的优势侧。左撇子倾向于右转，右撇子倾向于左转。旋转的幅度可以是每次1度，但是我们可以采取4分的方法，从转1/4圈开始：90度、180度、270度和360度。

额状面

额状面将身体分成前半部分和后半部分，其旋转轴让你可以侧向或横向旋转，就像在做侧手翻时那样。你可以考虑按1/4圈来增加旋转幅度：竖直到右侧或左侧，竖直到任一方向的倒立，竖直到左侧或右侧，最后是完整的侧面旋转。

组合

观察这些运动平面中的动作是学习和理解动作的一种简单方法。但是，身体的结构可以同时在所有3个平面里移动，并且可以根据要完成的任务来强调其中一个运动平面。只要你明白，身体可以在所有运动平面进行某种程度的工作，就像下面这些组合。

1. **矢状面＋横截面：** 前向旋转加转体一周（在体操中称为Full，即纵轴转体360°）。你可以在过道里一遍又

肩膀后面才能看见地面。当运动员在这个姿势中转头，它将身体的其余部分拉进扭曲状态，使动作成为前空翻加半转体。所以平空旋本质上是运动员试图在前空翻时提前看到地面而发展出来的一个自然进阶。一旦该自然进阶被引入和掌握，极限运动的运动员就使用创新的进阶来引入离轴旋转，有目的地试验在空翻的不同位置控制头部转动。

中央－外周

一遍地执行这个动作；你的身体永远不会偏离该动作的线路和方向。

2. **矢状面＋横截面＋额状面：** 大多数生活功能涉及所有3个运动平面，但是，如前所述，其中一个平面中的表达多于或少于另外两个平面。以行走为例，所有3个平面都在工作：矢状面 ＝ 摆动手臂并移动双腿，额状面 ＝ 抵抗每次抬起一只脚造成的单侧负荷所引起的旋转，横截面 ＝ 向相反方向移动双腿并摆动手臂，以创造姿势的稳定性并最大化效率。在本例中，额状面表达出的动作量最小。

无论何种专业，即无论具体的生理需求如何，所有人体运动表现的基础都是：我们都想持续更长时间！我们希望能够举起更大的重量，我们希望玩得更好，我们希望速度更快，与此同时，还希望坚持更长时间。"更长时间"可以是一组、一天、几天、几周、几年或一生。这个目标涉及2个关键的生理方面。

1. **中央发动机**是将动作的必要燃料分配到全身的能力。中央发动机的容量通常被称为心肺耐力。

2. **外周发动机**是在局部层面使用这些燃料来创造运动或维持结构完整性的能力。外周发动机的容量通常被称为耐力。

我往往喜欢从中央发动机开始。这种偏好的原因是，相比于外周能力，大多数人更加缺乏中央能力，这让他们无法完成本来可能实现的练习量。在这个最初的偏倚之后，根据所期望的结果，任何一个发动机都可能成为特定进阶阶段的焦点。

我们以跑步者为例。如果目标只是完成一个5千米，大多数人的外周发动机或耐力都足以完成那个距离，即使可能需要一整天才能完成。如果跑步者的目标是在30分钟内完成5千米，那么可能必须发展其中央发动机或心肺耐力才能实现目标。如果跑步者希望更有竞争力，在不到15分钟的时间内完成5千米的训练，那么其耐力和心肺耐力可能都需要增加。我喜欢这个例子，因为它说明了我们为了取得成功所需要的微妙平衡和不断决策。目标不断变化，用来达成目标的策略和战术也随之变化。

速度连续体

瑞典单词Lagom的意思是"刚刚好"。它来自*lager*（啤酒）和*om*（一圈）。基本上，为了一杯啤酒正好够一桌人一圈喝完，每个人喝的量都要刚刚好。我希望读者现在已经明白，在制定动作进阶时，其原则绝不是非黑即白；它们需要以适当的方式进行应用。要弄清楚在特定情况下"刚刚好"的意思，这种能力来自于使用这些方法进行训练和测试的经验。而如何平衡原则或将重点放在其中一个原则上，这是让任何进阶刚刚好的关键。

这个"刚刚好"的概念非常适用于速度。身体行进的速度与在该速度下保持姿态所需的稳定性之间存在一种关系。有趣的是，这种关系并不是线性的，它是抛物线的。我们经常会在非常低的速度下遇到高稳定性要求，然后在非常高的速度下再次遇到高稳定性要求，当速度刚刚好时，就会体验到甜点（Sweet Spot）。例如，如果速度太快，就像是用滑板冲下一个小山丘时，你可能会有致命的摆动，如果速度太慢，比如骑自行车上山或做非常慢的俯卧撑；你可能会有缓慢的摇摆或颤抖。

速度是锻炼中的重要因素。教练的工作是利用速度去创造刚刚好的量。

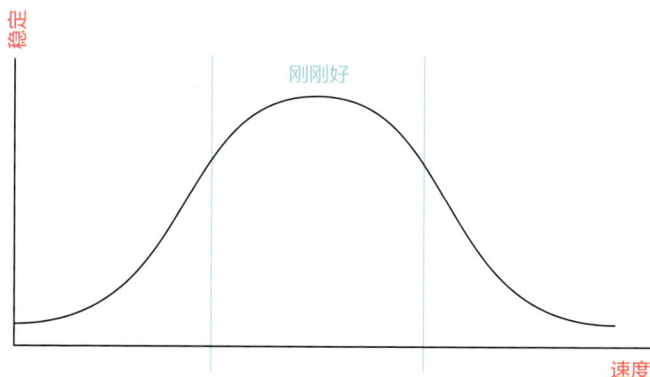

有时候，最重要的姿势是静态姿势。毕竟，姿势优先于运动范围的原则（第88页）建议，首先要掌握姿势，然后再关注在运动中保持该姿势的质量。在运动中控制姿势之前，先静态地练习姿势质量，这个建议表面上可能很容易理解，但让我们来看几个例子，说明有一点动态是维持姿势的最佳方式。

想想骑自行车。当一个孩子第一次骑自行车时，要把双脚都放在脚踏上，保持平衡而不向前移动，这是无法做到的；她会倒向一侧。需要一点向前的运动才能找到稳定性。这是增加速度才能使动作更成功的情况。

　　同样地，如果你曾经尝试手倒立，并且认为你可以像奥运体操运动员那样完全立稳，你可能很快就意识到，为了保持倒立且平衡，你不得不四处移动。或者如果你尝试过引体向上，并且力量不够，无法让下巴越过单杠，你可能会添加一些踢或摆动的动作，试图让自己上去。额外的运动导致速度，但到底是速度还是额外的自由度（从而分散负荷）使得动作更容易呢？这个问题的答案还没有完全确定。静态姿势通常更难，也并不总是最好的起点。请记住，你必须始终平衡阶段性成功与最终目标的进阶。有时，有些原则会互相冲突，但你必须通过试验去找到"甜点"。

进阶方法

　　以上概述的进阶原则是我在多年执教中悟到的真理。在本节中，我会介绍为了将这些原则付诸实践而整理的策略。

　　我们大多数人都相信"熟能生巧"，或者坚信需要投入时间才可以达到所期望的执行水平。或者，也许你认为这是要累积10 000小时去掌握一个概念。你也明白，累积10 000小时并不代表能够马上达到自己想要的执行水平。例如，如果你希望练习手倒立平衡，并希望精通单手平衡，那么10 000小时单手倒立并不会让你有更轻松的开始。相反，你必须以某种方式移动，以便有机会成功，并在某种程度上接近你的能力边界和你的目标。这个概念是跨学科的。在健身中，它被认为是动作的衡量标尺；在体操中，我们讨论的是技术水平；对于猫跳滑雪者来说，它代表不同的难度。

　　无论你怎样称呼它，大多数人只关注成功的机会或动作的容易程度，而没有充分了解如何平衡成功的机会与目标的进阶。本节介绍使用进阶原则创建实现这种平衡进阶的方法。你可以使用这些阶段来积累练习或训练的时间。

阻挡

阻挡是为动作设置解剖标准，帮助你最大限度地提高运动表现的行为。设定标准迫使你以最佳方式执行动作，而不必了解某些力学，因为你正在使用自己的解剖结构来限制你可以移动的自由度。

让我们来看看俯卧撑。当执行俯卧撑时，你的主要关注点是肩膀从屈曲到伸展的力学，以及使肩膀能够在整个过程中有效移动的姿态。为了减少肩膀移动的自由度，你可以让手臂更靠近中线，或者说更接近解剖学姿势。或者，你可以将双手旋转180度，以减少肘部的自由度，这样一来，手指会指向你的身后。减少自由度使你能够专注于肩膀的推的动作。请参阅第5章中的解剖学式俯卧撑（第172页）。

如果你无法弄清楚如何阻挡特定的动作，那么让身体尽可能接近解剖学姿势是有帮助的。然后使用先前概述的进阶原则，以渐进的层次重新构建动作，让你限制自己正在有意识控制的力量。

我通常使用3种阻挡技巧：解剖学上的阻挡、外部阻挡和距离阻挡。解剖学上的阻挡指的是让身体尽可能接近解剖学姿势。外部阻挡利用物体或朋友来维持姿势。最后，距离阻挡设定动作为了限制姿势而必须覆盖的距离。

01

解剖阻挡01 以解剖姿态站立。

02

02 将你的空间方位改变为水平，并将手臂置于平板支撑姿势，但不要改变肩的解剖学姿势。

01　▷

外部阻挡01 采用平板支撑姿势，并在前臂后面放一个哑铃。

02　▷

02 当你开始下降时，哑铃会阻止前臂偏离垂直方向。

03　□

03 当你到达俯卧撑的最低位置时，前臂仍然被挡住，保持垂直。

01　▷

距离阻挡01 从弓步姿势开始，后腿伸直，双臂伸直举过头顶，准备踢起腿转变成倒立。

02　▷

02 后腿尽可能地伸出去，保持身体呈一条直线。

03　□

03 继续向前伸手并将手放在离后腿尽可能远的位置。向前伸手的动作将防止全身姿势发生变化。

60%规则

60%规则规定，一旦你在任何进阶阶段中获得60%的成功，这就是在训练中引入下一阶段的好时机。但这不是精确的科学，这是直觉。

我的经验是，一旦成功次数多于失败次数，最好就引入下一个阶段，而不是在当前阶段等待更多的成功。

引入下一个阶段并不意味着你完成了当前阶段的训练。当你能够有60%的概率很好地完成动作时，就可以添加新的动作或进入下一个阶段。然而，继续按照60%的规则开始，为更高级的动作做好准备。随着时间的推移，就使60%的成功率变为更接近99%的成功率。

姿势−运动范围−负荷−速度−自由风格

我总是建议首先确定姿势，然后考虑覆盖的运动范围，然后再考虑肌肉张力或身体负荷，以便在整个动作过程中保持姿态，然后快速有效地执行动作。最后一个组成部分（我称之为自由风格）是指找到让你更接近目标的下一个姿势或动作的行为。

我们来学习倒立俯卧撑，倒推出许多进阶阶段，从普通的俯卧撑开始（第165页）。

1. 首先在3个主要姿势上探讨俯卧撑：开始，即俯卧撑的最高位置；过渡，即俯卧撑的最低位置；完成，即俯卧撑的最高位置。

2. 检查肩推力学从中程伸展到屈曲的运动范围。

3. 增加俯卧撑的执行次数，或者将杠铃片放在背部，从而增加负荷，评估在肌肉张力增加时保持姿态的能力。

4. 提高俯卧撑的速度，看看你是否能够有效地继续执行动作。

5. 自由风格提供了采取更广泛视角的机会，并考虑为什么要为倒立俯卧撑建立所有这些目标。举例来说，奥林匹克举重运动员可能以倒立俯卧撑作为更好地执行挺举的辅助练习，而棒球投手可能会通过改进其推动力学来提升他的投掷能力。对于奥林匹克举重运动员而言，下一个阶段可能是不同类型的推举，也许是卧推，或者是更垂直的推举，使推动力学与目标更相近。对于投手，下一步可能是单侧或单臂俯卧撑，或者可能是支撑基础更宽的俯卧撑，使推动力学更接近于投掷姿态。

我相信自由风格的步骤是最重要的，因为它强调了过程：考虑所有可能的动作风格，然后选择一种让你更接近个人目标的风格。

简单–复杂–简单

在涉及推、拉、蹲和/或跳跃及落地的任何主要动作模式的自然进阶中，力学通常可以被认为是具有大量活动部分的复杂动作模式。但一旦正式化，这些复杂动作模式的训练通常涉及许多简单的动作模式。以跑步为例，我认为这个动作来自运动的自然进阶和复杂的动作模式，后者通常使用正式的进阶进行训练，训练中会用到像深蹲和手枪式这样的简单动作模式。

简单–复杂–简单是引入动作变量和强度变量的方法。在第一个简单的步骤中，动作变量较少，要求较低；在复杂的阶段，它有很多变量和更高的要求；而在最后一个简单的步骤中，它的变量又会较少，但是要求是最高的。

例如，如果要练习俯卧撑，第一个简单的步骤可能是臂绕环或摆臂。在这种情况下，肩膀会经历俯卧撑中涉及的运动范围，但没有任何负荷，速度不一定很快，并不涉及肘和腕的复杂性。复杂的步骤可能是俯卧撑，其中将身体推离地面并在整个动作过程中保持姿势完整性的强度或负荷需要肌肉张力，并对动作提出了要求。动作变量在这里也很多，因为俯卧撑需要主要活动关节（肩）和次要活动关节（肘和腕）同步运动。最后一个简单阶段可能让你在吊环上做上推动作。 在这个阶段中，你再次移除变量，只移动肩关节来执行上推动作，因为肘和腕创造了一个静

从开始到结束渐进的方法是：从非常简单和有棱角的形态开始，练习到非常复杂和圆形的形态，并最终恢复到非常简单和有棱角的形态。动作的简单性到复杂性受关节移动和所使用的运动平面的限定。

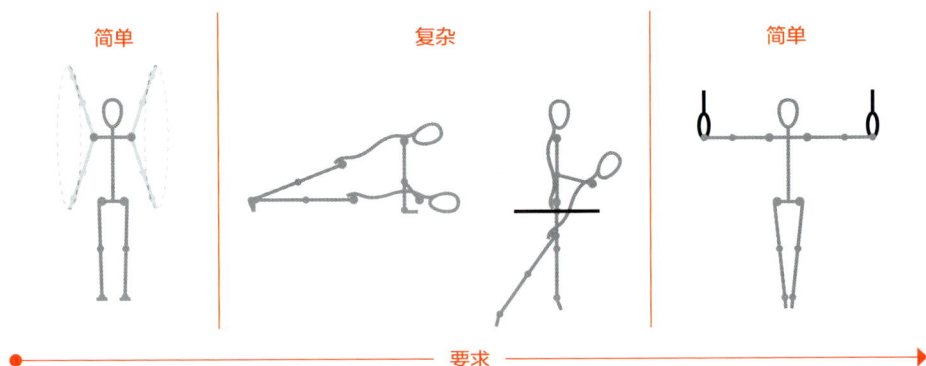

最终，动作进展到一种简单的程度，我视之为"死胡同"动作。当你选择一些变量，并将其移动到远超出最常见动作模式、让该变量无法继续下去的位置时，该动作就是一个死胡同。以俯卧撑为例，你逐渐拉宽双手的距离。最终双手相距很远，胸部到达地面。这些"死胡同"动作可能对训练俯卧撑是有用的，但是我将它们视为"死胡同"的原因是，你用这些姿势来练习的动作模式与在运动和生活中执行大部分动作的模式相距甚远。记住，当寻求动作的进步时，我们要一直考虑解剖学姿势和最常见的形态。

移位－连接－流动

态的手臂姿势，但不像摆臂那样，现在需要大量的肌肉张力来在整个动作过程中保持姿势。

假设你是力量举运动员，你必须执行的一个动作是卧推。这种举重涉及肩推、肘和腕。为了热身，你可以从简单的阶段开始，用臂绕环来帮助肩关节做准备。在锻炼期间，可以使用一个复杂的阶段，包括某种风格的卧推。最后，可以进入高级的简单阶段，执行辅助动作，如臂弯举和肘伸展。

再举一个例子，练习倒十字的体操运动员正在努力实现一个变量少但要求超高的目标，并可能使用复杂的动作来提高自己的耐力和整体移动能力。每当执行高要求的简单动作时，都需要一定程度的整体移动能力（力量和技能），只是重复这一个动作似乎无法有效地训练这种能力。事实似乎就是这样，因为身体所承受的负荷会显示出移动能力的任何漏洞，而这些漏洞可能会被不太理想的姿势所填补。因此，即使对于高水平的运动员而言，在复杂环境中训练整体移动能力似乎也是必需的。

平常的生活似乎大多在复杂的环境中。

如何创建动作对于考虑进阶阶段及在每个阶段的移动能力是非常重要的。我在第1章的"移位－连接－流动"一节（第46页）中讨论过用于描述动作而创建的简单语言。基于移位、连接和流动来创建进阶阶段可以非常有效。

让我们来看一下倒立俯卧撑。我曾与许多运动员合作过，他们似乎刚好到了完成第一个倒立俯卧撑的边界，或者他们已经做了一个丑陋的倒立俯卧撑，勉强过关。尽管成功让他们露齿一笑，但他们知道还是缺少了一些东西，通常缺少的是对为了能有效利用自己的移动能力，应该创建哪些进阶的理解。

在这种情况下，你可以使用移位－连接－流动原则来开发以下进阶阶段，并训练这种理解。从身体向地面的移位开始执行倒立俯卧撑会较容易。所以进阶的第一阶段可能是进入静态的头倒立，然后在受控的倒下中让身体向地面移位。

接下来，你可能会让身体向前移位但不会倒下，然后回到中心。练习进入和离开移位而不会倒下，这让你可以在质量中心绕支撑基础边界平移时增加你的稳定性。

01 >   **02** >   **03** □

在倒下中的移位01 从平衡的头倒立开始。

02 让髋部慢慢下落到双手上方，但不改变全身姿势。

03 继续控制下落，直至双脚到达地面。在全过程中保持低头，这只是为了体验倒下。

01 >   **02** >   **03** >   **04** □

有控制的移位01 从平衡的头倒立开始。

02 将质量中心移位到支撑基础的后边界。

03 将质量中心从支撑基础的后边界重新移位到最平衡的姿势。

04 继续移位，直至找到支撑基础的前边界。

一旦理解了移位，你就可以添加连接的概念，它指的是身体接触点的变化，在本例中，就是在地上的头部。当你超过了在移位所创造的受控下落中回不去的点时，如果身体整体保持稳定，头部就会离开地面。在移位后头部离开地面，这可以被认为是新的移动能力或进阶阶段。

在这个阶段，你可能需要在完成动作时添加接触点，同时在开始动作时减少接触点。例如，双脚可能与地面或墙壁接触。这让你可以减少在动作开始时的稳定性，而在最后增加稳定性，以便本能地保持在同一水平。

01 >

02 >

03 □

连接01 从平衡的头倒立开始。

02 髋部移位到双手上方。当你感觉到失重时，用手臂推地面，用倒下的动量帮助你的头部离开地面。

03 继续使用推和倒下，直至双脚到达地面，身体呈平板支撑的姿势。

在头部从地面抬起并且双脚接触墙壁，成功改变接触点之后，通常是引入基于流动的进阶阶段的好时机。为此，你可以尽可能流畅地练习在开始和完成之间的接触点循环，然后在这个过程中加快速度。你应该觉得这个循环的每个步骤都会很好地连接到下一个步骤，并开始感觉它像一个连续的运动。有关这一进阶的更多信息，请参见第5章第191页。

01 >   **02** >   **03** >   **04** □

流动 01 从平衡的头倒立开始。

02 当你推开地面时，让髋部移位到双手的掌根上方。

03 当髋部重新移位到双手上方时，继续推地面。

04 当你到达完全锁定状态时，将质量中心移回支撑基础的中心。

在开始练习手倒立的时候，许多人从底部或者头倒立开始，然后向上推并倒下。如果我要求他们做2次重复，他们做不到，这是因为他们没有掌握手倒立的姿势。如果你没有掌握一个姿势，那么就需要练习这个姿势。过渡姿势往往是最难掌握的。

为了掌握在第1章的"开始－过渡－完成"一节（第41页）中所讨论的主要姿势，在思考动作时，将训练重点放在过渡姿势上是有效的。如前所述，过渡通常是动作的标志，正如在深蹲和硬拉的比较中所看到的。了解你正在做的动作的本质也很关键。过渡姿势通常包含动作中最复杂的部分，并且是身体达到运动范围边界的姿势，有着很高的物理要求。

我喜欢说："建立起点，设定终点。在中间努力！"我的意思是，开始姿势和完成姿势需要大量有意识的努力。开始姿势需要通过有意识的努力来建立，完成姿势受益于认真、有意识的评估，但过渡姿势是你挥洒汗水后真正获得回报的地方。

建立起点，设定终点。在中间努力！

　　我认为本章中的材料是我的教练工作中最重要的部分。我用这些原则和方法来理解和提高移动能力。这些工具使我能够建立有效的路线图，帮助我的运动员取得成功。正如我说过的，这些工具并不会为了创建全新的路线图而忽略特定学科中提供的进阶。相反，我认为这些工具最有益的使用方法之一是将它们与成熟的进阶相结合，以便从已知有效的进阶中获得更好的结果。此外，当你了解最佳进阶的基本原则后，就可以更好地识别进阶之间的共同点和微妙差异。

　　若不了解基础知识，大多数人在看到以不同的进阶实现的结果相似时都会感到困惑。以学习手倒立为例。中国杂技、街舞和艺术体操都使用不同的进阶，但最后，它们的结果是都可以完成手倒立。每个学科有独特进阶的原因是，运动员来自不同的地方，并且有不同的目的。当我们回顾进阶时，我们通常可以看到这些差异源自哪里，以及它们如何根据我们的目的来影响我们的移动能力。

2

自由风格四式

精通基础技能，你就会成为最高级动作的专家。

我的自由风格连接框架为你提供观察、描述和逐步提高运动水平的基础。正如你在第3章中了解到的，对于我的框架和我的教练职业生涯来说，构建路线图来提高移动能力是其核心和灵魂。本书的这一部分将告诉你，如何利用该框架来评估和推进4个动作，这4个动作形成了在运动和生活中提高所有其他动作的基础，它们是手枪式、倒立俯卧撑、双立臂和波比。我称它们为自由风格四式（Freestyle Four）。

自由风格四式是从我们在日常生活中必须执行的一些任务演变而来的：起床，四处走，用推和拉来控制物体，有时还要清除一些障碍物。尽管健身圈以及体能训练界从一开始就已经知道并利用了这些动作，但我介绍它们的方式可以帮助你了解为什么这样执行，以及如何将它们应用于其他动作。在观察和重复执行这些动作数千遍之后，我发现了似乎是最普遍的姿态。我认为，在本书这部分中讨论的动作形式是功能性最强且最适用于任务的动作姿态。

在健身房（或我们训练的任何地方），数百年的演变产生了我所谓的自由风格四式。

1. *手枪式*是从深蹲演变而来的、更难从地上起来的一种方式。

2. *倒立俯卧撑*是你将物体和自己推离某物的能力夸张的表达。倒立是至关重要的，因为通过上下颠倒，你对自然站立状态下的身体的感觉达到最大化站立的自然状态置于最高层次的意识之中。

3. *双立臂*发展越过障碍的能力，在体操领域里，这是在吊环上完成的。

4. *波比*是一种从俯卧或面朝下的姿势开始离开地面，然后重新趴下来的动作方式。

　　我在世界各地与各个项目的运动员举行过研讨会和现场指导活动。当我问道"最难的自重动作是什么?",答案通常是这4种动作的某个变式。有时候我会怀疑这4个动作是否真正囊括了所有的自重动作,但是一个"新的"动作通常要么是自由风格四式中的一个子集,要么是需要用自由风格四式中的一个动作去执行它。例如,俯卧撑是波比、双立臂和倒立俯卧撑的一部分;引体向上属于双立臂,而直角支撑(L-Sit)属于手枪式;波比可能是在冲浪板上起乘的要求。

　　尽管它们无处不在,但这些动作被认为是最具挑战性的。为什么会这样?难道不是几乎每个人都可以完成这些动作的某个变式吗?例如,我的高中橄榄球教练用1英里(约1.6千米)跑或起伏动作(波比)来惩罚运动员。但为什么起伏动作是一个惩罚呢?这不过是运动员在比赛和练习中常常会做的动作而已。我认为,这是因为它同时具有包容性和挑战性。虽然我们本来都可以做这些基本动作,并且它们是许多活动的基础,但每个人都可以受益于花更多时间来练习它们。如果把自己训练成为基本动作的专家,就可以在任何动作中运用这个基础。

　　自由风格四式共同构成了人体动作的蓝图。虽然它们为我想描述的所有动作提供了表达方式,但我将用构建自由风格四式的其他基本的、更低级别的动作来描述它们。

手枪式

04

　　有一天，我上完街舞课之后，身心俱疲地坐在地板上。这节课是整个星期中强度最大的一节。我记得在那里看着其中一个年纪较小的孩子，并告诉他，我总是惊讶于街舞技艺到底有多少层次，每当你认为自己搞定了，然后又多了另一个层次，结果你又搞不定了。那个孩子看着我说："当然是这样了，卡尔；你经历了很多代的街舞演变。"

　　虽然这句话很简单，但听到一个小孩子如此认同其技艺的深度，看到他眼睛里的兴奋，因为他为了未来的发展而欣然接受过去，这让我的精神又振作起来。此外，他能够清楚地讲出自己对动作的历史或起源的理解，这一点非常重要，便于将其作为提高自己的工具，或者只是将其放进自己的知识库。

　　我既是教练也是练习动作的人，总是对身体的复杂性、适合运动的结构，以及用如此简单姿态表达运动的能力感到好奇。通过对不同动作学科的探索，我意识到，无论是运动项目、活动还是日常生活要求，训练都应该始终重点关注作为所有学科基础的基本动作。

图片由保罗·桑切斯（Paolo Sanchez）提供

111

作为教练，我会思考人类生存或独立的一些最基本的身体要求。在执行任何其他任务之前，你通常需要站起来（睡醒后）并四处移动（行走、跑步，有时跳跃）。站起来的行为需要使用下肢将自己推离地面、床或椅子。这些任务其实相当于深蹲。

从健身和移动能力的角度来看，这种关联也是有意义的。深蹲是最重要的，移位是人体设计的最基本功能之一。在深蹲和从一个地方移动到另一个地方（移位）中，都要求有效利用髋部，它是身体的主要活动关节。因此，我认为手枪式动作是发展髋关节力学的最普遍动作。

我无法告诉你谁是第一个执行手枪式动作的人，但我可以告诉你，执行手枪式动作所需的具体技术只是基本深蹲力学的进化和变式。

许多人会忽视该动作，可能不会认为它是实现精英健身或整体准备的工具。虽然很容易创建不包括手枪式在内的有效训练计划，但是你不应该低估这一动作，因为它具有很多重要的特点。这些特点不仅出现在动作本身，在其进阶中也特别明显。它们是非常重要的，从动作的角度来看，你可以利用它们取得突破。

本章从所有人都可以做的普通深蹲开始。我使用深蹲来介绍基础的髋关节力学机制。在深蹲之后，我使用弓步进阶来介绍单侧负荷的概念。接下来，你将学习手枪式动作的实际进阶，以进一步挑战单侧负荷和髋关节的深蹲力学。最后，我会介绍滚动，它是连接手枪式动作力学与其他动作、以及退出和进入手枪式动作本身的一种方式。我将每一个这些阶段都视为一个单独的动作，用它们构建手枪式练习。

射鸭子

你在小时候可能参加过在溜冰场举行的生日会，如果你是一个"酷"孩子，就有机会学习如何射鸭子。射鸭子是一个简单但相对有点挑战性的技巧，当你绕着溜冰场滑行时，还要单腿蹲下来并保持平衡。能够射鸭子就有可能让你成为溜冰场的王者，或者至少是生日宴会里的明星。

射鸭子不仅仅是滚轴溜冰者在派对上玩的技巧，它也是在花样滑冰运动中可以看到的动作。即使是最高水平的运动员，也会例行执行这个动作，通常会伴随旋转或者单脚尖旋转动作。

深蹲

深蹲是将身体的质量中心尽可能降低至靠近地面，将髋、膝和踝屈向地面，然后在没有上半身帮助的情况下重新推起站立起来。

大多数教练（也包括我自己）可能会在此时大声宣讲，描述深蹲如何使你更强壮，对任何身体活动都有更好准备的重要性。以力量举为例，深蹲是该运动要执行的3个动作（卧推、深蹲和硬拉）之一。在奥林匹克举重项目中执行的所有举重练习（抓举、挺举和高翻等）中，深蹲都是成功的关键。除了运动以外，每当你下床、下车、离开坐便器或椅子，你都在执行深蹲的某个变式动作。

所以，除了作为手枪式的精髓之外，深蹲还是生活中的基本动作模式。

按照全身−局部进阶原则，我认为确定从中线到四肢的优先顺序很重要。深蹲是一个非常好的动作练习，因为它强调了这些优先顺序。

老人深蹲

在帮助我的父亲训练时，我发现了一个深蹲进阶，我喜欢称之为老人深蹲（Old Man Squat）。在使用老人深蹲之前，我曾尝试过几种级别的技巧，例如让他坐在椅子上，靠墙深蹲（以墙作为支撑），或者提示他挺胸。这些方法对他的效果都不太好。

在那些深蹲方法失败之后，我决定探索一些不同的途径。我观察他以前的深蹲测试表现，我认为，他所缺少的是对基本的深蹲行为的理解。缺乏这种理解导致他做出显然很笨拙的动作，包括抬起脚跟、先弯曲膝盖、没有使用髋关节，并且背部变得很圆。我想出了一个简单的方法来说明髋优先于膝、膝优先于踝，以及髋、膝和踝优先于脊柱的重要性。这些是深蹲的基本力学。

我希望深蹲进阶要首先培养对如何移动髋关节的理解。接下来，我开发了髋与膝和踝协调移动的模式。最后，在执行深蹲时结合髋、膝和踝，并专注于形成更好的脊柱姿势。这个进阶可能与我的全身－局部进阶原则相矛盾，我在该原则中强调脊柱姿势优先于关节动作，但由于脊柱没有负荷，这种脊柱姿势是安全的。

遵循姿势先于运动范围的原则，并且在本例中首先侧重于主要活动关节（即髋关节），我在已形成的姿势上逐渐累积更大的关节运动范围。换句话说，我从髋关节姿势开始，然后解决髋关节的运动范围，最后是膝关节和踝关节的姿势和下肢运动范围。一旦在髋、膝和踝关节层面实现了完整的运动范围，我就可以专注于让脊柱处于更中立的姿势，以获得更好的整体深蹲力学。该进阶的3个阶段是：

1. 铰链和触地；
2. 铰链，触地，下降；
3. 铰链，触地，下降和抬起。

提示使用髋关节

许多教练提示其运动员向后推髋关节，以便在膝盖和脚踝弯曲之前屈髋。即使这个提示有助于确保主要关节首先有效地移动，但它也可能存在问题。

它的问题在于，因为实际上髋、膝和踝在深蹲过程中需要同时移动。通常，向后推髋关节的提示与挺胸的提示在一起，这可能会导致做深蹲的人无法保持正确的下背部姿势。

因此，这些旨在简化教练指导的提示可能会让运动员感到困惑，并影响其表现。我们不必要求运动员在深蹲过程中关注其髋关节动作，而应该以几乎强迫运动员去关注髋关节动作模式的方法简化或阻挡深蹲。老人深蹲这个进阶是我专门针对在深蹲中的基本动作模式各个部分的优先顺序而开发的。

铰链和触地

这是第一个阶段，只需要俯身，并将双手平放在地面上，并根据需要尽可能多地屈膝。髋应该始终保持在膝的正上方。为了将动作重点保持在髋关节上，可以并拢双脚，使膝关节弯曲时被迫遵循正确的线路。这是阻挡进阶方法（第96页）一个很好的例子。

在本书中，我主张讨论中立的全身姿势，它对于执行大多数动作来说是最安全且最佳的姿势。该进阶允许脊柱自然弯曲，因为它是安全的——并且这样比做不好深蹲动作要好。

手枪式

反向步骤03-01

04

01 > **02** > **03** <

站立01 站直，双脚平放在地上，大脚趾朝前。尽可能地挺直站立，锁定膝盖。髋关节完全伸展或保持中立，没有铰链。肩膀向后向下，双臂放松垂在身体两侧。背部平坦，颈部的后面拉长。稍微收下巴，但眼睛看向正前方。

铰链02 俯身，同时将双手沿着腿部向下滑到膝盖。在将髋关节推回身后时，把它想象成髋关节中的铰链。在这个俯身过程中，不要圆起背部。因为在双手到达膝盖的时候双脚并拢，双膝会自然而然地分开，朝向外侧。大脚趾始终贴在地面上，使双脚保持完全平放，尽量不让双膝水平高度下降。

触地03 继续向前保持铰链，直到双手平放在地上。髋部保持在弯曲的膝盖之上，双脚平放。脊柱是圆拱形的，并且将头部团起。

115

01 >   **02** >   **03** >

站立01 站直，双脚平放在地上，大脚趾朝前。尽可能地挺直站立，锁定膝盖。髋关节完全伸展或保持中立，没有铰链。肩膀向后向下，双臂放松垂在身体两侧。背部平坦，颈部的后面拉长。稍微收下巴，但眼睛看向正前方。

铰链02 俯身，同时将双手沿着腿部向下滑到膝盖。在将髋关节推回身时，把它想象成髋关节中的铰链。在这个俯身过程中，不要圆起背部。双脚在这里采用更宽的站姿，双手沿着腿部向下滑的时候保持双手放在膝盖内侧，这样可以帮助你将双膝向外推，从而启动深蹲。

触地03 继续，直至双手平放在地上。髋保持在弯曲的膝盖之上，双脚平放。脊柱是圆拱形的，并且将头部团起。

铰链，触地，下降

    这个阶段在铰链和触地的基础上增添了一个下降动作。一旦到达完全铰链（换句话说，双手平放在地面上），就可以简单地把髋部向着地面下降。这个动作可以在双脚并拢的条件下执行，但是双脚分开时会更容易，因为它开始类似于深蹲力学。任何屈髋都会在髋关节产生向外旋转的力量，所以膝盖会自然转向外侧。

铰链，触地，下降，反向步骤04-01

铰链，触地，下降和抬起，反向步骤05-01

下降04 在完成髋铰链后，将髋关节下降到尽可能低的位置，但不要让脚跟离开地面。双手可以保持平放在地面上，但这不是一个要求，因为重点是髋关节力学。低头，下巴靠向胸前，以创造均匀弯曲的脊柱姿势。

抬起05 不要移动你的髋、膝或脚，抬起双臂，双手举过头顶。当双臂举过头顶时，背部和肩膀会感到很大的肌肉张力。尝试增大这种张力，尽可能垂直地举起双臂。掌心彼此相对，拇指指向后面，就可以在肩关节层面创造出良好的外旋。当你在髋、膝和踝关节层面达到运动范围边界时，你就已经找到了完成姿势，并且背部平坦，躯干挺直。

铰链，触地，下降和抬起

现在你的髋、膝和踝关节都到达了深蹲姿势的最低位置。你可以重点关注脊柱，抬起双臂，双手举过头顶，或根据自己的移动能力，伸向头顶上方尽可能高的地方。你可以在图片中看到我的背部是圆拱形的，这是没问题的，因为我没有负重，我的脊柱上的压力是不会造成伤害的。根据你的移动能力，背部和腿部的平直度将会或多或少地有一些变化。最后以双臂抬起、双手举过头顶的姿势完成是有益的，因为它与许多动作相关，并且它在背部产生的张力可以巩固脊柱的中立位置。

箱子深蹲

正如在第3章中讨论"开始–过渡–完成"进阶原则（第104页）时所了解到的，我的大部分进阶都侧重于过渡姿势。老人箱子深蹲是一个可用于在深蹲的过渡姿势或最低位置增加或消除稳定性的进阶。你可以利用更大的稳定性（来自于增加接触点）来练习姿势，而无须担心运动范围。在过渡姿势添加接触点也会将过渡拆分为完成和开始，以便将其转换为过渡姿势之前练习的每一个姿势。

01 〉

02 〉

03 〉

老人箱子深蹲01 直接站在箱子前面。双脚朝向正前方，箱子抵住脚后跟。

02 双臂向下滑到膝盖，类似于之前的深蹲。

03 在双手继续下降并低于膝盖时，背部可以圆起来，最后将双手平放在地面上。

01 〉

02 〉

03 〉

疲劳者箱子深蹲01 坐在箱子上，双脚放在双膝下方，胸部挺直，双手放在大腿上。

02 俯身并抬起髋部，同时双手按着大腿，并将双腿推向双脚，双脚保持平放在地面上。双臂的形态与在俯卧撑最低位置时的形态相同。从头到髋尽可能呈一条直线。

03 不要用双腿驱动，而是伸展双臂，将自己从髋部推开。这种推动类似于俯卧撑，是模仿俯卧撑或臂屈伸的一个有趣的方法。

例如，如果你采用老人深蹲进阶，并且只是在深蹲的最低位置添加一个箱子，就可以创造出一个有高度稳定性的姿势，以帮助理解和发展深蹲。

除了通过老人深蹲进阶来学习深蹲，还可以使用阻挡方法作为辅助工具来改善深蹲。在这种情况下，非常疲劳的人从椅子上站起来时，会把双手放在大腿上，用手臂帮助深蹲，如"疲劳者箱子深蹲"所示。

反向步骤05-01

04 >

04 不要把髋部下降得过低，而是以箱子为目标，让髋部向着地面下降，直到轻轻地到达箱子之上。箱子在这个姿势中创造了稳定性，所以重要的是有控制地到达箱子之上，而不是直接一下子坐在箱子上面。

05 <

05 在箱子的支撑下，你可以把双手从地面抬起来，以模仿老人深蹲最低位置的理想形态，同时让背部变得平坦。

04 □

04 站起来，完成动作。

铃片深蹲

铃片深蹲是指执行深蹲时双手上要加上外部负荷。这个铃片变式是弥补老人深蹲与普通深蹲之间差距的绝佳方式。

实施这一进阶有两个主要原因。

1. 握住铃片可增加中线周围的肌肉张力，特别是可以让后方肌肉参与动作。这涉及第3章（第90页）中解释的生理稳定性进阶原则。

2. 这个重量让你可以将身体的质量中心移位到支撑基础的后边界。这种移位减少了深蹲对下肢运动范围的要求，让你可以在减少踝关节的运动范围时专注于找到更好的深蹲姿势。

铃片深蹲进阶有两个阶段。

1. *远铃片深蹲：* 让铃片远离身体。
2. *近铃片深蹲：* 让铃片靠近身体。

基于上述两个原因，进阶的两个阶段可以促进更好的深蹲力学。这两个阶段的主要区别在于移位到支撑基础后边界的重量大小。远铃片深蹲比近铃片深蹲要求的运动范围小一点，因为它将质量中心向后移位到支撑基础的后边界。这是由于在远铃片深蹲中，铃片位置距离身体质量中心较远。

为铃片深蹲选择适当的重量是非常重要的，要让你保持最好的身体形态，不能让负荷约束你执行深蹲的能力。有一个方法可以使该动作更接近普通深蹲：只需要减轻铃片的重量。铃片越轻，以适当的力学和尽可能接近最佳形态的身体形态完成任务所需的移动能力水平就越高。

01 >

远铃片深蹲01 站直，双手拿着一个铃片，双臂在身体前方完全伸展。

02 >

02 髋关节铰链，屈膝，以向地面降低髋部，与深蹲动作类似。双脚保持平放在地面，脚跟和大脚趾与地面稳固地接触。

03 <

03 当髋部低于膝盖或达到髋关节完全屈曲时，就到达了深蹲的最低位置。胫部尽可能保持垂直。让铃片远离身体，可以更容易将身体重量压向脚跟并保持挺胸。

01 >

近铃片深蹲01 站直，让铃片靠着胸部。将铃片拉向胸部，弯曲肘部，以增加脊柱周围的肌肉收缩。

02 >

02 髋关节铰链，屈膝，以向地面降低髋部，形成部分深蹲。

03 <

03 当髋部低于膝盖或髋关节完全屈曲时，就到达了深蹲的最低位置。胫部尽可能保持垂直。与远铃片深蹲相比，铃片更靠近身体，你必须更努力地保持身体重量压向脚跟。

深蹲

一旦掌握了铃片深蹲进阶，就该利用所学到的深蹲力学，将其应用到我认为是最普遍的深蹲风格中了。

这种深蹲风格因人而异，但深蹲的原则对于每个人都是一样的。我喜欢看到脊柱处于尽可能中立的姿态，因为这种形态可发展出最好的动作控制，并且可以安全地负重。下肢力学要求髋关节从中立到完全屈曲，膝关节从伸展到屈曲，而踝关节从中立姿势到背屈姿势。

01 >

02 >

03 >

深蹲01 站立，双脚平放在地面上，与肩同宽。从底部开始向上，锁定膝关节，然后通过收紧臀部和腹部使髋关节中立。然后让肩膀与髋部呈一条直线，胸部朝前，背部平坦。后颈拉长，稍微收下巴，眼睛看向正前方。

02 髋关节铰链，同时步调一致地弯曲膝盖和脚踝。这会使质量中心下降到身体正下方，同时保持身体的大部分重量靠向身体后方。髋关节向后下降，同时保持胸部垂直，好像在你面前有一堵墙那样。双手在身前伸直，保持平衡，并增加脊柱周围的张力，以实现更好的姿态。

03 深蹲达到最大程度的标志是：你已离地面尽可能近，或在髋、膝和踝层面到达了运动范围边界，即髋关节屈曲、膝关节屈曲和踝关节背屈。双臂现在位于头部正上方，掌心彼此相对，帮助脊柱实现更好的姿势。

双脚姿势由髋关节的姿势决定，如下文所示。

除了双脚的姿势以外，还要考虑的一点是上半身的姿势。即使双臂并没有参加深蹲的行为，但拥有良好的肩膀姿势对于技能转移是极为重要的。当你尝试将这种能力转移到对某个物体的控制上时，或者如果你需要使用上半身协助运动（如跑步或行走）时，就能特别体现出肩膀姿势的重要性。这里，如果我的双臂在肩膀层面上内旋，会损害我下半身的推动效率。

04

05

04 通过推动双腿和髋关节，使身体远离地面，同时伸展膝和髋，从而恢复站立姿势。这里的主要目标是保持身体挺直或者挺胸。当挺起胸部时，髋关节上升，双臂慢慢地下降。

05 完成动作：完全笔直的站立姿势，双臂向后向下靠在身体两侧。在完成站立时，重要的是髋关节要恢复到完全伸展的姿势。

髋与脚的关系

　　髋的姿势决定脚的姿势。请想一下解剖姿态：双脚并拢，朝向前方。例如，如果你要外展，或者说从中线分开双腿，以采用更宽站姿的深蹲（如力量举中所见），双脚的姿势就会改变。发生这种变化是因为髋关节水平的外展与髋关节的外旋结合，因此影响双脚所指的方向。双脚距离越近，越会指向正前方，如跑步。而双腿距离越宽，双脚向外转的幅度越大，如横劈腿姿势（第314页）。

　　双脚应保持平放在地面上，体重平均地分布在双脚上。在经过髋、膝和踝关节层面的不同运动范围时，在双脚上的重量分布会发生变化。变化的量取决于执行深蹲的经验和/或你身体的灵活性。

颈部中立

背部平直

脚跟下压

髋低于膝

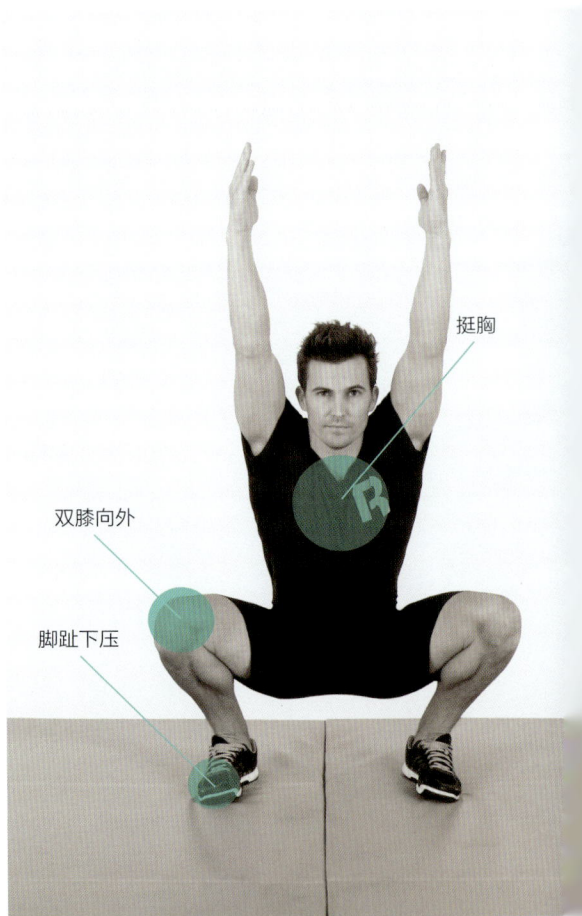

挺胸

双膝向外

脚趾下压

弓步

弓步是在矢状面以分腿站姿执行的深蹲，其中一条腿执行深蹲，另一条腿的膝关节降低作为辅助。从另一个角度来思考它，你可能会看出每个高中田径队都执行这个动作的原因是，弓步采用深蹲力学，并使之更接近于跑步、行走和跳跃等移位运动。我倒认为移位是我们人体结构的最重要的目标活动之一。弓步也让你更接近于手枪式所要求的单腿深蹲。

弓步

我在弓步进阶中引入3个主要阶段：

1. 脚屈曲；

2. 绷直脚尖；

3. 膝弓步。

在脚屈曲的弓步中，后脚屈曲，以便你能够用跖球部推离地面，从而为支撑腿（即弓步腿）提供大量帮助。绷直脚尖的弓步是消除后腿协助的第一步。绷直脚尖的后腿仍然能够通过与地面的额外接触点来提供平衡，但是当你站起来时，它提供的推动力较少。膝弓步变式消除了后腿与地面的更多接触点，进一步降低了稳定性。更重要的是，没有后腿辅助推离地面，前腿是站起来的主要驱动力。

这三个阶段的弓步进阶，帮助你培养执行手枪式的移动能力。重要的是要知道这3个阶段在过渡姿势中的主要差异。

在弓步进阶中，尝试保持从头部到后腿呈一条直线。这不仅仅是为了美观，而且还为了动作控制，因为它保证骨盆和脊柱处于最中立的姿势。此外，这种直线式可以很好地转移到在第8章中你将学习的手倒立（第346页）所需的弓步。

脚屈曲的弓步

当后脚屈曲，跖球部着地时，你可以推后脚，以便减少前腿的一些负荷。

01

脚屈曲的弓步 01 站直，双脚并拢平放在地上，双臂垂在身体两侧。

02 一条腿尽可能向后伸。身体前倾，以平衡那条腿，并保持控制。在前倾的过程中，脊柱保持平直。支撑脚也保持平放在地面，同时抵抗单侧（单腿）支撑所产生的轻微旋转力。这产生了在深蹲中看到的同样的髋关节铰链。

03 后膝触地，保持前腿或支撑腿的胫部尽可能垂直。后脚踝的屈曲程度会随着膝盖触及地面而增加。稍微挺胸，这样你就可以让质量中心舒适地到达支撑基础的上方。

04

04 为了站起来，当双手伸向地面时，髋关节铰链。这种类型的铰链会在髋关节的后部产生张力，而该张力再加上后脚推离地面，可以让你将质量中心转移到新的支撑基础上。这个新的支撑基础是由前脚（支撑脚）形成的，你把全身重量都放在了这只脚上。

05 从地面抬起后脚，并回到原来的铰链姿势。尝试从脚到头呈一条直线。

06 完成最后的步骤，后脚向内靠拢，直至到达固定的脚旁边，站直，髋关节完全伸展。

绷直脚尖的弓步

在这个版本的弓步中，弓步腿的脚尖绷直，把脚背平放在地上。我喜欢把脚尖绷直（即脚的跖屈）想象为把鞋带放在地上。从这个姿势向上，在髋关节执行相同的铰链，并将质量中心向着新的支撑基础转移，即前脚。这个弓步需要前腿（即支撑腿）提供更多力量，才能让你回到原来的站立姿势。

绷直脚尖的弓步01 单腿站立并保持平衡，另一条腿伸向前面，并稍微偏向侧面。双臂向前伸直，以保持平衡。

02 将抬高的腿向下和向后摆动。

03 >

03 继续尽量向后摆动抬起的腿。身体向前倾，以平衡被送到身后的腿并保持控制。在前倾过程中，脊柱保持平坦。支撑脚保持平放在地上，同时抵抗单侧（单腿）支撑所产生的轻微旋转力。向后伸脚产生了在深蹲中看到的同样的髋关节铰链。

04 >

04 后脚的脚背以跖屈姿势触地。

05 ⌐

05 后膝触地，保持前腿胫部尽可能垂直。稍微挺胸。这样你就可以让质量中心舒适地到达支撑基础的上方。

06 >

06 为了站起来，当双手伸向地面时，形成髋关节铰链。这种类型的铰链会在髋关节的后部产生张力，而该张力再加上后脚推离地面，可以让你将质量中心转移到新的支撑基础上。这个新的支撑基础是由前脚形成的，你把全身重量都放在了这只脚上。

07 □

07 从地面抬起后脚，向前摆动后腿，并返回到开始姿势。

膝弓步

　　在这个版本的弓步中，后脚完全离开地面，所以膝盖是你的后支撑点。为了从这个姿势站起来，与前两个版本的弓步相比，躯干前倾幅度更大。这种前倾需要更夸张，因为你需要将质量中心转移向只是由前面的支撑脚创建的新支撑基础的中心。

膝弓步01 单腿站立并保持平衡，另一条腿伸向前面，并稍微偏向侧面。双臂向前伸直，以保持平衡。

02 抬起的腿尽量向后伸。身体向前倾，以平衡被送到身后的腿并保持控制。在前倾过程中，脊柱保持平坦。支撑脚保持平放在地上，同时抵抗单侧（单腿）支撑所产生的轻微旋转力。向后伸脚的动作产生了在深蹲中看到的同样髋关节铰链。

03 >

03 后脚的脚背以跖屈姿势触地。

04 >

04 后膝触地，保持前腿胫部尽可能垂直。稍微挺胸。这样你就可以让质量中心舒适地到达支撑基础的上方。

05 L

05 后脚抬离地面，这样便只有后膝和前脚接触地面了。为了站起来，当双手略微伸向地面时，形成髋关节铰链。

06 >

06 继续向前铰链，双臂伸向地面，同时用支撑腿将身体推离地面。在支撑基础上方保持平衡时，尽可能保持支撑腿的胫部垂直。

07 >

07 继续将身体推离地面，直至达到站立姿势，并且仍然在支撑腿上保持平衡。

08 □

08 一旦找到平衡，就可以伸展抬起的腿，并返回至开始姿势。

133

旋转

膝在踝正上方

膝下压

脚趾下压

颈部中立

髋在膝正上方

胫部垂直

脚屈曲

手枪式

手枪式是一种单腿深蹲，离地的腿向身体前方伸出。虽然单腿深蹲看起来很简单，但由于涉及单侧负荷，单腿姿态会改变一切。为了找到平衡，身体有明显的侧向移位。更重要的是，肌肉骨骼结构为你提供了要在横截面处理的重要旋转部件。另外，因为在整个动作过程中都有一条腿抬离地面，所以有一侧的髋关节接近于运动范围边界。这造成了更大的张力，挑战深蹲腿的运动范围能力。

为了培养执行手枪式深蹲的能力，我发现，将前一节描述的弓步力学应用于箱式下箱练习，然后在过渡期间增加手枪式形态，这样可以从单腿深蹲的一种风格平滑转换到另一种风格。然后，在过渡时添加一个箱子和/或在执行手枪式时拿一个铃片，如铃片深蹲（第120页）所示，这是练习手枪式深蹲，并在执行中保持最优力学的最佳方法。

下箱01 站在一个箱子上。

02 一条腿向后踢，就好像在执行弓步那样。弯曲支撑腿，同时上半身向前。双臂向前伸，应该几乎越过箱子，以获得更好的平衡。

03 髋关节铰链，并弯曲支撑腿的膝盖，以降低自己。在下降过程中，膝盖保持在支撑脚中心的上方。下降，直到后脚接触地面。

下箱

下箱是站在箱子上面执行的弓步。与弓步相比，在箱子上面执行的这种弓步在下降/上升期间 可以保持更垂直的路径。保持垂直的原因是质量中心的移位减少了，在下降过程中，腿几乎就在身体下方。

这一进阶也消除了在弓步进阶的上升期间看到的后腿辅助。它使你能够将精力集中于执行深蹲那条腿，而不是抬起的那条腿。用一个箱子作为支撑基础，所以你不必担心抬起的腿会碰到地面。你当然可以改变箱子的大小，以改变地面的支持作用并进行升级。

该进阶的两个主要阶段是下箱和手枪式摇摆。

下箱是一个很好的起点，原因有两个。

1. 由于允许抬起的腿垂在身体下方，甚至是身体后方，它可以减少运动范围的挑战，从而使你能够专注于姿势的完整性，而不必担心运动范围。

2. 它让你可以将过渡姿势分解为一个开始姿势和一个完成姿势，让你有机会根据自己的需要进行暂停和重置。

04 一旦到达最低位置，就可以选择抬起躯干，使自己站直，为发起上升建立一个更好的姿势。这不是正确执行动作的要求，只是有助于创造更好姿势的一个选项。如果执行上箱动作，也可以将其视为开始姿势。

05 俯身，胸部压向支撑腿的大腿。这样做会让支撑腿的后部产生张力，特别是在支撑腿的胫部尽可能保持垂直的情况下。

06 当你继续将胸部压向大腿，并积累更多张力时，张力和髋关节铰链让你以支撑腿为轴旋转，并让后腿开始抬离地面。不要用后腿发力，要用前腿发力。

07 继续将脚用力向下推箱子，同时上半身向前倾斜得更远，以保持支撑腿的平衡。

08 继续推并保持平衡，直至成为站立姿势。

137

手枪式摇摆

手枪式摇摆是一个下箱动作，但在下箱的最低位置并不是把脚放在地面上，而是将后腿摆动到身体前面，采用手枪式形态。

手枪式摇摆是在下降或上升过程中保持手枪式形态的一个好方法。站在箱子的一侧，而不是面向箱子的后边界，你可以执行相同的下箱动作，并且利用箱子的高度，在向前摆腿时就不会碰到地板，从而实现普通手枪式的过渡姿势。

手枪式摇摆01 站在箱子上，一只脚靠着侧边界平放，另一条腿在身前抬起，稍微偏向一边。双臂伸向前方，躯干稍微旋转向与抬起的腿相同的角度。

02 放下抬起的腿，把它放在支撑腿旁边。

03 继续将抬起的腿摆到身后。上半身向前倾斜，以保持平衡。双腿都尽可能伸直。

07 继续摆腿直至你到达深蹲的最低位置，这也是手枪式姿势的最低位置。抬起的腿平行于地面。双臂继续向前伸，以保持平衡。

08 放下抬起的腿，并开始向后摆。

09 当腿摆到下方，并开始摆向身后时，双臂尽可能向前伸，以便在脚跟用力踩箱子时保持平衡。

04 >

05 >

06 ∟

04 髋关节铰链，弯曲支撑腿的膝关节，以降低质量中心。伸出双臂，抬起的腿向后伸，以保持平衡。

05 悬空腿伸向地面，开始将躯干向后移到支撑脚的后面，以启动悬空腿的摆动。

06 将悬空腿摆向箱子的前方，不要让它碰到地面。双臂向前伸出，以保持平衡。

10 >

11 >

12 ☐

10 继续向后摆动，好像要将摆动腿的脚跟推到天空中那样，并用支撑腿推压箱子。

11 当支撑腿的膝关节完全伸展的时候，放下摆动腿，站起来。

12 返回到开始姿势。

139

箱子手枪式

一旦熟悉了在手枪式摇摆的最低位置的手枪式形态，就可以执行多次重复。现在是时候开始练习在整个运动范围内保持手枪式形态了。我已经定义了3个阶段来帮助你这样做：

1. 箱子手枪式；
2. 铃片手枪式；
3. 脚趾手枪式。

箱子手枪式是在箱子上执行的手枪式。执行箱子手枪式的好处是，它在过渡期间创造了一个高稳定性的姿势。这种稳定性让你可以在动作过程中调整身体形态，并在你遇到平衡、力量或灵活性障碍时提供退出策略。

箱子手枪式01 单腿站在箱子前面，保持平衡，另一条腿伸向前面，并稍微偏向侧面。双臂在身前伸直，以保持平衡。支撑脚的脚跟应该在箱子的正前方。

02 髋关节铰链，并弯曲支撑腿的膝盖，以启动下降。抬起的腿保持离开地面，背部平坦并与颈部呈一条直线。

03 继续下降，直到髋部到达箱子。箱子让你可以保持支撑腿的胫部垂直，因为髋关节铰链可以更靠后，而不用担心摔倒。如果在下降过程中的姿势走了样，下降到最低位置时坐在箱子上就让你有机会重新摆好姿势。

04 >   05 >   06 □

04 上半身向前移位到支撑腿上方，从坐姿启动上升。

05 将重心向前移位后，用支撑腿推起，以抬起髋部。

06 完成时的姿势与开始时的姿势相同。

铃片手枪式

有时平衡和/或灵活性障碍太大，只用一个箱子是无法解决的。在这种情况下，适合引入铃片手枪式，根据你的经验和舒适程度，可以在箱子上或站在地上执行这个动作。

铃片手枪式是双手拿着外部负荷执行的手枪式。其风格是远铃片风格，可参阅铃片深蹲进阶。铃片的作用与在铃片深蹲中介绍的相同。

铃片深蹲的关键在于，因为身体的质量中心的移位，你可以采用髋低于膝的一般主姿势，而不必在髋关节层面上运行相同的运动范围。出于相同的原因，你使用铃片手枪式，但是在这种情况下，铃片甚至可以提供更多帮助，因为躯干

01 〉   **02** 〉   **03** 〉

铃片手枪式01 首先单腿站立并保持平衡，另一条腿伸向前面，并稍微偏向侧面。双臂在前面完全伸展，握住铃片。

02 髋关节铰链，并弯曲支撑腿的膝盖，以启动下降。抬起的腿保持离开地面，背部平坦并与颈部呈一条直线。

03 继续下降，直到髋低于膝。最低位置的姿势为髋关节和膝关节都完全屈曲。支撑脚的脚跟平放在地面上。上半身旋转向支撑腿，由于质量中心的移位和躯干的旋转，支撑腿的膝关节已经转向支撑腿的外侧。抬起的腿伸向前面，并稍微偏向侧面。伸直双臂，保持铃片在身前，使你更容易保持挺胸，支撑腿的脚跟保持在地面上，并将离地的腿抬起。

的旋转与抬起的腿相结合，会导致髋关节在手枪式中更快到达屈曲范围的边界。更具体地说，我谈论的是在髋关节层面发生的相对内旋，但是它有一种不太正式的描述方式：如果质量中心的移位或倾斜度使你可以抬起你的腿，髋关节就不必屈曲那么大的幅度。

当你使用这个进阶练习时，当你有了进步，可以去除箱子，减轻铃片的重量，并感觉有能力在没有辅助工具的情况下尝试手枪式时，脚趾手枪式就是一个弥补铃片手枪式和普通手枪式之间差距的好方法。

04 髋关节铰链，并将铃片引向地面，从坐姿启动上升，这有助于上半身向前移位到支撑腿的上方。

05 将髋部向后向上推，从而推离地面，同时保持直立的胸部姿势。

06 完成时的姿势与开始时的姿势相同。

脚趾手枪式

脚趾手枪式是在执行时要用手抓住抬起的腿的手枪式，效果介于铃片手枪式和实际手枪式之间。手臂和抬起的腿之间的连接引入了同样的肌肉张力，增加了稳定性，同时，这个张力减少了髋关节的屈曲，保持抬起的腿处于高处位置。不需要拿着铃片也会使你的质量中心移位或倾斜。

即使这是让你更接近于执行普通手枪式的风格，但正确执行脚趾手枪式要求有极好的灵活性和动作控制。一旦掌握了脚趾手枪式，就是该尝试手枪式练习时候了。

01 >

02 >

脚趾手枪式01 首先单腿站立并保持平衡，另一条腿伸向前面，并稍微偏向侧面。腿应该抬得足够高，以便用同一侧手臂抓住脚趾，而不必俯身。

02 因为脚趾手枪式不强调在铃片手枪式和箱子手枪式中看到的髋关节铰链，所以你只需用支撑腿深蹲来启动下降。在抓住脚趾的同时保持腿部伸直和抬高，这有助于阻挡上半身，使其进入理想的竖直姿势。

侧平衡（*side scale*）

　　体操的平衡（scale）就是单腿支撑并平衡，同时在前面、侧面或后面抬起腿。执行侧平衡时通常是单腿支撑并保持平衡，同时抓住抬起的腿。在脚趾手枪式中看到的开始/完成姿势，如果执行得正确，就与体操运动员在执行侧平衡时采用的姿势非常相似。

03

04

05

03 继续下降，直到髋低于膝。在最低位置抓住抬起的脚的脚趾，可以更容易保持抬起的腿离开地面，并在髋关节周围产生更大的肌肉张力，以获得更好的平衡。

04 用支撑脚推地面来启动上升，同时继续抓住抬起腿的脚趾。

05 完成时完全伸展支撑腿和髋关节，并挺胸，变为笔直的姿势。

手枪式

手枪式是一种单腿深蹲，离地的腿向身体前方伸出。虽然单腿站姿看起来很简单，但所涉及的单侧负荷会改变一切。为了找到平衡，身体有明显的侧向移位。更重要的是，肌肉骨骼结构为你提供了要在横截面处理的重要旋转动作。另外，因为在整个动作过程中都有一条腿抬离地面，所以有一侧的髋关节接近于运动范围边界，这造成了更大的张力，挑战深蹲腿的运动范围能力。

为了培养执行手枪式的能力，我发现，将前一节描述的弓步力学应用于箱式下箱练习，然后在过渡期间增加手枪式形态，这样可以从单腿深蹲的一种风格平滑转换到另一种风格。然后，在过渡时添加一个箱子和/或在执行手枪式时拿一个铃片，如铃片深蹲（第120页）所示，这是练习手枪式，并在执行中保持最优力学的最佳方法。

手枪式01 首先单腿站立并保持平衡，另一条腿伸向前面，并稍微偏向侧面。双臂向前伸直，以保持平衡。

02 髋关节铰链，然后弯曲支撑腿的膝盖，以启动下降。抬起的腿保持离开地面，背部平坦并与颈部呈一条直线。

在手枪式的最低位置，支撑脚应平放在地面上，由于髋关节屈曲，膝关节下降后以自然角度偏向侧面。胸部挺直，以达到接近中立的脊柱姿势，双手伸向前方，以协助平衡，双肩环绕脊柱。抬起腿的那一侧的髋关节外展应该与深蹲腿一侧的髋关节外展成镜像对称，抬起的腿稍微向侧面伸出。这可以帮助抵抗将抬起的腿带向支撑腿或身体中心的自然倾向。这种倾向会产生柔软的髋关节姿势，因此会降低动作控制和施加作用力的能力。

为了保持适当的动作控制并抵抗由单侧负荷产生的旋转，上半身必须旋转向深蹲腿，以便在脊柱和髋关节层面创造最佳姿势。躯干应该与支撑腿的膝关节指向相同，并在脚的上方侧向偏出。

03 > **04** > **05** □

03 下降至髋低于膝。背部略圆，但脊柱上的负荷是安全的。脚平放在地面。上半身旋转向深蹲脚。抬起的脚保持在身前，稍微偏向侧面，以协助平衡。

04 向后向上推髋关节，保持胸部朝下，以启动上升。

05 继续伸展髋和膝，直至达到完全站立姿势。

颈部中立

髋低于膝

膝关节完全屈曲

腿伸直

脚向上

脚跟下压

旋转

腿向外

膝向外

脚趾下压

滚动
手枪式

在你练好了手枪式的深蹲力学之后，可以开始加速和改变接触点，以升级动作来接近于滚动手枪式的风格。

滚动手枪式是在过渡期间执行烛台式滚动的手枪式。在到达手枪式的最低位置时，可以向后滚动进入空心摇摆（第65页），并以肩倒立姿势完成，再通过向前滚动回到手枪式形态。由滚动创造的动量意味着，与手枪式相比，滚动手枪式需要较少的肌肉力量，但它以完全不同的方式向你提出挑战。

具体来说，滚动手枪式可以通过两个关键方法帮助你发展移动能力。

1. 滚动是处理深蹲倒下时的基本动作模式。
2. 滚动进入手枪式，对动作加入了一个有助于技能转移的动态组成部分。因为移位是手枪式的主要应用技能。

寻求改善大部分运动基本方面的任何人，都应该对这两个特征感兴趣，探索这些滚动力学也会产生巨大的好处。你可能会发现这种探索很复杂，但是如果你在执行动作的同时改变来自滚动的动量，就可以找到牵引力和稳定性。你还将进一步了解到，作为滚动手枪式动作核心的髋关节力学与大多数其他移位活动是有交集的。

烛台式滚动

我要讲解的第一种滚动是烛台式滚动。它非常适合学习如何在完成深蹲后倒下或翻滚，或者更重要的是，适合于学习如何在深蹲过程中使用动量。

这种动量为动作增加了速度，有助于实现动作的力学机制。换句话说，滚动的速度掩盖了在普通深蹲中所需要的力量的一些方面。滚动需要较少的肌肉张力，甚至更少的灵活性。因为在动作过程中移动得很快，你能够顺利越过那些可能会限制动作灵活性的身体部位。

01 >

烛台式滚动01 双脚并拢站立，双臂举过头。

02 >

02 开始下降，深蹲时用夸张的髋关节铰链，保持双臂举过头。

03 >

03 以受控的方式下降，并在最低位置进入团身姿势，背部圆起来。

07 >

07 脊柱保持圆形或空心的形态，并逐渐弯曲双腿，以启动向前的滚动。

08 >

08 随着髋部到达地面，继续弯曲双腿，双脚伸向地面。

09 >

09 双脚牢牢地踩在地上，在双臂向前伸时执行有力的仰卧起坐。

烛台式滚动创造的动量也是平衡深蹲的重要途径。这类似于骑自行车，在移动时平衡自行车比在静止时容易得多。另外，学习手倒立时，静力撑持比手倒立行走更难。移动有助于保持平衡。

虽然看起来很容易，但对于许多人来说，烛台式滚动是很难学的，这取决于他们的翻滚动作经验、力量和灵活性。可以执行深蹲但灵活性有限的人，或者可以执行深蹲，但由于深蹲力学中增加了速度，而不能执行烛台式滚动的人，他们就是烛台式滚动的另一个进阶阶段（例如铃片滚动）的理想候选人。

04 >

04 为了将动量从下落顺利地转移到空心摇摆，胸部慢慢离开大腿，同时背部保持固定的弧度，以便更好地摇摆。

05 >

05 当你继续向后滚动时，逐渐伸展双腿，同时将髋部从地上抬起。

06 ⌐

06 滚到背部的顶端，双臂伸过头，并且将它们牢牢地按在地上。收下巴，以保护头颈部。为了完全伸展，髋和双腿伸向天空，并且不要让脚趾挡住视线。

10 >

10 转移来自仰卧起坐的动量，以抬起髋部。双手尽量向前向下伸。

11 >

11 继续抬起髋部，双腿像在深蹲动作中那样用力推。

12 □

12 以相同的站姿结束动作，双臂举过头。

151

铃片烛台式滚动

铃片烛台式滚动是通过手中负重来执行烛台式滚动。这种滚动以远铃片的方式执行，它提供的好处与铃片深蹲进阶中所见的组合质量中心移位相同。

即使很多人觉得执行烛台式滚动不难，但他们有时候会灵活性不足，并且在过渡过程中遇到一些困难。在前面添加一块铃片，可以帮助你来执行这个动作。铃片的平衡作用与深蹲动作中的相同。平衡可以创造更好的动作控制，从而产生更好的动作模式。

这种平衡不仅适用于烛台式滚动，也适用于滚动手枪式。只要把一点重量放在前面，并伸展双臂，就可以创造出相同的效果，并有助于执行动作。铃片烛台式滚动对于体形更壮的人（比如奥林匹克举重运动员或力量举运动员）或者

01 〉

02 〉

03 〉

铃片烛台式滚动 01 采用烛台姿势，将一个铃片搁在头部后面的地上。双脚不要超过视线，髋和腿完全伸展，伸向天空。

02 向前摇摆并弯曲双腿，顺利地将铃片拉到前面，确保伸直双臂，使铃片远离身体。

03 在滚动的最低位置，当双脚到达地面时，确保双脚并拢，并且双手拿着铃片伸向前面。

四肢特别长的人（如篮球运动员）来说尤其有效。此外，对于学习如何在不使用双手协助的情况下离地，这是一个很好的训练。升级练习并使其变得更困难的一个好方法是让铃片更靠近胸部，或逐渐使用更轻的铃片。

重要的是要记住，每当执行需要改变空间方位并且使用外部负荷（如铃片）的动态动作时，都必须以较慢的速度执行，并且要有更高的动作控制水平。只要你可以控制重量，就可以通过调整铃片的配重将质量中心移位到你想要的位置。

一旦掌握了烛台式滚动，就该添加在前一节中看到的手枪式进阶了，然后从烛台式滚动过渡到深蹲，再到弓步，最后到手枪式。

04 继续将铃片向下伸向地板，但不要让它碰到地面。这有助于在向上向后抬起髋部时保持胫部垂直，以实现更好的深蹲力学机制。在小负荷情况下，背部稍微圆起来是没有问题的。

05 在从地面上升时，逐渐调整使背部变平直，以获得更好的脊柱姿势。

06 完成时要站直，双脚并拢。

滚动弓步

滚动弓步是最后采用弓步姿势帮助站起来的烛台式滚动。这个动作可以从站立开始执行，但学习动作时最好从烛台式滚动本身开始执行。滚动弓步是进阶中的重要阶段，侧重于手枪式的上升阶段。

01 >

02 >

03 >

滚动弓步01 采用烛台姿势，肩、头和双臂作为支撑基础。身体的其余部分完全堆叠在基础之上。双臂紧贴耳朵并伸直，因为你想拥有尽可能大的支撑基础，双臂与地面的接触可以创造一个稳定的表面。它还为头颈部提供更多的保护。髋和腿伸直，指向天空，在全身创造张力。脚趾不要超过鼻子。

02 在向前滚动时，开始执行弓步：一条腿交叉在另一条腿下方，形成数字4的形状，有一个脚跟靠向臀部。

03 双腿交叉让小腿或胫骨可以固定在地面上。脚不是平放在地上；脚的外侧靠在地上。弓步腿伸向前面。

一旦掌握了滚动弓步，就可以继续下降到烛台式滚动，好像正在执行手枪式，并上升到弓步姿势那样。一旦掌握了这个动作，就不是上升到弓步姿势，而是上升到部分手枪式姿势，或者我所说的月球漫步手枪式。

04 >

05 >

06 □

04 向前滚动，直到你前脚可以放稳。现在你处于弓步的最低位置，后绷直脚尖。

05 不要用后腿发力，而是利用向前滚动的动量，将自己抬离地面，同时前腿摆出弓步姿势。

06 继续用前腿推地面，直到以双脚并拢的站姿完成。

月球漫步手枪式

月球漫步手枪式是一个滚动手枪式，但在上升期间，可以让抬起的腿在身体前方的地板上摆姿势，并将双手放在前腿两侧的地面上来协助完成动作。

进阶的这个阶段可以让你以手枪式的形态下降，并在上升时有更多的接触点和稳定性。我称之为月球漫步，因为搁在地面摆姿势的腿向后滑向支撑腿，模仿了迈克尔·杰克逊（Michael Jackson）著名的舞蹈动作。

一旦掌握了月球漫步手枪式，并且可以轻松地让手离开地面，使前腿尽可能轻地滑动，就该尝试滚动手枪式了，即不要使用双手也不要让脚碰到地面。

01 >

月球漫步手枪式01 采用烛台姿势，肩和双臂作为支撑基础，髋和腿完全伸展，指向天空，脚趾不要阻挡视线。

02 >

02 开始向前摇摆，离开肩倒立姿态。到达半途时，将一只脚推向地面，使膝盖弯曲。这有助于为手枪式做准备。

03 >

03 当脚触到地面时，执行快速的仰卧起坐，同时双臂向前向上伸。

"印刷成文不能代表它们就是真理。"
——迈克尔·杰克逊

04 >

05 >

06 □

04 使用滚动加上仰卧起坐创造的动量将髋部抬离地面，并将前腿和双手放在正前方。前腿伸直。

05 前腿向后滑动或向后扫，与支撑腿并拢。双手全过程不离开地面。

06 站起来，双脚保持并拢。

滚动手枪式

滚动手枪式是在过渡中执行烛台式滚动的手枪式。在到达手枪式的最低位置时，可以向后滚动进入空心摇摆动作，并以肩倒立姿势完成，再通过向前滚动回到手枪式。我相信滚动手枪式是最普遍的下半身深蹲力学风格，它提供了一些移动能力，有助于最大限度地提高运动和生活的表现。

01 ＞

滚动手枪式 01 采用站立式手枪式姿势。

02 ＞

02 开始下降，将髋部向后推，同时抬起腿，双臂在身前抬起。

03 ＞

03 在到达手枪式的最低位置时，开始向后倒下。基本上，要可控地倒下。

06 ＞

06 当肩膀与地面接触时，就到达空心摇摆的最高位置。伸展双腿和髋部，绷直脚趾指向天空，确保双脚全程不越过视线。

07 ＞

07 开始向前摇摆，离开肩倒立姿态。到达半途时，将一只脚推向地面，使膝盖弯曲。这有助于为手枪式做好准备。

04

04 当髋部到达地面时，让上半身开始向后滚动。当身体开始展开时，思考如何进入空心体姿势。

05

05 执行主动的空心摇摆。双臂伸过头顶。

08

08 当脚触到地面时，执行快速的仰卧起坐，同时双臂向前向上伸。这将让你返回手枪式姿势的最低位置。

09

09 使用滚动加上仰卧起坐创造的动量将髋部抬离地面，并启动上升。继续向前伸，以获得平衡。抬起的腿应该保持伸直并离开地面。

10

10 支撑腿找到平衡后，支撑腿推离地面，直到髋和膝完全伸展，恢复到原来的站立手枪式姿势。

滚动手枪式

执行要点

空心体姿势

双臂伸直，贴近耳朵

本章向你介绍了我最喜欢的自由风格动作，用于练习下半身推动的要点。我喜欢滚动手枪式，因为它是技能转移到涉及移位的其他动作模式的最普遍动作。它还教你如何有效地使用髋关节，所有的力量教练都认为髋是人体动作的主要发动机。

除了详细说明手枪式之外，我还强调说明了自由风格进阶的原则。请利用它们来开发本章中的手枪式进阶。

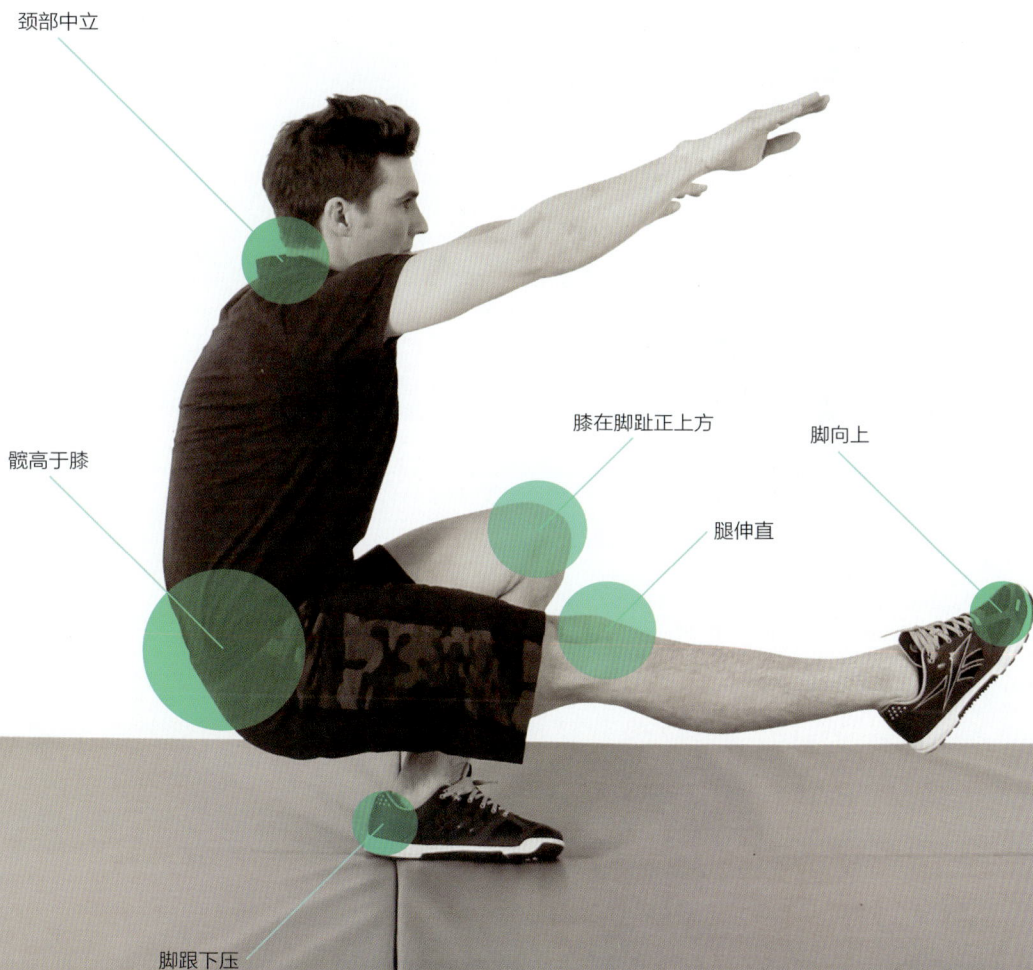

颈部中立

膝在脚趾正上方

脚向上

髋高于膝

腿伸直

脚跟下压

161

倒立俯卧撑

05

倒立俯卧撑属于那种被认为是派对特技或力量技巧的动作，只有体操运动员、跳水运动员或马戏艺人为了发展力量或出于表演需要才会做倒立俯卧撑。对于大多数人来说，这个动作似乎是无法实现的，甚至没有必要学习。但事实是，倒立俯卧撑非常适合培养动作能力，并可以为你的生活和运动表现带来巨大的好处。

我经常想，是谁做了第一个手倒立，他为什么会这样做？我认为我肯定永远都不会知道，但我可以想出的最佳答案是，第一个手倒立是出于偶然或玩乐。它可能发生在玩乐中的某个瞬间；也许有人绊倒了，手先落地，有一些特别的感觉，或者只是在球场上玩耍，在跑步、跳跃和翻滚的时候，手倒立自然地出现了。

不管第一个人是如何偶然发现了这个动作，我愿意相信它因天生的竞争驱动力而得到了进一步发展。两个人可能一直彼此竞争，然后不知怎么的，就使得手倒立成了一个"优势"。不管这是怎样发生的，我都为此感到高兴！

图片由保罗·桑切斯（Paolo Sanchez）提供

即使倒立俯卧撑最常与体操联系在一起，但它也是杂技、街舞以及许多健身学科的基础，还包括CrossFit和健美操。因为每个项目的练习都有不同目的，因此每个练习都有执行这个动作的独特风格，它们处理手倒立俯卧撑的方式都稍有不同。尽管有这些风格和进阶上的差异，但总体力学和动作模式仍保持相同。例如，体操运动员可能会在一组吊环上执行手倒立，他慢慢地从一个姿势移动到另一个姿势，同时保持体操运动员特有的漂亮直线，这展示了控制能力。相比之下，街舞者可能会用双腿将自己的身体从地面弹起，直接进入手倒立姿势。而CrossFit运动员则可能会使用类似的弹起，但会靠在墙上。

我在本章中介绍的倒立俯卧撑风格是在CrossFit中看到的摆动式倒立俯卧撑（Kipping Handstand Push-up）。我相信这种风格是最普遍的，因而从移动能力的角度提供最大好处。另外我相信这种风格是一种自然适应；我已经在许多以快速和不同负荷重复执行数千次该动作的人身上看到这一点。

倒立俯卧撑是在执行时要在双臂上保持身体平衡的俯卧撑，需要高水平的上半身推动力学。摆动式倒立俯卧撑更加复杂，因为它增加了下半身的额外推动来辅助上半身的推动。

为了帮助你发展这个动作，我将本章分为4个部分：

1. 俯卧撑；
2. 倒立俯卧撑；
3. 摆动式倒立俯卧撑；
4. 吊环倒立俯卧撑。

根源

体操是在古希腊出现的，指通过包括跑步、跳跃、游泳、投掷、摔跤和举重在内的一系列促进身体发展的练习。基本上，这是一个基础的动作集合，而不是今天看到的既复杂又带有艺术性的体操。古希腊对身体素质高度重视，男女均参与充满活力的体操活动，作为促进身心发展及与社会中其他人交往的方式。后来，罗马人将这些活动升级为一种更接近于现代艺术性体操形式的正式运动项目。

俯卧撑

俯卧撑是世界上最为人熟知的练习之一。它基本上是让你保持面向地板的平板支撑姿势，然后屈曲肘关节并伸展肩关节，将身体向着地面降低。身体到达地面后，通过屈曲肩关节并伸展肘关节，将自己重新推起并离开地面。

俯卧撑是在健身房环境中可执行的推动力学的最基本形式。我这样说是因为，你可能已经在学校体育课中学过俯卧撑，或者基于执行俯卧撑的经验对技巧有所理解，它并不限于一种风格；它发生在生活和运动的许多不同方面。俯卧撑可以转移到生活中的其他一切动作上。想想在杂货店推购物车、推婴儿车，或者如果汽车发生故障了，要将汽车推到加油站。

正如前一章介绍过的，深蹲是手枪式的基础，俯卧撑则是倒立俯卧撑的基础，这是发展肩关节推动力学的最基本动作。俯卧撑动作要求肩关节从运动范围接近中程位置移动到完全伸展，肘关节从完全伸展移动到完全屈曲，腕保持伸展，双手创造出一个平稳的支撑。

平板支撑姿势

在我进入俯卧撑的进阶之前，我想花一点时间来解决如何正确地准备这个动作的问题，请复习第2章的空心体和平板支撑姿势（分别为第62页和第66页），它们是让推动力学发挥最大效率所必需的。最重要的是，如果在空心体和平板支撑姿势中不能将自己稳定在中立的全身姿势，那么上半身的推动力学就会受到影响。所以，如果在本章的各个进阶中保持中立形态时遇到问题，请参考第2章。

平板支撑姿势除了负责建立稳定的中立全身姿势之外，我还希望利用它来着手解决俯卧撑和整体推动力学支撑基础的细节。首先要解决手的姿势，以改善手和脚创造的支撑基础。让你的手指张开，食指朝向正前方，从而为双手创造一个更好的基础，并帮助肩膀进入更好的移动位置。双脚可以处于背屈姿势，跖球部放在地上，实现良好的支持与平衡。双脚也可以采用跖屈或绷直脚尖的姿势。绷直脚尖风格的平板支撑在体操中很常见。脚屈曲的风格更为普遍，因为它与生活和运动中采用类似形态的其他姿势相关，例如田径100米的起跑助力器。

最后，双臂应该垂直。肘部应该伸直，褶痕朝向前方，与食指同向。肩部应该在指关节上方，这使肩关节正好在双手所创造的支撑基础中心上方，增加了关节周围的肌肉张力，这有助于在俯卧撑过程中实现更好的肩关节力学机制。

平板支撑姿势 开始时面朝下，全身重量分配在双手和跖球部上，双臂锁定，肩在指关节上方。身体从头到脚呈一条直线，收紧臀部和腹部。双腿伸直，双脚并拢且屈曲。

手指张开，以创造最好的支撑基础，食指朝向正前方。利用双手周围的肌肉张力来稳定支撑基础。

俯卧撑

初学者在导师指导下初次执行的俯卧撑大多是经典的墙壁俯卧撑。

墙壁俯卧撑（惊喜！）是靠在墙上，而不是在地面上的俯卧撑。这种风格通常出现在健康俱乐部和中年女性的小组课程中，她们或者在身体训练方面没有任何经验，或者试图在中断锻炼之后恢复体形。墙壁俯卧撑抓住了俯卧撑所发展的一部分概念，但遗憾的是遗漏了许多重要的概念。主要是，墙壁俯卧撑并不能帮助你解决正确的全身姿势问题，也不能培养学习更高层次推动作所需的肩部力学。

要掌握最高级的动作，秘诀不仅仅是从较容易的动作开始，而是从那些能抓住你目标动作本质的较容易的动作开始。

俯卧撑是一个简单的动作模式，可拆分为两个执行要点。

1. **全身姿势：**在俯卧撑的整个运动范围内，全身姿势（屈曲或空心体）不会改变，并且必须保持。

2. **局部力学：**局部动作模式可以被拆分为开始、过渡和完成姿势。专注于肩关节和肘关节通过的位置。主要活动关节（肩）优先于次要活动关节（肘），以便最大限度地提高与支撑基础相关的施力效率，这也是至关重要的。

这两个特点是关键，因为它们使得俯卧撑与运动和生活中的许多其他动作关联起来。如果你不知道如何基于这两个关键点来执行俯卧撑，不必担心，本节中描述的每个俯卧撑进阶的阶段都以这些关键元素为重点，同时帮助你更接近普遍风格。

箱子俯卧撑

箱子俯卧撑是俯卧撑入门的好方法。其器材很简单，仅仅通过改变身体角度来减轻负荷，从而减少重力的影响。箱子越高，双脚对体重的支撑越多，执行俯卧撑就越容易。上半身需要支撑的体重越多，俯卧撑就越难做。这种俯卧撑风格也可以在单杠或任何其他升高的平台上进行，这些平台可以充当双手的安全支撑基础。

箱子俯卧撑 01 双手放在箱子上，从平板支撑姿势开始。锁定肘部，中线为从头到脚的一条直线。请注意，我的身体与地面呈45度角。高于45度的任何角度都可能会对肩关节力学造成不利影响，所以45度角是最好的起点。

02 开始下降：肩向前移动，同时保持肘与腕对齐，从头到脚呈一条直线。

03 当到达俯卧撑的最低位置时，胸部与箱子接触，髋部与身体的其余部分保持在一条直线上。头离开箱子，颈部与脊柱处于中立姿势。

有两种方法可以有效地确保你解决全身姿势和在肩关节层面的局部力学机制。

1. 在最高位置或开始姿势要遵守平板支撑的执行要点。
2. 在最低位置或过渡姿势要密切注意前臂相对于中线的位置。

04 为了执行俯卧撑，只需反转动作，推箱子，直至到达完全平板支撑姿势。在这个姿势中，肘在腕正上方，前臂垂直于中线，遵守推动力学的法则。

05 完成姿势：肘部完全锁定，回到开始姿势。

如果从侧面观察身体，在俯卧撑的最低位置，前臂应该保持垂直于中线。如果你从正面观察身体，前臂应该垂直于地面。换句话说，你不希望看到肘部外倾或内倾，这些执行要点有助于使肩的施力尽可能高效。

如上所述，尽量不要从高于45度的身体角度开始。任何更高的角度都会将其变成墙壁俯卧撑，并且通常对肩的负荷极小。在这么轻的负荷下，你会感到吃力，因为缺乏反馈，导致很难使肩膀遵循正确的推动力学。

你可以通过降低箱子高度来逐步提高箱子俯卧撑的执行水平，将动作一直升级到双手放在地面上。通常情况下，这种进步并不像一些人能够做到的那样——从最后一个箱子到地面可能会是很大的一步。并且，虽然箱子是提高俯卧撑的好工具，但你可能没有足够的不同高度的箱子，用来平滑地提高每一个俯卧撑角度。解决这个问题有一个简单的方法，就是改变你的站姿。

宽站姿俯卧撑

宽站姿俯卧撑是弥补箱式俯卧撑与真正的俯卧撑之间差距的绝佳方式。它只是增加了双脚之间的距离，如右下侧图片所示。这样做缩短了脚和肩之间的距离，因此减少了肩膀的负荷。站姿的变化可以非常细微地进行调整，以促进平稳过渡。

虽然这种调整很有用，但更宽的站姿意味着需要更用力收紧臀部肌肉，以便控制骨盆和脊柱，做出更好的动作。尽管有这个挑战，但我更喜欢这种风格，而不是更常见的屈腿或跪姿俯卧撑。在屈腿俯卧撑中，大腿前侧肌群收缩并将下背部拉进伸展姿势，这将使脊柱处于不利位置，无法获得最佳推力。

正常站姿 从平板支撑姿势开始，肩在手的正上方。

宽站姿 扩大双脚之间的距离。双腿保持伸直，双臂保持相同的姿势。你可以看到，由于我采用了宽站姿，我的头和脚之间的距离减小了。如果观察俯视图，你可以看到，分腿站立姿势只是让双腿外展，离开中线，没有其他变化。

弹力带俯卧撑

如果箱子俯卧撑和宽站姿俯卧撑都没有减去足够多的负荷，使你能够执行理想的姿势并且实现最佳的肩部力学，我建议使用弹力带俯卧撑进阶。弹力带俯卧撑是调整负荷的一个好办法，只需要在腰部添加一条弹力带，把它连接到位于身体上方的单杠、吊环或锚点上。

我建议将弹力带放在髋部附近，为骨盆提供更多的稳定性。这种安排在俯卧撑的整个运动范围内提供了极大的稳定性，减少因髋部和腹部动作不标准导致未能保持良好的脊柱位置，并进一步导致身体未能对动作产生感知反馈的情况。

01

弹力带俯卧撑 01 从平板支撑姿势开始，弹力带在臀部或下腹部的位置。

02

02 执行在之前的俯卧撑进阶中看到的下降动作。

03

03 在最低位置时，弹力带提供的支撑比你在平板支撑的最高位置时更多。在整个运动过程中，身体的负荷逐渐减少。

04

04 上升至姿势02。

05

05 完成姿势：平板支撑姿势，肘部完全锁定。

解剖学式俯卧撑

　　取决于个人的俯卧撑经历，每个人执行这个动作的能力有很大差异。由于某种原因，即使是一些非常有经验的运动员，也会缺乏在整个运动范围内保持适当肩部姿势的能力，这是最常见的问题。最明显的信号之一就是肘部在推离地面时会摆动。如果我看到这种摆动，我可能会提示你让肘部保持贴紧身体。如果这样还不行，我可能会抓住你的肘部，将其靠在你的身体上，这样你就别无选择，只能保持前臂垂直固定。如第3章的进阶方法部分（第96页）所述，这种技术称为阻挡。

　　另一种让前臂呈垂直姿势的阻挡方法是执行解剖学式俯卧撑。我给这种俯卧撑风格取这个名字是因为它从解剖学姿势来处理俯卧撑。从平板支撑姿势开始，但双手翻转，使手指指向双脚，就像在解剖学姿势中看到的那样。从双手反转（在肩部外旋）开始，可以阻挡动模式差或肩膀力学差，让你在执行俯卧撑时不必太注意肩部力学，而是要注意身体的

解剖学式俯卧撑01 从平板支撑姿势开始，肩在手的正上方，但手指朝向脚趾。请注意，在正面视图中，肘窝朝前，手指伸直指向后方。

02 启动下降：与在任何其他俯卧撑中启动下降的方法完全相同。由于阻挡动作，你会感到手腕和前臂周围的张力相当大。

解剖结构。俯卧撑进阶的其余部分是相同的。

这种做法让手腕接近伸展范围的边界，肩膀也接近于其外旋范围的边界，因此会有效果。当你屈肘来启动俯卧撑时，手腕就会充当阻挡者，迫使肩膀向前移动，让主要活动关节参与，以实现最佳推动力学。

阻挡是一个强大的进阶方法，适用于任何动作，但我觉得它对肩关节特别有用。与髋关节相比，肩关节有更大的自由度。阻挡可以通过逐步限制自由度来帮助你建立理想的姿势。

用这种方法阻挡俯卧撑并不总是奏效——如果肩和腕的灵活性不足，实际上是不可能采用这种姿势的。但是，这种俯卧撑版本是评估灵活性的一个很好的工具，并为因机械动作模式不佳造成的伤病恢复提供了解决方案。此外，对于超级灵活的人来说，我发现这种方法非常有益，不仅仅在动作中让关节周围产生更好的肌肉张力，而且还增强意识，因为超级灵活的人遇到的问题之一就是缺乏本体感觉。

03 >	04 >	05 □

03 在到达俯卧撑的最低位置时，肩、肘和腕的周围会很紧张。即使有很大的张力，这个姿势也有助于提高肩部力学机制。

04 为了将自己推回平板支撑姿势，按照步骤02~01反转动作。

05 完成姿势：平板支撑姿势，肘部锁定。

超级灵活性描述伸展范围大于正常范围的关节。例如，一些超级灵活的人可以将其拇指向后弯曲到手腕，将膝关节向后弯曲，将腿放在头部后面，或执行其他扭曲的"杂技"。超级灵活性会影响全身的一个或多个关节。

本体感觉是对身体相邻部位的相对位置和在动作中施力的感觉。

173

摆动式俯卧撑

摆动式俯卧撑（Kipping Push-up）是升级在地板上做俯卧撑的另一个好方法。类似于其他摆动式动作，它增加了一个动态的全身动作来协助肩膀推动。

虽然摆动式俯卧撑很有用，但是尽可能不要用它，因为它在增加自由度的同时减少了肩上负荷，可能会使你难以察觉到肩的姿势，这是一个基础性的错误。然而，与其他摆动式动作相似，摆动式俯卧撑非常适合增加练习的速度和重复次数，以及在动态动作期间将技能转移到推动力学。

在这一节我将考虑两种摆动式风格：

1. 弓身起（Bow-up）；
2. 卧式脚撑起（Kip-up）。

01 >

弓身起俯卧撑01 从俯卧撑的最低位置开始，双臂完全屈曲，前臂垂直于中线。

02 >

02 用手臂推开并锁定肘部，保持髋部贴在地上，进入全身伸展状态。

03 □

03 抬起髋部，直至达到平板支撑姿势。

01 >

卧式脚撑起俯卧撑01 从俯卧撑的最低位置开始，双臂完全屈曲，前臂垂直于中线。

02 >

02 双腿从地面上抬起，保持双手平放在地上，让全身稍微伸展。

03 >

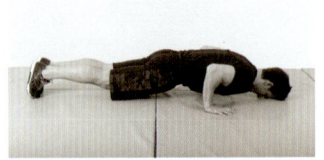

03 双腿向地面下降，双脚屈曲，让跖球部触地并支撑身体。这个快速移位产生的动量可以促进髋部推进，产生进入下一个姿势的驱动力。

弓身起俯卧撑： 执行弓身起俯卧撑时，要在从地面上升的过程中允许全身姿势发生变化。通过上半身启动上升：像严格俯卧撑那样推离地面，并锁定肘部，但可以让全身变为伸展姿势。本质上，髋部和下肢仍处于最低位置。只有在手臂完全锁定后，才把身体的其余部分从地上抬起，即抬起髋部并返回中立的全身姿势。下降时看起来和俯卧撑一样，中线从头到脚保持直线，而不是弓形。

你可以通过逐渐减少上升的弓形幅度，将这个动作升级为严格的俯卧撑。

卧式脚撑起俯卧撑： 卧式脚撑起俯卧撑增加了自由度，以增进推力。你像往常一样下降到俯卧撑的最低位置。在最低位置处，将双脚抬离地面，并略微抬起胸部，让身体进入全身伸展。你可以从这个全身伸展姿势快速进入全身屈曲或空心体姿势。这个快速动作创造了让质量中心向上升的驱动力，你可以利用这种动量帮助推起。

你可以通过逐渐减少从伸展快速进入屈曲的强度，将这个动作升级为严格的俯卧撑。

04 >

05 □

04 你现在离开了地面，并在推的中途，使髋部离开地面。

05 锁定肘部，并以平板支撑姿势结束动作。

俯卧撑

利用本章前面介绍的进阶，你一直在练习执行俯卧撑所需的要点。从全身的角度来看，你在推的过程中建立了多种形态的稳定性，例如中立、伸展和屈曲。从局部的角度来看，你将重点放在稳定的肩关节姿势、肩负荷，以及实现最佳施力所需的力学机制上。严格的俯卧撑使你能够将这些执行要点，结合到我认为最适合转移到生活和运动的风格之中。

01 >

02 >

俯卧撑01 以平板支撑姿势开始，双手平放在地面上，锁定肘部，肩在指关节或手背中部的正上方。身体处于中立姿势，从头到脚呈一条直线。颈部中立。背部平坦。髋关节处于中立姿势或稍微伸展。膝关节完全伸展，踝关节背屈，跖球部支撑身体。

02 弯曲肘部来启动下降，努力保持肘部在手腕正上方。请看正面视图，我的肘部没有偏向外侧或内侧；它们保持垂直于地面。

深蹲是国王，
俯卧撑则是王后。

03 >

04 >

05 □

03 当你到达地面时，头部与全身姿势保持一致。前臂垂直于中线，身体完全呈一条直线。让双脚、腹部、髋部和大腿接触地面，其他身体部分均保持离开地面。

04 启动上升：推离地面，肘部保持在与之前相同的垂直位置。

05 完成姿势：完全锁定，再次回到平板支撑姿势。

髋关节中立

颈部中立

双腿伸直

双手平放在地上

前臂垂直

肩低于肘

倒立
俯卧撑

一旦用俯卧撑培养了力量基础和推动力学，就可以开始练习倒立俯卧撑了。

由于以下主要原因，倒立俯卧撑具有更高水平的推动力学：

1. 它是以完全倒立的姿势执行的；

2. 你必须在双手支撑中取得平衡；

3. 负荷会更重，因为双臂必须支撑全部体重；

4. 肩关节几乎到达屈曲范围的边界。

肩关节接近屈曲范围边界会带来进一步的挑战，因为关节的运动范围边界是高张力姿势。对于肩关节来说，肌肉张力就像一条弹力带，试图将手臂向后向下拉到更接近解剖学姿势的位置。这种张力增加了动作的负荷，使其更加困难，如第3章的进阶原则中所述。

这种风格的推动力学从手倒立开始，肩关节接近屈曲范围的边界，肘和腕伸展，形成与平板支撑相同的支撑基础。其完成姿势为头倒立，肩关节靠近运动范围的中程，但仍然轻微屈曲（在额状面前方），肘部接近完全屈曲，手腕保持伸展，如手倒立中所见。在严格的倒立俯卧撑风格中，全身姿势在肩关节的整个运动范围内保持中立。

脚在箱子上的倒立俯卧撑

在俯卧撑进阶中，身体从直立姿势进入水平姿势。你可以将倒立俯卧撑进阶视为改变空间方位的延续，使你最终从水平姿势改变为倒立推动的姿势。所以在这里也可以使用一个箱子进阶，但不是把双手放在箱子上，而是把双脚放在箱子上。这样让你可以在推动时创造逐渐增大的倒立角度。

对于一些人来说，这个箱子进阶可能轻而易举，但是如果你缺乏在俯卧撑部分解决的推动力学的经验，那么你就很难掌握倒立俯卧撑所需的推动力学。此外，倒立俯卧撑需要两个对于大多数人来说并非正常的主要姿势：头倒立和手倒立。

01 > **02** □

脚在箱子上的倒立俯卧撑01 将双脚放在箱子上，双腿伸直，髋关节屈曲并且在双手的正上方。

02 在保持上半身姿势的情况下，一条腿伸到头部上方，采用手倒立姿势，但是另一条腿仍然处于髋屈曲姿势，并放在箱子上协助平衡。

头倒立

头倒立是倒立俯卧撑中的两个主姿势之一。根据是否选择从地面开始做倒立俯卧撑，可以在开始或完成或过渡姿势中找到它。无论如何开始，对头倒立的基本步骤的理解都会严重影响倒立俯卧撑的推动力学效率。

类似于俯卧撑中的平板支撑姿势（第166页），头倒立姿势可以被视为倒立俯卧撑的基础。此外，头倒立是升级到手倒立姿势的好方法，而手倒立通常需要付出很大的努力和耐心才能掌握。

三脚架

　　熟悉头倒立的最佳方法是从所谓的三脚架开始。三脚架是将双腿搁在双臂上执行的头倒立。头顶和双手形成你的支撑基础，这种三角形的形状形成了这种头倒立风格的名字。

　　三脚架和头倒立姿势与在俯卧撑的最低位置所看到的执行要点相同。具体来说，从正面和侧面观察时，前臂都应垂直于地面。这个姿势的另一个角度的描述是，肘应该在腕的正上方。

　　在三脚架中，髋关节屈曲，位于由双手和头部创造的支撑基础中心的正上方。双膝完全屈曲，并搁在上臂的背面，脚趾绷直跖屈。双臂在肩的屈曲中程，肘部完全屈曲。

　　由于我们的身体并不一样，每个人的双手和头所创造三角形的形状都是独一无二的。尽管我们有所不同，但是有一些非常好的规则可以帮助确保搭建出最佳的三脚架。

　　首先，你应该始终能够看到自己的双手，这阻止你采用许多不利的肩膀姿势。

　　接下来，尝试通过执行以下操作来优化双手在身前的位置。

1. 执行俯卧撑。在俯卧撑的最低位置，脸碰到地面的地方就是在三脚架中头顶相对于双手的位置。

2. 应用在俯卧撑部分中介绍的垂直前臂概念。如果前臂保持垂直于地面，并且在这种情况下平行于中线，则只要头部的位置让你可以看到自己的双手，你的姿势就是正确的。

　　一旦了解如何建立正确的基础，就可以开始学习如何建立三脚架姿势，如下一页所示。

　　三脚架进阶遵循第3章所述的进展原则。你首先要建立正确的姿势，在这种情况下，是指支撑基础。将质量中心移位到支撑基础上方，双脚向双手移动，并将髋部抬高在头部上方，从而加大该姿势的负荷。一旦双腿足够靠近身体，膝盖可以够到上臂，就开始弯曲双腿，将一侧膝盖放在肘上，然后将另一侧膝盖也放在肘上。在抬起膝盖时，保持双脚接触地面，这样做可以增加接触点，并在建立姿势时赋予更高的稳定性。一旦膝盖舒适地放在手臂上，就可以先抬起一只脚，然后抬起另一只脚。

该进阶是采用三脚架形态的基本方法。根据第3章讨论的进阶原则，它也是最安全的。即使你忘记了这些原则，请记住，人体动作大多是直观的，你通常可以任由自己的身体找到进入三脚架的最简单方法。

三脚架 01 以跪姿开始。

02 俯身并将双手平放在地面上，放在眼睛始终能看见的位置。保持前臂垂直，肘部在手腕的正上方。

03 继续向前俯身，将头平放在双手前面的地面上。

04 伸展双膝，抬起髋部。你在保持这个姿势时应该仍然可以看到双脚和双手。

05 一条腿和脚靠向一只手臂，并将膝盖放在肘部上面或上臂的后端。在图片中，我的右腿正靠近我的右臂。右膝与手臂接触，右脚的跖球部支撑在地面上。

06 用另一侧的腿执行完全相同的动作。双脚的跖球部保持与地面接触。

07 抬起一只脚。

08 抬起另一只脚，形成三脚架姿势。在整个动作中，努力保持肘部在手腕上方，而髋部在双手上方，保持质量中心在支撑基础中心的上方。

三脚架完成姿势

弹力带三脚架

　　如果三脚架姿势对你来说还是太难，你可以像做弹力带俯卧撑（第171页）那样在髋部添加一条弹力带。

弹力带三脚架01 将一条弹力带挂在头部上方的一个锚点上，在本例中是挂在单杠上。

02 用双手抓住弹力带的内侧，拇指指向下方，并让弹力带形成一个圆圈或三角形。

03 伸出双臂，将弹力带向下按至髋部。

04 俯身，让身体钻过弹力带，并把弹力带平放在髋部褶皱处。

05 继续俯身，放开弹力带，并将双手平放在地面上。

06 进入三脚架姿势，使弹力带尽可能垂直地向上拉。

07 利用弹力带的支撑，让膝盖缓慢地抬起，离开肘部。

183

头倒立

当使用三脚架作为开始姿势时，进入头倒立相对简单。真正需要做的只是伸直双腿，以实现图06所示的一般的头倒立形态。

首先一次抬起一条腿，慢慢增加脊柱上的负荷，逐渐减少提供稳定性的接触点。该进阶的关键是让膝盖离开肘部，脊柱中立，同时保持屈腿姿势。

该进阶第一步的重点是：

1. 改变接触点，从而增加脊柱周围的肌肉张力；

2. 建立更普遍或中立的脊柱姿势。

01 >

02 >

03 >

头倒立01 以三脚架姿势开始。

02 一侧膝盖缓慢地抬起，离开肘部。根据训练目的，你可以将其放下来，并让另一侧膝盖和腿部执行相同的动作。

03 一旦可以轻松地轮流抬起和放下两侧的膝盖，就可以同时抬起双膝。

下一步需要将双腿并拢，进入更加流线形的姿势。这种姿势也会增加髋部张力，以实现更好的动作控制。

一旦可以并拢双腿并保持平衡，就可以继续伸展双腿，直至达到完整的头倒立姿势。在伸展双腿时，很容易失去平衡，因为趋势是要将腿和脚放在头部正上方。在现实中，头倒立姿势需要中线稍微倾斜，以保持适当的平衡，并确保质量中心位于支撑基础中心的上方。避免失去平衡的一个好方法，是试着让双脚保持在双手上方，这样可以使髋部大约保持在支持基础的上方。

可以请保护者帮助身体在进入这些姿势的过程中保持平衡。背后的墙壁也可以作为一个安全防护，以防你失去平衡。

04 >

05 >

06 □

04 并拢膝盖和双脚，创造出更加流线形的身体姿势。这个姿势将帮助你执行倒立俯卧撑或后面与倒立相关的任何动作。

05 开始伸展双腿，指向天空。双脚应该始终保持在双手的上方。

06 继续伸展双腿，直至达到完整的头倒立姿势，身体从头到脚呈一条直线。肘部在双手的正上方，肩关节半屈曲。从头到脚趾略有倾斜，这样就可以让质量中心（在髋部区域）处于支撑基础中心的正上方。

手倒立应被视为完美的支柱。

一旦掌握了正确的基础头倒立姿势、力量和平衡，并且在倒立状态感觉舒适，就可以选择学习手倒立或开始练习倒立俯卧撑了。在本章中介绍的手倒立进阶可以让你在练习手倒立俯卧撑时练习手倒立姿势。然而，这并不意味着你能够通过练习本章中介绍的手倒立俯卧撑进阶来掌握手倒立。

手倒立本身是很难掌握的，需要很长时间才可以达到一定的能力水平。在我多年的体操经历中，手倒立从未过时，我需要每天训练和练习它。我可以为手倒立专门写一本书，不过我选择告诉你一些执行要点，以帮助你了解这一姿势背后的原理，以及它与倒立俯卧撑以及在生活和运动中看到的其他动作之间的关系。

进入手倒立的方法有很多，比如踢起来、跳起来和推起来。在本章中，我会告诉你如何执行倒立俯卧撑，作为一种进入手倒立的方法。

手倒立需要从头到脚保持笔直的身体姿势，同时用双手支撑取得平衡，双臂作为支撑身体的两个支柱。在倒立中的双手姿势的细节与俯卧撑（第165页）非常相似。双臂应该与肩同宽。我认为将手倒立与正常站立姿势进行比较是有帮助的。当你站立时，双脚在髋部的正下方；因此，在手倒立中，双手应该在肩膀的正下方。为了使身体保持直线，双腿保持并拢，绷直脚尖。腹部和臀部保持收紧，以建立适当的脊柱姿势来保持平衡和动作控制。手倒立应被视为完美的支柱。

地板手倒立俯卧撑

我已经介绍了推动力学的基础，也介绍了执行倒立俯卧撑所需的两个主要姿势，我将深入介绍倒立俯卧撑进阶。本节涵盖了有时被认为是严格倒立俯卧撑的风格，在这种风格中，全身姿势在俯卧撑的完整运动范围内或肩膀的推动力学中保持中立。

从头倒立姿势开始倒立俯卧撑进阶，并在向更高层次的练习阶段升级的过程中积累手倒立的经验。正如前面提到的那样，在完善倒立俯卧撑的过程中，将会积累手倒立的经验。请记住，手倒立是非常基础的动作，也极具挑战性，如果有兴趣，你可以并且应该不断地通过其他练习来完善手倒立，在本书第8章介绍了一些选择。

下落 – 暂停 – 推

这个进阶从头倒立姿势开始。开始动作时，有意失去平衡，并将双脚指向地面。将质量中心下降或移位到支撑基础的边界的这种行为是创建动作的最基本形式，如第3章的移位 – 连接 – 流动部分（第100页）所述。

一旦双脚到达地板，身体就会进入俯卧撑的最低位置的姿势，而头部保持与地面接触。基本上，你构成了一个非常大的三脚架。这个姿势让你可以暂停一下，并找到稳定性，这对初学者尤其有帮助。

除了创造稳定性之外，该进阶是另一种类型的动作阻挡。保持头部在地面上，这样可以阻止手臂姿势的变化，使肘部在手腕上方且前臂垂直。但是，你要努力保持肘部姿势的侧向（向内和向外）控制。从这个姿势开始执行俯卧撑，是完成进阶所需的最后一步。

01

下落 – 暂停 – 推 01 从平衡的头倒立开始。

02

02 让身体落入空心体姿势，离开支撑基础的后边界，这意味着髋部将沿着你可以看到的方向向地面降落。努力保持肘部在手腕上方，并将头部贴在地上。

03

03 当双脚到达地面时，采用空心体姿势，双脚、双手和头部一起创造出支撑基础。

04

04 抬起头，并执行部分俯卧撑。

该进阶可将倒立俯卧撑分解为两个部分。在第1部分中，身体移位并从头倒立姿势落下来，以启动动作。在第2部分中，可以使用俯卧撑一节（第165页）中练习的推动力学将自己推离地面，并开始将推动连接到倒立俯卧撑的倒立姿势。

下落-推

一旦掌握了这个由两部分组成的倒立俯卧撑进阶，就可以使用移位-连接-流动方法升级到下一个更难的阶段。在这里，动作要同步发生，即让头部在移位发生的时候离开地板，从而改变接触点。

接触点的变化使动作更加困难，因为它需要更高水平的稳定性和动作控制，但它也引入了更多的流动性。如前所述，通过使动作顺序更加流畅，可以利用动量来优化推动力学机制。

01 　　　　　　　　　　**02** 　　　　　　　　　　**03**

下落-推01 从平衡的头倒立开始。

02 让身体下落，离开支撑基础，像在下落-暂停-推进阶中所做的一样。在本进阶中，可以利用下落创造的动量让头部离开地面，并促进推动力学。肘部保持在双手的正上方，头部与身体的其余部分呈一条直线。

03 不要像在下落-暂停-推中所做的那样，在过渡期间暂停下来让头部落在地面上，而应该使自己直接过渡成平板支撑姿势。

下落-奥林匹克

一旦打好了移位和流动的基础，可以从倒立姿势辅助推动力学，我就会在肩关节层面局部增加运动范围，以使你更接近执行完整的倒立俯卧撑所需的推动范围。这个阶段的主要区别是完成姿势，这是一个奥林匹克平板支撑，而不是普通平板支撑。在奥林匹克平板支撑中，肩膀必须进入更大的屈曲幅度或高于头部。

除了增加肩关节的运动范围外，这个阶段还会增加你必须控制的动作速度。增加的速度会使得在落地过程中投射到脊柱上的力量更大，最好通过挤压臀部，向着脊柱收腹、提腹来平衡这种力量，以获得最佳的稳定性。从安全的角度来看，这种稳定性很重要，而且还可以发展出下一个进阶水平所需的动作控制。

01 ⟩

下落－奥林匹克01 从平衡的头倒立开始。

02 ⟩

02 让自己在可以看得到的方向下落，离开支撑基础。像以前的进阶一样，开始将身体推离地面，并允许头部在过渡时离开地面。但是，在本进阶中，完成姿势并不是平板支撑，而是将身体推得离地面更远一点。

03 □

03 完成姿势：伸展的平板支撑姿势，双手在前面，肩膀高于头部，与耳朵呈一条直线。身体的其余部分成屈曲或空心体姿势。

这种进阶可能有点困难，因为下落到地面产生的速度足以在着地时让脚部受伤。我建议你学习如何通过收紧身体来尽可能地控制下落，并集中精力将大部分体重投放到上半身，可以将一块垫子放在落地的位置，以减小对双脚的冲击。

现在，你已经为倒立俯卧撑打下了基础，你可以进阶练习墙壁倒立俯卧撑。

墙壁倒立俯卧撑

最好把这个进阶看作是身体的渐进翻转。具体来说，可以改变全身的空间方位：向前旋转身体，并让推动力学适应这个新的空间方位。

墙壁是帮助创造稳定完成姿势的有用工具。改变与墙壁的角度，这样可以逐渐增加负荷，并帮助你适应执行完整的倒立俯卧撑所需的空间方位。

和执行45度角的倒立俯卧撑进阶的方式相同，你可以用胸部朝向墙壁的方式来执行。你可以根据自己的执行水平一寸一寸地靠近墙壁，直到双手几乎与墙壁接触，或者前臂几乎与墙壁平行。

爬墙

该进阶要求你学习如何靠着墙壁进入完成姿势或部分手倒立。首先让双脚靠墙，同时采用平板支撑姿势。从平板支撑姿势开始，用小步幅慢慢沿墙壁向上走，在双手不移动的情况下，走到双脚可以达到的最高点。这种部分手倒立应该是大约45度角。部分手倒立的执行要点与奥林匹克平板支撑的

爬墙01 以平板支撑姿势开始，让双脚靠墙，并且双手在肩膀正下方。

02 双手不移动，双脚开始走上墙壁。

03 当你走上墙壁时，头部中立，但眼睛要看着脚接触墙壁的点，这将是你执行摆动式倒立俯卧撑时的标志点。

04 继续行走，在双手不移动的情况下，走到双脚可以达到的最高点。绷直脚尖，锁定膝关节，收紧臀部和腹部，手臂与耳朵平行。

执行要点相同，不同之处在于部分手倒立可以使上半身承受更多的负荷。以这种方式沿墙壁上行的行为通常被称为爬墙。

一旦掌握了部分手倒立，就可以使用两个姿势（平板支撑和部分手倒立）来为墙壁倒立俯卧撑创造一个开始姿势和一个完成姿势。平板支撑（双脚贴墙，双手放在肩膀下方）确定开始倒立俯卧撑时离开墙壁的距离。不要在平板支撑中移动双手，让身体进入三脚架姿势，然后进入头倒立或倒立俯卧撑的开始姿势。

下落－45度和下落－胸部向着墙壁

接下来的步骤类似于地板倒立俯卧撑进阶。创造动作：将髋部移位到支撑基础的边界并最终向前下落。在开始下落之后，你可以像在地板进阶中那样，在下落过程中推地板。让身体达到45度角，并不比在地板上的奥林匹克倒立俯卧撑进阶难多少，但是它需要更多的上半身力量。

如在地板上的奥林匹克倒立俯卧撑进阶中的图02（第189页）所示，你可以看到即使我的身体位于推的半途，它也与墙壁大致呈45度角。在这个墙壁进阶中，并不是简单地让双腿落在墙上，你必须努力保持双腿的位置尽可能高。这样做有助于在双脚到达墙壁之前就完全锁定双臂。

如果全身形态在到达墙壁时发生变化，则你可能尚未准备好进入此阶段。导致全身形态变化的典型原因是：

1. 头倒立姿势不当——见第184页；

2. 不理解创造动作的移位概念——见第187~188页；

3. 在移位后推得太迟——见第188页；

4. 缺乏肩关节推动力学机制——见第176页。

每个潜在的漏洞都指向一个有利于练习的进阶阶段。

本章的头倒立和手倒立章节中所涉及的执行要点必须带进倒立俯卧撑和推动力学机制。你的全身线条保持不变，推动力学应该是高效的，要注意肘部与手腕的关系，即使在执行俯卧撑时也要注意这一点。提示全身线条的一个好方法是：无论垂直程度如何，在整个推的过程中都要看着脚趾。确保先移位；看着双脚可能会导致你向前旋转并下落（请参阅第354页的以向前滚动作为退出的策略）。

下落-45度01 离开墙壁一段距离，执行面向墙壁的头倒立。

02 让髋部在可以看得到的方向（朝着墙壁）下落，离开支撑基础。在开始下落时，让它优化推离地面的力学机制。

03 一旦到达肘部完全伸展并锁定在举过头部的姿势，你就应该已经接触到墙壁，并且双脚以45度角落在墙上，双手在地面上。保持低头，并始终看着脚与墙的接触点。

下落-胸部向着墙壁01 双手尽可能靠近墙壁执行面向墙壁的头倒立。在图片中，我的脚趾与墙壁接触，但你可以从双脚稍微离开墙壁的位置开始，给自己更多的空间来利用下落的力学机制。

02 向前朝墙壁下落：轻轻地将髋部朝向墙壁移位到双手上方，但不要失去平衡。利用该移位，通过双臂将身体推向远离地面的方向。

03 完成姿势：完整的手倒立，头部内收，眼睛看向墙壁。胸部和脚趾都应与墙壁接触。

墙壁手倒立进阶的好处在于，其连续性可以帮助你逐渐适应更大幅度的倒立。为了增加难度，只需要让头倒立的位置更靠近墙壁。你可以根据自己的想法调整每次升级的幅度，从靠近一毫米到靠近一英尺（约0.3米）或更多，这取决于你的动作执行水平和经验。

该进阶的另一个重要的好处是，这对于实现下降到头倒立姿势是一个很好的方式。将墙壁作为手倒立最高位置的停靠点，这是有帮助的，因为它让你可以在下降时重新注意保持适当的肩部力学。下降虽然不需要像上升那么大的力量，但仍要特别注意建立适当姿势的细节。下降是一个经常被忽视的关键，它将多个倒立俯卧撑串联起来，这个阶段是发展这一部分动作的重要时刻。此外，下降阶段的练习被称为"反向练习"（working negatives），它是培养在上升或正向阶段所需动作控制的好方法。

一旦你靠墙壁太近，就很难执行墙壁倒立俯卧撑了。当双手几乎靠着墙壁时，身体的其余部分（特别是双腿）没有足够的空间来让髋部移位，以启动动作。另外，进入头倒立本身也变得有点困难。为了更容易进入头倒立，请参阅第8章中的分腿推起式头倒立（第340页）。

背对墙壁倒立俯卧撑

进阶的每个阶段通常都是前一阶段的延续。在本进阶中，你只是将身体翻转180度。不是让胸部靠在墙上，而是让背部靠在墙上。

下落－背对墙壁

这个阶段的要求只是背对墙壁进入头倒立。在该进阶你执行了相同的力学机制，但是直到俯卧撑的最后阶段，前面都没有墙壁可支持手倒立的姿势。虽然看起来很简单，但这个变化是影响成败的一个重要因素。当要继续练习更高执行水平的倒立俯卧撑时，它似乎也会发挥作用。

从背部靠墙开始，在最低位置时不要让身体碰到墙壁，你会有自力撑持的感觉。这也可以对在空间中倒立的身体姿势逐渐引入控制，以实现最佳执行。这个动作中的力学与进阶前一阶段的原理完全一样，在这个阶段，首先要将质量中心移位。背对墙壁看起来可能是违反直觉的，因为移位要求你离开墙壁，但是随着你的进步，它会产生巨大的回报。

一旦启动了倒立俯卧撑，头部离开地面，就要开始重新调整推向墙壁的俯卧撑路径，这是非常重要的。即使你从离开墙壁的移位开始，在肘部屈曲即将超过90度之前，你就必须将脚跟推到头部上方，以便将质量中心重新引向墙壁。如果做得好，完成动作时身体会略微伸展，斜靠在墙上。

这里最重要的执行要点之一是有控制地完成，不要让双腿撞到墙上。我喜欢把它想象成用脚跟来亲吻墙壁。这个吻，必须温柔而坚定。

在这个进阶中，最好的下降或反向阶段要求双脚在双臂开始弯曲之前离开墙壁。该顺序同样是遵循移位－连接－流动原则，并且是迈向自力撑持的倒立俯卧撑进阶的重要一步。

下落－背对墙壁且双脚贴墙

你也可以从背对墙壁且双脚接触墙壁的头倒立开始此进阶。这增加了开始姿势的稳定性，因为在整个运动范围内都

下落－背对墙壁01 执行头倒立时背部要尽可能靠近墙，但不与之接触。双脚离开墙壁，因为你正在采用平衡的头倒立姿势。

02 如之前的进阶所示，启动质量中心的下落或移位，以促进推动力学。让移位帮助你推离地面。一旦到达这个姿势，质量中心就必须保持在支撑基础的上方。

03 将脚跟引到墙上，以便完成手倒立姿势，只有双脚与墙壁接触。要反转这个动作，有两个选择：你可以让双腿和身体沿墙壁滑下，到达图片01中看到的头倒立姿势；另一个选择是，让双脚离开墙，然后将肩向前向下送，使质量中心下降，但这个过程要有控制地完成，以免撞向墙壁。

下落－背对墙壁且双脚贴墙01 以头倒立开始，背对墙，并且双脚与墙壁接触。

02 将自己推离地面，呈手倒立姿势，双脚沿墙壁上滑，不要让它们离开墙壁。

双脚与墙壁接触。不幸地是，这种风格的通用性可能有限，因为它不适合用于启动动作的重要移位。

自力撑持倒立俯卧撑

自力撑持倒立俯卧撑需要在倒立俯卧撑进阶中培养出百分之百的移动能力。唯一增加的困难是在倒立中执行动作和保持平衡所需的能力。

这个进阶从头倒立开始，仍然要通过将质量中心移位到双手上方来开始动作。一旦你启动俯卧撑动作，就必须将双脚和双腿引向头部上方，从而将质量中心重新移位到支撑基础中心的上方。你要寻找在推动中更容易实现平衡的一个甜点（Sweet spot）。当你找到这个甜点时，继续引导双脚向上，并到达手指尖上方。

倒立俯卧撑01 在房间的中间，附近没有墙壁的地方，以头倒立开始。

02 就像在之前的进阶中一样，让髋部下落到支撑基础的后边界。

手倒立姿势

保持头部向内收的手倒立比在看着地面时保持手倒立更难。这种体验类似于单腿站立。如果尝试单腿站立，你也许能够保持平衡，但如果闭上眼睛，你就会在几秒内失去平衡，并开始摆动。这是由于缺乏视觉接触，失去本体感觉（第六感觉）而导致不稳定感。手倒立姿势也会有同样的问题。头部内收就像单腿站立时闭上眼睛，看着地面就像保持睁开眼睛。

一旦双臂完全锁定，就已达到最高位置或手倒立姿势。在最普遍的手倒立姿势中，颈部对脊柱是中立的，眼睛看着头部朝向的方向。该姿势非常难以掌握，因为你看不到地面。为了在手倒立中更好地保持控制和平衡，我建议你稍微伸展颈部，看着地面。为了保持头部与中立全身姿势一致，一个有用的提示是：让耳朵与肩膀平行。

手倒立的下降与背对墙倒立俯卧撑进阶中的下降完全相同。首先将髋部移位到双手上方，双腿稍微降低，更靠近地面。这种移位也预先增加了肩部的负荷，以便肩部准备好支撑下降。通过屈肘让肩部参与，并将肩关节引向前面，而头部的目标是头倒立姿势中的三脚架。你应该带着足够的控制和平衡到达这个姿势，完成后保持静止姿势。

03

04

03 找到平衡，并将脚跟推到头和手的上方，以实现完整的手倒立姿势。头部内收，双臂锁定，身体为中立的一条线。

04 头部内收时难以平衡，因为你没有视觉提示，无法提供一个参考点或反馈。你可以下降到头倒立，或者，如果要平衡更长的时间和需要更多的控制，请进入看着地面的手倒立姿势，如图所示。颈部稍微伸展，但你仍然处于中立的全身姿势，肩膀与耳朵平行。

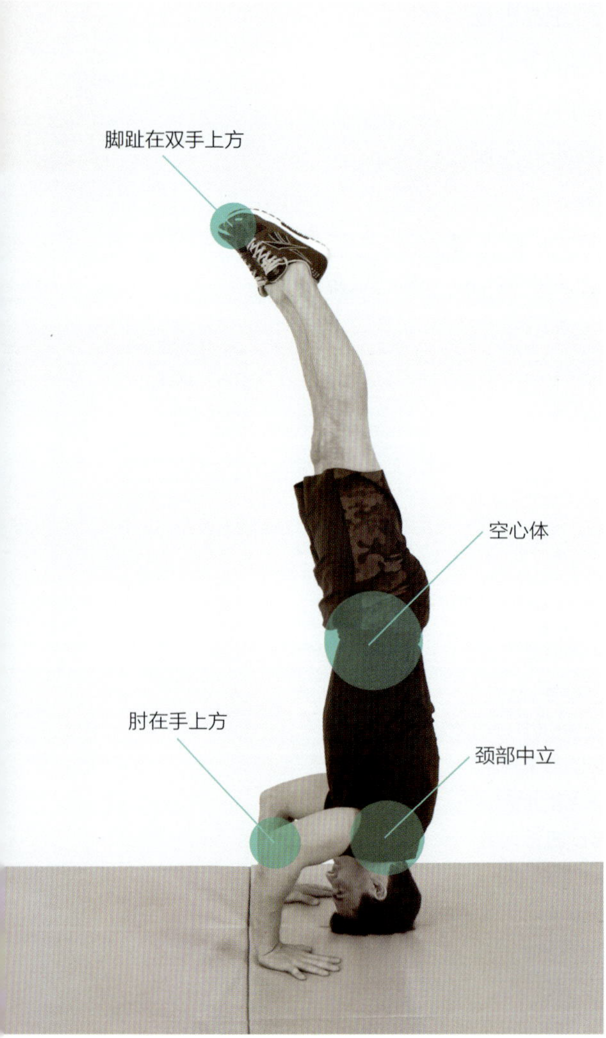

脚趾在双手上方

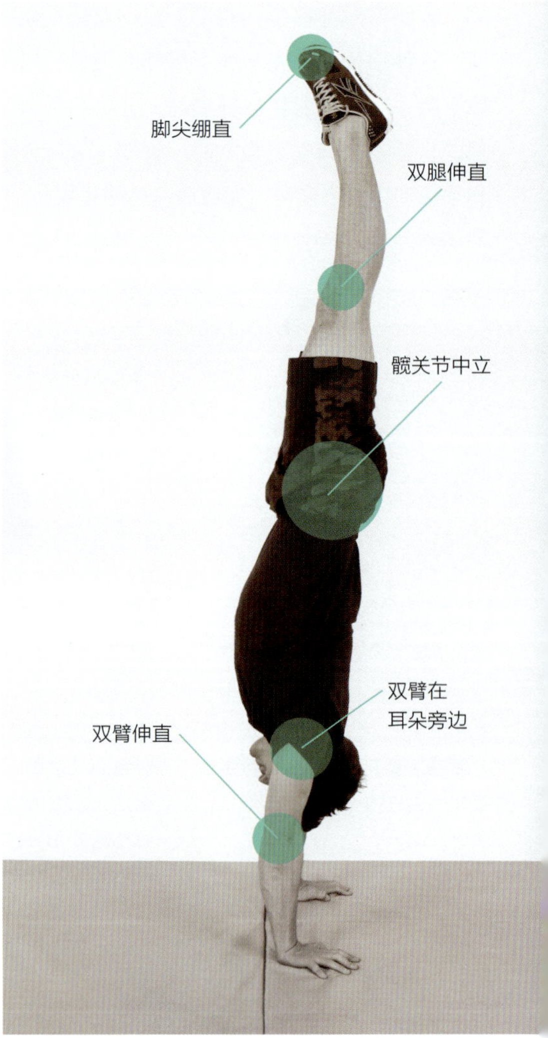

脚尖绷直

双腿伸直

髋关节中立

空心体

肘在手上方

双臂在
耳朵旁边

双臂伸直

颈部中立

摆动式倒立俯卧撑

摆动式倒立俯卧撑以严格的倒立俯卧撑进阶为基础，增加一个动态的踢腿动作。从团身屈髋屈膝姿势开始，通过髋和膝的快速伸展实现动态的踢腿。由摆动创造的动量有助于执行倒立俯卧撑所需的推动力学。

摆动式倒立进阶从三脚架姿势开始，膝盖离开肘部，并且背部平坦。从三脚架姿势开始，执行髋和膝的快速伸展。伸展创造了将质量中心向上推的驱动力，你可以利用这个驱动力来执行俯卧撑动作。如果正确地执行摆动式倒立俯卧撑，则所需的推力很小。请记住，摆动为动作增加了速度，因此在执行时需要更高程度的动作控制。

当你开始练习摆动式倒立俯卧撑进阶时，重要的是将本章中已经介绍过的所有概念联系起来。摆动式倒立俯卧撑需的力学与严格的手倒立俯卧撑相同，但是增加了来自腿部的驱动力。

跷跷板

在进入摆动式倒立俯卧撑进阶前，重要的是复习在头倒立进阶中看到的三脚架姿势（第181页）。在最普遍的摆动式倒立俯卧撑风格中，膝盖离开肘部，背部平坦。但你应该从膝盖放在肘部上方开始，这是最稳定的开始姿势。

类似于严格的倒立俯卧撑进阶，你可以从两部分的倒立俯卧撑开始地板式进阶。主要区别在于，这里从膝盖放在肘部上的三脚架姿势开始跷跷板动作。

01 ＞

跷跷板01 从膝盖放在肘部上方且完全屈曲的三脚架姿势开始，脚跟尽可能靠近髋部。肘部在手腕上方，颈部处于中立姿势。然后，在髋部向着你可以看到的方向移位时，将身体推离地面。

02 ＞

02 头部离开地面，在将身体推离地面时，双脚不要接触地面。

03 ＞

03 肘部已经到达完全锁定的位置，但是膝盖仍然与肘部接触，而颈部与脊柱呈一条直线。

01 ＞

踢－暂停－推01 从膝盖放在肘部上方且完全屈曲的三脚架姿势开始，肘部在手腕上方。

02 ＞

02 可控地将膝盖抬离肘部，将双脚引向你可以看到的方向，并缓慢伸展双腿，同时髋部下落。

地板摆动式倒立俯卧撑

踢－暂停－推

启动踢－暂停－推：可以将脊柱伸展至中立姿势，髋在头部上方，背部平坦。然后，质量中心稍稍移位到双手上方。在移位之后，马上伸展髋部和双腿至平板支撑姿势，同时头部和双手放在地上。在进阶的这个阶段，髋和膝的伸展必须缓慢并受到控制。

一旦到达平板支撑姿势且头部在地面上，你就可以像在严格倒立俯卧撑进阶中那样执行动作的其余部分。你可以利用这一刻暂停找到下一步推动力学所需的稳定性。头部在地面上也是一个很好的策略，可以在踢腿时阻止不良的肩部力学机制。尽管有这种阻挡，你还是要负责保持肘部姿势的侧向（向外和向内）控制。从这个姿势执行俯卧撑，是完成该进阶所需的最后一步。

04 让双脚接触地面，保持肘部锁定姿势，膝盖与肘部接触。

05 你可以抬起双脚并回到姿势03和姿势02，从而反向执行这个动作。

06 开始屈肘，肩膀向地面下降，直至到达三脚架。这个动作需要你努力地保持肘部在双手上方，或在支撑基础中心的上方。开始和完成动作需要你有控制地将质量中心移位到双手上方。

03 完成：双脚在地面上，头保持相同姿势，即你在倒立俯卧撑进阶中的踢、下落、暂停和下落阶段中采用的姿势。

04 将你的身体推离地面，以平板支撑姿势完成：肘部锁定，并且头部与身体呈一条直线。

踢-推（Kick-Press）

一旦掌握了两部分的摆动式倒立俯卧撑进阶，就可以加入爆发性踢腿了。我们可以通过伸展髋和膝来执行踢的动作，因为这个动作会增加有助于向上并稍向后抬起质量中心的动量，并在头部离开地面时创造一个重要的失重时刻。这个失重时刻之后接着执行俯卧撑。

在摆动过程中，当髋和膝完全伸展时，就可以启动俯卧撑。这个时机保证了从下肢产生爆发力的最大化。此外，它遵循主要活动关节（髋）优先于次要活动关节（肩）的原则。尽管使用了动态的踢脚，但完成姿势应该是有力的、受控的平板支撑，如在严格进阶中一样。

01 踢-推01 从三脚架姿势开始。

02 伸展双腿，用力地让膝盖与肘部分开。与此同时，双腿保持并拢。

03 用力伸展双腿，利用踢腿和髋关节伸展的动量让头部抬离地面，并开始伸展肘部。

04 一旦双脚到达地面，就采用有力的平板支撑姿势。

踢-奥林匹克（Kick-Olympic）

现在，你已经能够利用摆动来帮助从俯卧撑进入平板支撑，你可以将动作升级为奥林匹克风格的平板支撑。正如在严格的倒立俯卧撑进阶中一样，这个完成姿势让你可以采用更接近于手倒立的姿势，并在肩关节运动层面上覆盖更大的屈曲范围。请记住，进阶的这一阶段增加了很大的速度，可以对落地造成积极的影响。由于脚和手在落地时距离增加而产生的压力，从而要求你对脊柱姿势有更高程度的控制。

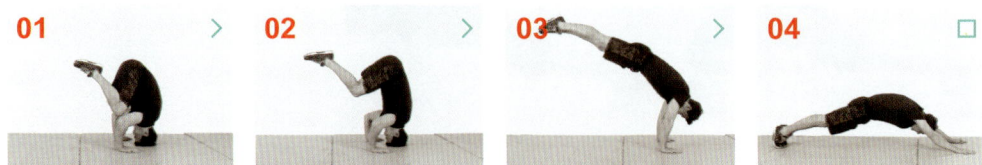

01 踢-奥林匹克01 从三脚架姿势开始。

02 伸展双腿，用力地让膝盖与肘部分开。与此同时，双腿保持并拢。

03 完全伸展双腿和髋部，创造向上和向前（你可以看到的方向）的动量，这让你可以将身体推离地面。

04 继续伸展双腿和身体，推离地面，双臂伸过头，直到完成奥林匹克俯卧撑姿势。

墙壁摆动式倒立俯卧撑

一旦掌握了地板进阶，就可以开始增加完成姿势的空间方位变化。该进阶利用墙壁来帮助你找到稳定的完成姿势。墙壁是很好的工具，有助于逐渐增加动作过程中必须处理的负荷。你还可以同时调整空间方位，实现完全相反的手倒立。你可以按照与严格倒立俯卧撑相同的步骤执行此进阶，但要使用摆动。

与严格的倒立俯卧撑一样，该进阶也从45度角开始。你需要记下距离并使用爬墙，如第189页所述。基本上，你需要在离开墙壁近似身体长度或平板支撑距离的位置进入三脚架姿势。

主要的区别是：不是从头倒立开始，而是从三脚架开始，双膝离开肘部，并使用以45度角向着墙壁的摆动，完成姿势与之前建立的部分手倒立姿势相同。

这里有3个常见错误。

1. **看着地面：** 在进入伸展姿势时，这样做会破坏中立的全身姿势。中立的全身姿势是产生高效推动力学机制的关键。

2. **在摆动时分腿：** 这导致损失很多肌肉张力，并破坏摆动的方向（应该像是指向目标的一支笔直的箭）。

3. **直接从膝盖靠在肘上的三脚架姿势突然摆动：** 重要的是逐渐将膝盖抬离肘部，直到背部到达中立的脊柱姿势。只有当你达到这个姿势（髋部在空中，膝盖离开肘部）时，才启动摆动：髋稍微移位，然后向墙壁伸展髋和腿。

该进阶的好处是：你可以控制难度的升级。你应该在始终能轻松地执行俯卧撑之后才增加距离，并进入下一级难度。

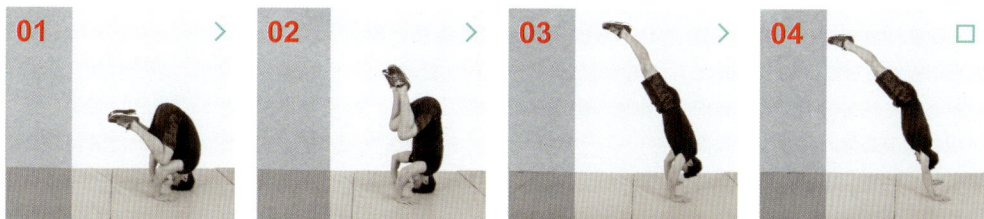

踢-45 01 从三脚架姿势开始。

02 开始动作：将膝盖抬离肘部，并让背部平坦，髋保持在头部正上方。

03 双腿用力向上和向着墙壁伸展，眼睛始终看着从沿墙上行到手倒立所经过的所有点，进入部分手倒立。

04 完成姿势：部分手倒立，头部内收，绷直脚尖，膝盖伸直，收紧臀部和腹部，双臂锁定并压向地面。

第一阶段提拉

针对奥林匹克风格的举重运动员，我喜欢将肘部离开膝盖的渐进提升与奥林匹克举重的第一阶段提拉进行比较。它必须有很大的肌肉张力和良好的动作控制，它不能"摇晃"。它一定要流畅。在倒立俯卧撑中，背部平坦时，就可以执行快速踢腿，我喜欢将这个动作与奥林匹克举重的第二阶段提拉相比，你必须利用爆发力并快速经过中间位置，以最大限度地发挥在第一阶段提拉时创造的肌肉张力，并利用姿势实现杠铃杆的最佳路径。在倒立俯卧撑的情况下，这正是身体的路径。

当你逐渐缩短这些距离时，你最终会非常靠近墙壁。在倒立俯卧撑中，胸部会碰到墙壁。在这个位置，即使要进入三脚架姿势也可能会遇到麻烦。尽管开始姿势可能比较笨拙，但好消息是，如果在双手距离墙壁一英尺（约0.3米）甚至两英尺（约0.6米）的情况下成功地完成部分手倒立，那么你已经很接近垂直状态了。事实上，此时你可能已足够垂直，并准备好进入下一个阶段的进阶。此外，请记住，即使你能轻松执行上升，但这是一个练习下降的好机会。

摆动式倒立俯卧撑的下降与严格版本的方式完全相同，你可以让肩膀倾斜，并将头部引向头倒立姿势中的三脚架。重要的是，在头部触地前要保持伸直双腿，然后再回到摆动式动作所要求的屈膝屈髋姿势。

进阶的这个阶段也很适合练习缩短摆动的范围。你不必把膝盖一直下降到肘部。理想的情况下，执行摆动时背部平坦，膝刚好超过髋。超过髋是关键，这样髋和膝的屈曲足以提供最佳摆动力学所要求的运动范围和髋关节张力。

踢－胸部向着墙壁 01 双脚和身体尽可能靠近墙壁，执行三脚架。与严格版本的进阶相比，在这里采用三脚架姿势时，双手必须离墙壁稍远一些，因为双脚需要有足够的空间才可以执行三脚架。

02 背部平坦，膝盖离开肘部。背部现在与墙壁平行，胫部完全垂直，绷直脚尖指向正上方。

03 快速用力向上伸直双腿，将头部引向墙壁，几乎就像让头部伸进由双臂和肩膀构成的窗户那样。头部进去后，完成姿势将会更加稳定。绷直脚尖，伸直双腿，收紧臀部和腹部，双臂与耳朵平行。

一旦胸部在完成时已尽可能靠近墙壁，并且你的完成姿势非常接近于垂直倒立，你就应该尝试这个进阶的下一个部分。

背对墙倒立俯卧撑

现在，你应该熟悉了进阶的这些阶段，因为它们与严格倒立俯卧撑进阶中的阶段完全相同。你要再一次转身，以便背部靠在墙上，从而更接近自力撑持倒立俯卧撑。这样做使你能够在较少外部帮助的情况下，执行摆动式倒立俯卧撑，只是在完成手倒立姿势中才利用墙壁辅助。在完成姿势中，脚跟应该接触墙壁，以获得支撑和稳定性。记得要温柔而坚定地"亲吻"墙壁。

下降的执行方式与此相同。双脚首先离开墙壁，然后下降时身体保持一条直线，直至达到头倒立姿势。头部接触地面的那一刻，双腿进入团身姿势，为摆动做准备。理想的情况是，摆动不应该在头部触地之前发生，否则你的动作顺序就错了。一旦掌握了这个动作，就可以高速执行许多次重复，你可以学会在从手倒立下降到头倒立的过程中放下双腿。这是提高动作速度和效率的一个极佳策略。

背对墙倒立俯卧撑01 从三脚架姿势开始，背部朝向墙壁，但不与墙壁接触。

02 将膝盖抬离肘部，直到背部平坦。让背部平行于墙壁，脚趾向上绷直，胫部垂直。

03 用力向上踢，直至到达手倒立姿势，完成时身体稍微伸展。头部穿过双臂，双臂锁定，收紧臀部和腹部，膝盖伸直，并绷直脚尖。你可以反转这个动作：在执行下降时让双脚和身体向下滑动（与严格的倒立俯卧撑相同），或让双脚离开墙壁，然后下降呈头倒立姿势。然后，只需反转膝盖动作，让它们进入姿势02。你可以一路下降到姿势01，把膝盖放在肘部上，但并不是必须这样做。

自立撑持摆动式倒立俯卧撑

正如在严格的自力撑持版本中所提到的那样，成功执行摆动式倒立俯卧撑需要利用前一阶段100%的移动能力。

摆动式倒立俯卧撑从三脚架姿势开始，膝盖离开肘部，背部平坦。然后，执行同样的摆动，随之推离地面呈手倒立。同样，理想的手倒立姿势要让头部内收，但这个姿势很难掌握。我给大多数人的建议是，只要耳朵与肩膀平行，就可以在执行手倒立时让头部朝向地面。

从手倒立开始下降，与背对墙倒立俯卧撑进阶中的下降完全相同：将髋部移位至双手上方，双腿向地面移动。在移位之后，肩膀的负荷预先增加，并准备好开始下降。为此，

01 〉 **02** 〉

摆动式倒立俯卧撑01 从三脚架姿势开始，膝盖在肘部上方，并且膝盖完全屈曲，肘部在双手上方。颈部中立，与背部呈一条直线。

02 采用膝盖离开肘部的姿势，屈髋屈膝，背部平坦。如果你可以非常轻松地做好三脚架，那么这可以是你的开始姿势；但如果你还不熟悉这个动作，请将膝盖放回肘部，并确保自己感觉稳定。

你可以借力于弯曲肘部并向前送出肩膀。头部应以头倒立姿势中的三脚架位置为目标。头部触地后，可以屈髋屈膝，回到开始的三脚架姿势。

　　摆动式倒立俯卧撑是一个非常有用的动作，在移动能力和技能转移方面提供许多好处。这种摆动式倒立俯卧撑风格可以在执行摆动时培养上半身过头推的力学，以及从下半身发起的推动力学。身体的结构旨在执行这些复杂的动作模式，用这些普遍的样式来学习，让你可以用类似的动作模式来执行其他动作，并增加动作模式的不同组合——例如，将在下一节中学习的在吊环上全运动范围的倒立俯卧撑进阶。

03 >

04 >

05 □

03 朝着天空垂直向上用力踢腿，创造动量并将自己推离地面，同时头部离开地面。有一点轻微倾斜，脚趾朝着你可以看到的方向。

04 当肘部屈曲刚好超过90度时，将脚跟推过头部上方，采用手倒立的姿势，头部穿过双臂，并且身体的其余部分与脚趾呈一条直线。

05 除非你已经掌握了手倒立，否则在头部内收的姿势中很难平衡。只要耳朵与肩膀平行，你就可以将它调整到图中所示的更常见的手倒立姿势，即眼睛看着双手。在这里，我几乎没有瞥向地板；头部的轻微倾斜就可以对动作产生很大的影响。

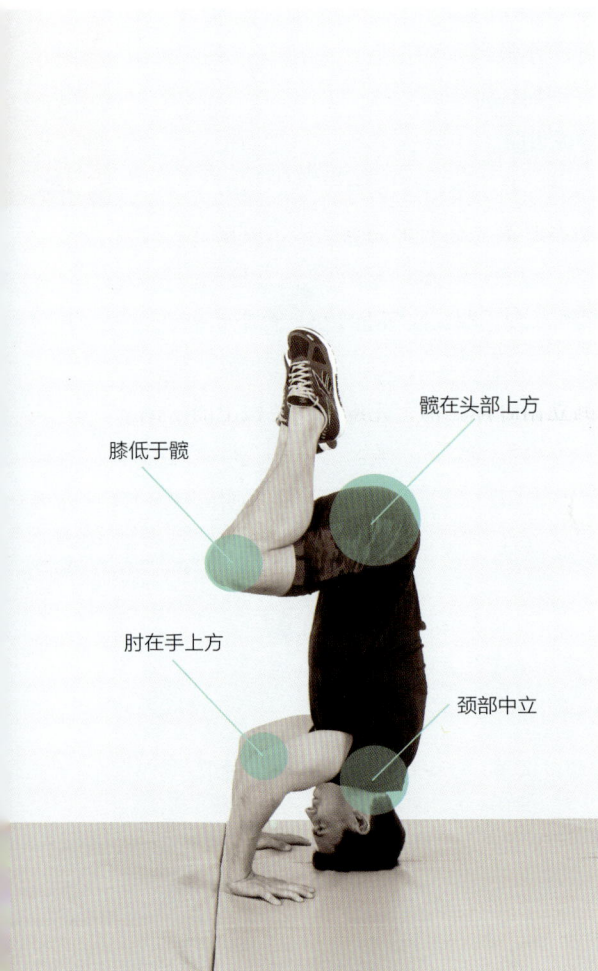

膝低于髋

髋在头部上方

肘在手上方

颈部中立

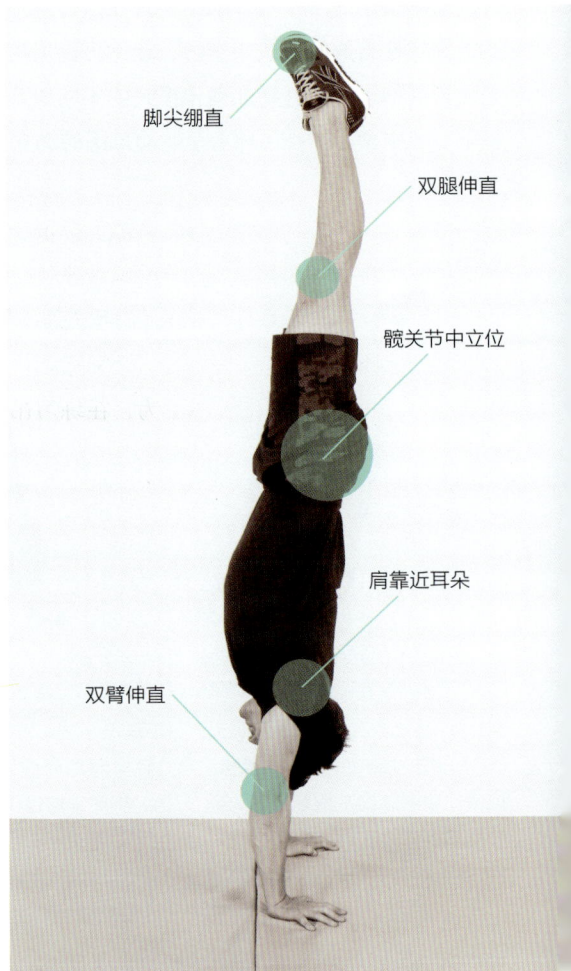

脚尖绷直

双腿伸直

髋关节中立位

肩靠近耳朵

双臂伸直

全运动范围倒立俯卧撑

全运动范围倒立俯卧撑，即吊环倒立俯卧撑，是在一组吊环上保持平衡并执行的倒立俯卧撑。吊环是体操世界中常见的一件器械，为手倒立姿势带来不稳定的元素。这种不稳定性迫使你在肩膀周围增加更多的肌肉张力，以保持足够稳固的过头姿势来执行手倒立。

吊环的另一个好处是：让你能够执行全运动范围倒立俯卧撑。因为你可以离开地面，将头部放在两个吊环之间，头部可以低于双手水平高度，肘部完全屈曲，更接近于肩的解剖学姿势。此外，吊环让你有机会用下半身执行拉，同时用上半身执行推，利用双腿来帮助你执行这个动作。

根据姿势优先于运动范围的进阶原则（第88页），我认为，在练习吊环倒立俯卧撑之前，先遵循在地板上的手倒立进阶，这是非常重要的。为倒立俯卧撑建立正确的推动力学至关重要。掌握这些姿势后，可以利用吊环进阶来增加运动范围，由于吊环的不稳定性，这会进一步挑战你的姿势。

为了弥补地板倒立俯卧撑进阶与吊环倒立俯卧撑进阶之间的差距，有一个很好的方法：在一组平行支架、箱子或堆叠的铃片上学习如何执行全运动范围倒立俯卧撑。这些工具帮助双手离开地面，在倒立俯卧撑的最低位置，让头部可以越过双手，但是它们会比吊环提供更大的稳定性。

01 >

02 >

平行支架倒立俯卧撑01 从三脚架姿势开始，就像在地板上一样，但在本进阶中，头部低于双手。屈髋屈膝，背部平坦，肘部位于手腕上方。双手与肩膀平齐，耳朵低于平行支架或与平行支架平齐。

02 以在地板上执行摆动式倒立俯卧撑的方式执行该动作。唯一的区别是，这里的摆动必须更用力，你需要更好地控制动作，找到能够完成全运动范围的力量并以手倒立姿势完成。

在平行支架上使用的力学和技术与在本章前面介绍的严格进阶以及摆动式倒立俯卧撑进阶（分别在第179页和第197页）中的力学和技术完全相同。

03

04

03 一旦你到达完成姿势，手倒立的力学机制就完全一样了。

04 类似于在地板上的手倒立，你可能想在完成时让头部稍微下倾，以便看着地面，并且耳朵与肩膀平行。

吊环倒立

吊环倒立俯卧撑遵循和本章倒立俯卧撑部分（第179页）相同的原则。唯一的区别是，这里你要处理一个不稳定的支撑基础。为了最大限度地提高在吊环上倒立俯卧撑的执行水平，你必须建立稳定的肩部姿势。在肩关节层面上，在屈曲时最稳定的姿势是外旋，或者简单地说就是伸出双手。

在学习如何执行吊环倒立俯卧撑之前，重要的是要学习如何安全地进入吊环倒立。

从地面跳起式手倒立

我强烈建议，任何正在努力练习吊环倒立俯卧撑的人，都应该掌握第8章中的推起式手倒立（第338页）力学机制。尽管事实上，推起式手倒立或滚动至肩倒立都不是学习吊环倒立俯卧撑的要求。

推起式手倒立有一个很好的替代选项：跳起式手倒立，这是从站立姿势跳起呈手倒立姿势的一种动态方式。应该在地面上学习这个跳跃动作，从第4章的老人深蹲（第113页）中看到的俯身姿势开始，双手非常靠近双脚。从这个姿势开始，通过双腿启动跳跃，在用手臂推离地面时让髋滚动到头部上方。

双腿的姿态和路径可以采用3种不同的风格。

1. **团身**：身体呈球形，髋和膝完全屈曲，踝为跖屈或绷直脚尖姿势。
2. **分腿**：宽距分腿姿势或双腿外展，髋完全屈曲，膝伸展，踝为跖屈或绷直脚尖姿势。
3. **屈体**：窄距分腿姿势或双腿内收，髋完全屈曲，膝伸展，踝为跖屈或绷直脚尖姿势。

团身、分腿、屈体

团身、分腿、屈体姿势是你应该知道的最常见的体操姿态，任何涉及在空间中操纵体重的动作都会包括这些。

团身是大多数人采用的最自然的姿势。

分腿通常对力量的要求最低，但是一般需要更多的练习，因为它不是最本能的姿势。

屈体是最先进的姿态，从动作模式的角度来讲也是最简单的。

01

团身起倒立 01 俯身并将双手平放在双脚前的地面上。

02

02 将大部分体重移位至双手的上方。

03

03 从地面跳起，将髋部引向头部上方。采用团身姿势：屈髋屈膝，并且双腿并拢。

04

04 一旦髋部到达头部上方，伸展双腿并采用手倒立姿势。

01

分腿起倒立 01 俯身并将双手平放在双脚前的地面上。

02

02 将大部分体重移位至双手的上方。

03

03 从地面跳起，将髋部引向头部上方。采用分腿姿势：髋关节屈曲并外展，双腿伸直。

04

04 一旦髋部到达头部上方，伸展并内收髋关节，双腿并拢起来，并采用手倒立姿势。

01

屈体起倒立 01 俯身并将双手平放在双脚前的地面上。

02

02 将大部分体重移位至双手的上方。

03

03 从地面跳起，将髋部引向头部上方。采用屈腿姿势：髋关节屈曲并内收，双腿伸直。

04

04 一旦髋部到达头部上方，伸展髋关节，呈手倒立姿势。

211

从地板上跳起成手倒立并缠绕

一旦掌握了在地面上的跳起式手倒立，就可以尝试准备一副无吊环的皮带，将皮带绑到平行支架上。你只需要一套器材就可以练习跳起式手倒立和不同风格的缠绕。

在这套器材上，你将要完成手倒立，以双腿缠绕在皮带上结束动作。缠绕在完成姿势中起平衡作用，与在吊环上学习缠绕有着相同的目的。在这里，你将学习全缠绕和半缠绕。

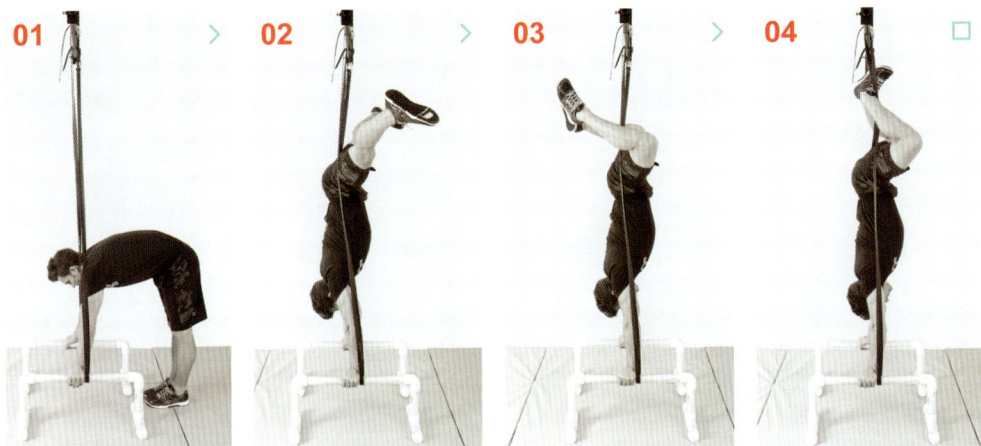

01 >	02 >	03 >	04 □

平行支架缠绕进阶01 将皮带固定在平行支架正上方的锚点上，并将皮带环绕在平行支架上。俯身并握住平行支架，皮带在双手后方。

02 在平行支架上执行分腿起手倒立，保持分腿姿势，直到双腿的背面到达皮带。

03 屈膝，直到双脚在皮带前面。

04 执行全缠绕皮带：双腿从外侧向内绕。

全缠绕

在全缠绕中，小腿绕带子一整圈。全缠绕要求双腿稍微分开或外展，以便从皮带的外侧启动缠绕。皮带应靠在小腿的内侧，如下图所示。腿部继续缠绕：让脚趾穿过带子的内侧，将每只脚的侧面靠在皮带上，这使得皮带螺旋式缠绕着双腿。最后，伸展双膝，双脚背屈，以收紧缠绕。

半缠绕

在半缠绕中，双腿的内侧在皮带上绕半圈。半缠绕要求双腿稍微分开或外展，将腿部的内侧靠在皮带的外侧，如下图所示。与全缠绕的区别在于，双脚不需要一直绕到皮带的内侧；你只需将双脚的内侧靠在皮带上。

01

全缠绕01 向着皮带执行分腿起手倒立，双腿外展。皮带与双腿的背面接触，注意要跨过腘窝。双腿伸直，双脚朝向外侧。

02

02 一旦通过靠在皮带上找到支撑，就可以让双腿从外侧向内绕。

03

03 双脚屈曲，并让皮带与双脚的外侧接触。向双腿的内侧缠绕，再次与腘窝接触。这会在双腿周围形成螺旋状的缠绕，为你提供很大的稳定性和张力。你可以让双腿向外侧张开，屈曲双脚或伸展膝关节，从而增加缠绕的紧密度或力量。

01

半缠绕01 向着皮带执行分腿起手倒立，到达同样靠着皮带的分腿姿势，让皮带与腘窝接触。

02

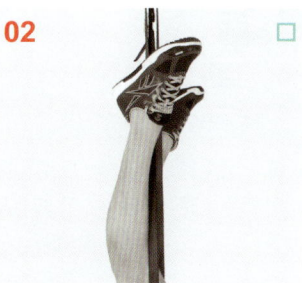

02 不要让双腿缠绕在皮带上，双腿向着中线执行内收或并拢，将脚的内侧压在皮带上。在这里采用的最佳姿势是绷直脚尖，这样可以保证整条中线的紧张。

213

肩倒立

你需要学习在吊环上如何进入最低支撑姿势，也称为肩倒立。你可以使用刚才学习的缠绕来练习以下3种形式的肩倒立：

1. 全缠绕；

2. 半缠绕；

3. 自力撑持。

我在这里只介绍自力撑持肩倒立，因为在吊环上练习手倒立之前要掌握这个动作，这是很重要的。如果你还没有准备好执行自力撑持，只需结合上一节所示的缠绕来实现更大的稳定性，直到可以继续前行。

如果我要教你正确的体操进阶，在教吊环手倒立之前，我会教你一个更简单的倒立，比如在吊环上的肩倒立。这是一个很好的前导姿势，因为它让你尝试在倒立的同时保持平衡，但由于肩膀周围的张力，以及质量中心与支撑基础之间的距离更短，支撑基础会稳定得多（参见进展原则部分的第3章）。正是由于要在更稳定的接触的情况下尝试倒立，所以你要从头倒立开始，然后学习在地板上执行手倒立。

01 >	**02** >	**03** >	**04** ▢

平行支架肩倒立01 俯身并抓住平行支架。

02 弯曲双臂，让头部下降，直到肘部完全屈曲，头低于手。

03 一旦手和肩找到稳定性，弯曲双腿，将双脚抬离地面。

04 在屈腿姿势中找到平衡后，伸展双腿，进入类似于在地板上的头倒立中所看见的全身角度。

01
02
03
04

吊环肩倒立01 从在吊环上的支撑姿势开始，双臂锁定，为团身姿势。

02 开始屈肘，让身体向前滚动。

03 继续向前滚动，直到头低于手，髋在手的正上方。

04 一旦你找到平衡，伸展双腿呈肩倒立。

吊环手倒立

在熟悉了使用两种缠绕方法提供支持和平衡之后，你可以深入学习如何进入吊环手倒立。

在吊环上从支撑位置向前滚动进入相当于头倒立的姿势，这种启动肩倒立的方式也可以用来执行手倒立。不同之处在于：你在执行手倒立时，不能像在肩倒立中那样，在髋向上滚动至头部上方时让手臂弯曲。这个限制使它变成对力量要求更高的动作。体操界称之为推起式手倒立（第338页）。

在低吊环上，你可以使用在地板进阶中学习的跳跃进入手倒立（第212页）。这些跳跃需要的力量比完全推起式手倒立小，你可以专注于在吊环上的手动平衡部分。

首先以俯身姿势站在吊环前面，吊环与双手平齐。尽可能靠近吊环，这很重要，目的是让开始的支撑基础尽可能靠近最终的支撑基础。

为了执行团身起手倒立或分腿起手倒立，要跳离地面，并在折叠双腿呈团身姿势或分腿姿势时将髋部带到头部上方。反转发生后，髋部几乎高于头部，重新展开呈手倒立姿势。折叠和展开身体的正确时机有利于稳定地翻转。如果身体保持直线，那么就会有一个很大的向上摆动帮助你进入手倒立。另外，由于吊环不是静止的，它们对于直体摆动式并不是良好的支撑。

分腿起全缠绕 01 俯身，双手放在吊环上，肩膀在双手的正上方。

02 执行分腿起，直到双腿的背面到达皮带。

团身起半缠绕 01 俯身，双手放在吊环上，肩膀在双手的正上方。

02 跳跃并执行团身起。

曲臂靠着皮带 你可以向上踢腿进入吊环上的手倒立，但双手向内侧转动，上臂靠在皮带上。这个版本对于大多数人来说更容易，因为它提供了更大的稳定性。

03

03 让小腿伸向外侧，放在皮带的后面。

04

04 继续缠绕双腿：屈膝并将双脚靠在皮带内侧。

05

05 利用全缠绕，伸展双腿，以手倒立姿势完成。

03

03 继续向上滚动并展开，直到髋部在头部上方。

04

04 一旦双脚伸过皮带，就执行窄距离的分腿。

05

05 将双脚的脚背放在皮带的外侧上，呈手倒立姿势。

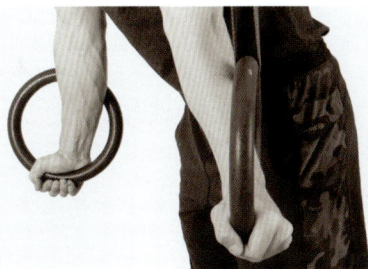

直臂离开皮带 你也可以在向上踢腿进入吊环上的手倒立时双手向外侧转动，并且手臂在整个动作过程中都不与皮带接触。该姿势是首选，因为它具备对更多动作模式的可转移性。

　　一旦可以完成手倒立，就可以采用两种缠绕方式。全缠绕更安全、更稳固，半缠绕稍微没有那么稳定，但更高级。两种缠绕都要掌握，以便进一步执行普遍的吊环手倒立俯卧撑。

腿式手倒立俯卧撑

一旦了解了如何翻起进入倒立俯卧撑，就可以开始利用缠绕来练习倒立俯卧撑的不同变式。你可以从腿式倒立俯卧撑开始，利用缠绕的双腿从肩倒立姿势将身体拉起呈手倒立。在这种风格的倒立俯卧撑中，你可以使用全缠绕或半缠绕的方式。

全缠绕腿式倒立俯卧撑

全缠绕腿式倒立俯卧撑从分腿起手倒立开始，然后是吊环皮带全缠绕。一旦进入这个姿势，双腿完全锁定，就可以开始下降到肩倒立姿势：弯曲肘部，让肩膀伸展，使其更接近解剖学运动范围。重要的是，双腿在这个阶段中要保持伸

01   >

02   >

03   >

全缠绕腿式倒立俯卧撑01 进入全缠绕手倒立俯卧姿势（第213页）。在完美的手倒立中确保手臂完全锁定，以便在吊环上启动最佳的倒立俯卧撑。

02 启动下降：肩膀前倾，弯曲肘部。保持前臂与皮带平行（注意我的前臂与皮带是平行的）。腿部压在皮带上，帮助有控制地下降。腿压得越紧，提供的帮助就越大。

03 你已经达到了手倒立的最低位置，这是一个全缠绕肩倒立。这里是最困难的部分。

直，这样可以让你在下降的过程中更加稳定并保持控制，并为双腿增加一个从最低位置开始的更大的拉动范围。

在双腿的帮助下从最低位置启动上升，重新回到手倒立姿势。开始向上拉起身体：双脚夹住吊环皮带或将双脚屈曲成背屈，然后屈膝屈髋。在屈膝屈髋时，身体开始上升，手臂必须通过推吊环来帮助手倒立俯卧撑。大约在双腿拉到中途时，缠绕的张力可能会消失。为了避免失去张力，你需要将膝盖和双腿向外侧推。保持张力对于最佳拉动力学机制非常重要。

04 >   **05** >   **06** □

04 通过弯曲双腿和屈髋来创造张力，同时将双脚紧紧地绕在皮带上，将自己拉起来。这个拉力使身体离开吊环，你应该伸展肘部并用肩推开，以提供助力。

05 当你完成用腿的拉动时，膝关节完全屈曲，肘关节完全伸展。有时，如果开始时肩倒立的位置太低，你就不会达到这些姿势。

06 至此，只需将双腿伸展到全缠绕的完整手倒立姿势即可。

半缠绕腿式倒立俯卧撑

一旦掌握了全缠绕式，就可以进入半缠绕式了。半缠绕腿式倒立俯卧撑与全缠绕的版本相似，主要区别发生在分腿起的时候，在这里采用半缠绕的方式。

在开始下降时，你可以夹腿呈内收姿势，或压紧皮带以获得更好的牵引力，从而控制速度和稳定性。一旦进入肩倒立姿势，就可以用腿拉，让自己上升。这是半缠绕与全缠绕方式不同的地方。

另一个区别就是身体的方向，或者说是你的全身运动。与全缠绕相比，半缠绕由于髋关节和膝关节向内屈曲，双腿覆盖的运动范围更小。这种运动范围的变化通常要求你向离开吊环皮带的方向倾斜，这样才能完全锁定手臂。

01 >	02 >	03 >

半缠绕腿式倒立俯卧撑01 执行团身起或分腿起至半缠绕，双脚最后在皮带的外侧。

02 执行在任何其他手倒立俯卧撑中都可以看到的下降。这里的不同之处在于，你可以通过向着中线夹紧双腿来控制下降，压紧皮带可以减慢移动。保持前臂与皮带垂直，并且拇指尽可能指向前方。这样可以保证在肩关节层面创造良好的姿势，即外旋。

03 当你到达最低位置或肩倒立姿势时，头部低于吊环，肘部完全垂直。

一旦双臂完全锁定，就可以伸展髋和膝，进入手倒立姿势。

虽然需要踝关节用相同的背屈来用力勾住皮带，但屈膝和屈髋将导致膝关节要向内弯曲才可以创造最佳的拉动力学机制。这种膝盖向内的姿势对于在缠绕中获得牵引力来支持身体的拉动最有效。因为缠绕从双腿在皮带外侧的部分开始，所以它是有效的。

运动中的缠绕很容易摩擦皮肤，并可能有灼热感。我建议穿上护腿或紧身裤，以提供保护。然而，更高级的运动员在执行此动作时通常可以控制皮带周围的张力。

04 >

05 >

06 □

04 用双腿开始牵引：屈膝，并屈曲双脚来勾住皮带。在这样做的时候，膝盖会向内弯曲；这是用双脚在皮带周围找到张力的唯一方式。

05 在开始屈膝并达到膝关节全屈曲时，你必须创造轻微的倾斜，让身体向着自己可以看到的方向小角度下落，这是因为你没有由缠绕导致的髋关节屈曲可用。这个倾斜并不是一个问题，因为你牢牢地缠绕着皮带。

06 伸展双腿，吊环将自动摆动到髋部下方，并使你处于完整的手倒立姿势。

吊环倒立俯卧撑

在打好了本章所介绍的推动力学机制的坚实基础，并利用腿部缠绕支持在吊环上对该力学机制进行练习之后，你就准备好进一步练习自力撑持倒立俯卧撑了。这意味着去除腿部缠绕拉动。最终目标是进步到不使用双腿拉动或支撑的手倒立姿势的吊环倒立俯卧撑。

半缠绕但不拉动的吊环倒立俯卧撑

在半缠绕式吊环倒立俯卧撑的严格版本中，要求在执行倒立俯卧撑时不使用腿部拉动来辅助。即使双腿不拉动，它们仍然在肩膀覆盖的整个运动范围内保持半缠绕。半缠绕为手倒立和肩倒立姿势提供支撑，并让你可以培养执行自力撑持所需的力量。

这个动作可能非常难以执行，但它的优点是：如果做到正确，它是非常简单和优雅的。

01 >

02 >

03 >

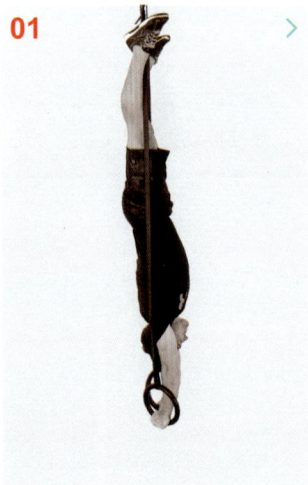

半缠绕式吊环倒立俯卧撑01 团身起至手倒立姿势，并执行半缠绕。

02 通过弯曲肘部来启动下降。

03 在倒立俯卧撑的最低位置或肩倒立姿势中，头部低于吊环。双腿保持半缠绕，双脚向内压在皮带上，皮带与脚的内侧接触。

首先执行分腿起至半缠绕手倒立。然后执行可控制的下降，至肩倒立姿势。一旦到达最低位置，就可以将身体推离吊环，启动上升。在推动过程中，挤压臀部和腹部，以保持脊柱周围的紧张，这很重要。这种紧张有助于保持中立的全身姿势，以促进推动力学。

半缠绕应该只用作支撑，以保持中立的全身线条，因此应该导致最少量的摩擦。缠绕必须非常轻，才能完全锁定手臂，并以开始的手倒立姿势完成。

重要的是要开始理解这个动作过程中的缠绕张力。具体来说，你应该很容易在下降过程中增加或多或少的张力。你可以做多种尝试，以便在从手倒立进入肩倒立的过程中进行反向收缩或离心收缩。

记住，动作的反向阶段练习非常适合培养对全运动范围的控制和执行动作的正向/上升/向心阶段所需的动作控制。

04

05

这是一个平衡游戏。对皮带应施加多少张力？你需要多大的支撑力度来保持稳定性，以实现最佳推动力学？这两个方面要平衡好。

04 不要利用皮带来上升，要使用上半身力量来推开自己。在图片中，我推到一半，仍然与皮带接触。重要的是，要控制好对皮带施加多少张力来帮助做动作。如果你对皮带施加很大的张力，就要对抗很大的阻力，动作就会变得更加困难。你对皮带施加的张力越小，你就越不稳定，因此更需要稳定性和平衡，而不是推动力学。

05 当肘部完全锁定时，以完整的倒立俯卧撑姿势完成。请注意，我的头部内收，这既是为了教学目的，也可以展示更好的中线姿势。

自力撑持倒立俯卧撑

在自力撑持倒立俯卧撑中，要在没有双腿提供拉动或支撑来帮助稳定或平衡的情况下执行吊环倒立俯卧撑。完全控制和执行这一进阶阶段，需要100%地发展和理解之前所有的阶段。练习这种风格的倒立俯卧撑可能需要几年时间，但掌握了基础知识之后，一切都是可能的。

你可以从任何起式的手倒立开始自力撑持倒立俯卧撑。除非你可以非常轻松地完成手倒立，否则我建议你从半缠绕开始，并将其慢慢地调整为自力撑持手倒立，以实现最佳控制。

从手倒立开始下降，使用在墙壁倒立俯卧撑中学到的方式（第189页）。当身体倾斜时，髋部移位到双手的上方。倾斜和移位将肩膀引向前方。脚趾和双腿应指向相反的方

01

02

03

吊环倒立俯卧撑01 团身起，进入半缠绕或自力撑持的手倒立姿势，你可以根据自己的能力来决定。如果你熟悉在吊环上的手倒立，可以选择团身起并直接进入手倒立。

02 启动下降：肘部弯曲，但前臂仍然与皮带平行。当你过渡到这个姿势时，身体会有略微倾斜，肩膀会离开皮带更远。

03 身体角度已加大，肘部已经超过了90度，并且完全屈曲。到达这个角度，是为了维持质量中心在吊环的正上方。从头到脚保持一条直线，以控制运动。在图片中，我看着地面，以更好地平衡。如果你正在执行最普遍的动作模式，那么头部会内收或相对于身体中立。

向，以创造自然的倾斜，实现平衡。这里的倾斜与本章的头倒立部分（第184页）中看到的倾斜非常相似，主要区别在于，这里需要更大的肌肉张力来控制动作。当你逐渐熟练并且移动能力变得更强时，你的角度应该变得更加竖直。

成功执行肩倒立后，髋部的移位有助于将身体推离吊环。当手臂开始伸展并且肘部达到大约90度时，髋部需要重新移位回吊环上方。在移位回来之后，双臂应该立即垂直向下推。髋部位置不变，双臂继续推，直到手臂完全锁定。

正如在地板上的进阶一样，在最佳的倒立完成姿势中，头部内收，但是这个姿势很难平衡。看着吊环，以获得视觉反馈，这是建立信心和平衡的一个很好的策略。记住要保持耳朵与肩膀平行，以便于保持直线或中立的全身姿势。

04 进入肩倒立姿势，其中身体的倾斜角度略有减少，但为了平衡仍然要保持倾斜。肘部仍然在手腕上方，身体呈一条完美的直线上。为了启动重新上升，运用在严格的倒立俯卧撑进阶中的力学机制。让髋部下落，并将自己推离吊环。

05 将脚跟引到头部和吊环上方，找到平衡。找到平衡后，就可以锁定肘部，并伸展身体，进入完整的手倒立姿势。

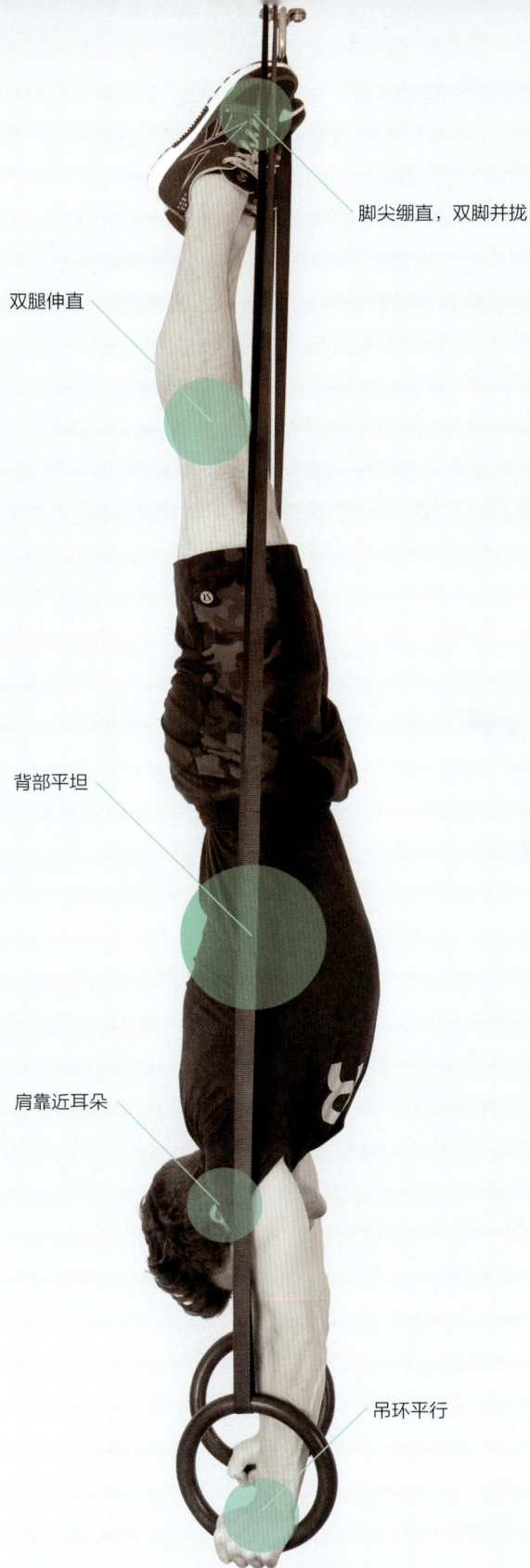

脚尖绷直，双脚并拢

双腿伸直

背部平坦

肩靠近耳朵

吊环平行

吊环倒立俯卧撑

执行要点

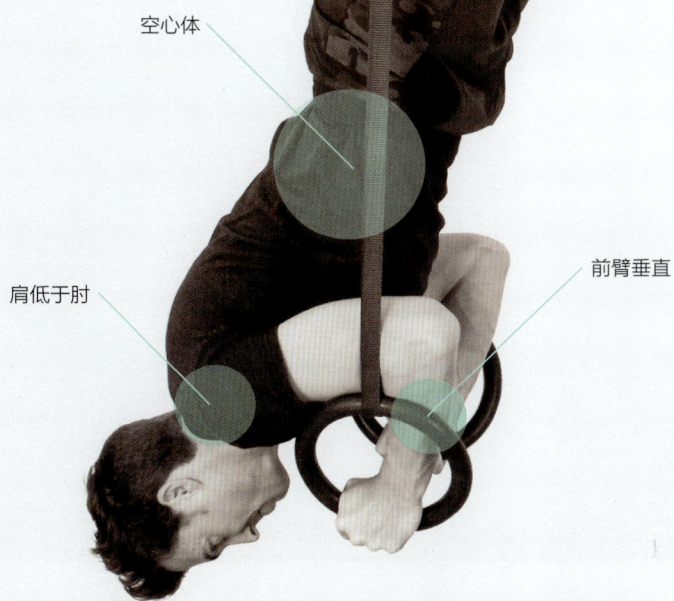

倒立俯卧撑

空心体

肩低于肘

前臂垂直

227

双立臂

06

我不知道"双立臂"（Muscle-up）一词来自哪里，但在男子体操中，它常用来描述体操运动员将自己拉起到一组吊环上方。然而，这个术语并不限于体操运动，双立臂在某些健身群体中也非常流行，例如CrossFit和快速发展的柔软体操动作。

图片由保罗·桑切斯（Paolo Sanchez）提供

尽管双立臂在小众领域中最为常见，但该动作培养的功能对于每一个人都很重要。双立臂在肩关节层面，甚至在髋关节层面发展基本的推拉力学机制。我认为，它发展这些力学机制的方式对每一个功能完全正常的人都至关重要。除了发展基本的推拉力学机制，双立臂动作本身也是锻炼越过障碍物这种复杂能力的好方法：无论障碍物是体操运动员的吊环、CrossFit运动员的单杠，还是受训士兵的墙壁，或是游泳运动员的起跳台。学习双立臂可以打造和扩展移动能力。

双立臂的风格因执行的群体及其执行目的而异。例如，体操运动员在吊环上执行双立臂，从头部到脚趾保持一条直线，并利用上半身完成大部分动作。而健美运动员在单杠上执行双立臂，并利用轻微的摆动来产生动量。最后，CrossFit运动员在吊环或单杠上执行这个动作，往往需要使用全身力学机制的大幅度摆动。

在本章中，我介绍在CrossFit运动员中最流行的摆动式双立臂。我相信这种风格是最普遍的，因为它提供了整体移动能力的益处。虽说如此，但大多数人不具备从这个动作开始的能力。其实，对和我一起训练的人来说，这是高级动作。因此，本章将双立臂分解成各个独立组成部分，详细描述了发展每个组成部分的进阶方法，然后将各组成部分重新组合起来，让你完美地完成整个动作。

双立臂是推拉力学机制的组合，它的定义可以很简单：引体向上和臂屈伸的组合。为了解释这两个动作如何结合起来创造双立臂，我将本章分为4个部分：

1. 摆动式引体向上；
2. 摆动式臂屈伸；
3. 双立臂；
4. 摆动式双立臂。

摆动式
引体向上

摆动式引体向上是利用身体前后摆动，用从全身伸展到全身屈曲而产生的动量来执行的引体向上。我相信这种引体向上是发展拉力的最佳动作之一，可以将技能转移到许多其他动作。

有意思的是，体能训练及健身行业中的许多训练师和教练认为，摆动式引体向上是作弊。他们称之为作弊的原因是，引体向上的目的是发展上半身的拉力，而由摆动产生的动量与此目的相矛盾。即使这个观点有一定的道理，但严格的引体向上并不是发展上半身拉动力学机制和拉动力量的唯一形式。这种观点是有局限性的，因为它没有承认其他类型的引体向上的价值，但增加的这种动量在大重量举重运动员中已被证明是非常有价值的。

力量举运动员的目标非常简单：在深蹲、硬拉和卧推的一次重复中举起尽可能大的重量。为了实现这一目标，力量举运动员可以训练无限多种风格的这些动作，使用不同的负荷、速度，并与其他动作组合，以强化其所需的动作模式，并发展出在最高水平竞赛时所需的力量。

在这个群体中，经常讨论的一个重要的风格划分标准是速度的快慢。力量举运动员通常使用的技术是让他们能够在轻负荷时尽可能快地拉起杠铃，这明显有利于以最慢速度拉起最大的重量。基本上，一个动作不一定只有一个目的，一个目的不一定只能通过一个动作或动作风格来实现。

在CrossFit中，摆动式引体向上可以增加拉的速度和重复次数，从而有更大的力量输出和更高的锻炼能力。对我来说，除了为运动员提供的拉动力学机制和力量发展之外，摆动式引体向上还是开发可以转移到其他运动项目和生活方面的动作模式和技能的好方法。其中包括摔跤和体操所需的屈髋动作、在足球中执行过头投掷界外球所需的身体突然屈曲，以及游泳运动员在蝶泳中执行的海豚式打腿。

在本节中，我将解释如何练习摆动式引体向上，以便充分了解摆动式双立臂的执行方式，以及如何遵循这些进阶来为拉的移动能力打下坚实的基础。

本节分为3个进阶：

1. 划船；
2. 引体向上；
3. 摆动式引体向上。

划船

划船是你可以执行的最基本的自重式引体向上。我在这里提到自重，只是因为你会在多种场合看到划船运动：在健身机上执行的坐姿划船，用杠铃执行俯身划船，甚至是在真的船上划船。自重划船包括把自己向上拉向单杠、吊环，或者可以悬挂的其他器材。

划船是拉动力学机制的一种基本形式，因为它从肩关节运动范围的中程开始，肘部伸展，手腕为中立姿势，而在完成的时候，肩关节伸展，肘部完全屈曲，手腕保持中立姿势。如果将这两个姿势与俯卧撑姿势进行比较，你将注意到局部和全身形态都是完全相同的，但执行动作的肌肉收缩方式不同。划船是拉，俯卧撑是推。

在深入讲解划船之前，我想先介绍这个动作的一个非常重要的组成部分（以及用上半身执行的所有其他拉动力学机制）。具体来说，在拉之前，你必须学习如何握住单杠、吊环或你所使用的任何器材。

握

正确地握住用来练习划船、引体向上，以及双力臂的器材，这几乎比如何执行动作本身更重要。学习有效握法就像学习走路前要先学习站立。

你要使用的器材是单杠和吊环。单杠和吊环非常适合练习用于悬垂的最普遍握法，这些握法可以很容易转移到其他器械上。

通过学习如何通过适当的握法去使用单杠和吊环，你可以实现两点：

1. 有力的握法；
2. 更好的肩部姿势。

锁握（Hook grip，又叫勾握）：对我来说，最普遍的握法是双手和手指完全围绕单杠和吊环，手指交叠。这种握法可以在肩关节层面用最小的力量实现最大的支持和最好的姿势稳定性。手指的交叠被称为锁握或勾握。

锁握是一种很好的技术，有助于在增加负荷与张力时握紧器械，其原理就像一个结，在它周围的张力越大，它就会越紧。但是你必须通过练习才可以让它对你真正有用。

当你握住单杠和吊环时，拇指叠在食指和中指上面，就会形成锁握。在做单杠和吊环悬垂时，双手会受到旋转力的作用，双手往往会滑落。你可以将单杠和吊环挤压得更紧，以对抗这种旋转力，但是你可以挤压的程度非常有限。锁握有助于加强挤压，产生锁定作用。它也可以说是一个被阻挡的动作，因为拇指包裹着其他手指，可以保证双手处于方便肩关节外旋的姿势。

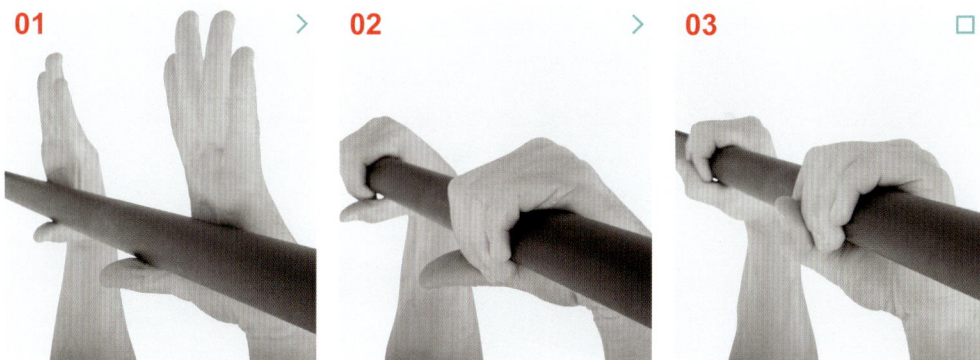

01 >

02 >

03 □

锁握01 摊开并伸展双手。将双手放在单杠上，单杠横过掌心，手指张开以产生张力。

02 卷曲手指握住单杠，手指在单杠下面伸得尽可能远，拇指不要挡住它们。

03 将拇指绕在食指和中指上。

小指的指关节在单杠上方： 还有一个细节要记住，当你悬垂时，这个细节会严重影响肩关节的姿势。由于肩关节和手臂的结构，你可以使用这个握法来帮助肩关节做好准备，以便在本章中的任何拉动作中获得成功。注意下面的图片，当我握住单杠时，我把小指的指关节放在单杠上方。这让我有更好的机会找到锁握姿势，并增加一个旋转部件，进一步反映在我的肩关节上，以建立更好的肩部姿势。

身体的结构使得这样做会有效。如果测量从肩膀到小指指关节的距离，并将其与从肩膀到中指指关节的距离进行比较，你会注意到前者较短。长度的差异会在双臂中产生旋转，从而使肩部处于外旋状态。在肩关节层面的这种外旋被一些训练师称为"激活肩"（active shoulder）姿势。肩可以耸起或压低，但只要它们处于外旋状态，你就可以认为它们是激活的，这就意味着它们已为执行动作做好最佳准备。这个激活肩姿势的具体细节根据执行动作的风格、负荷、速度和运动范围而有所不同。

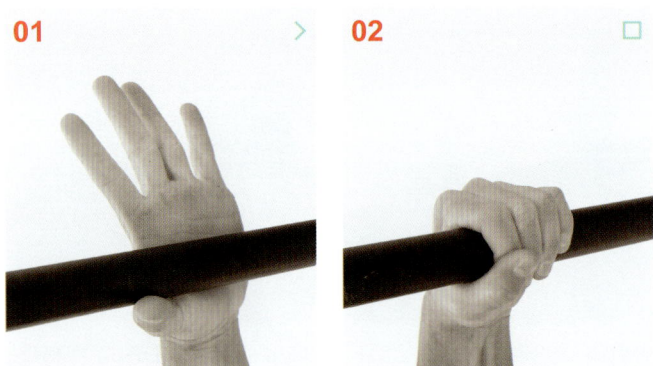

01   **>**   **02**   □

小指指关节在单杠上方01 将手伸向单杠，手指要伸直，手掌稍微倾斜，让小指指向正上方。从小指指关节到肩膀的距离小于从中指指关节到肩膀的距离。

02 小指指关节在肩关节层面产生外旋（激活肩姿势）。小指指关节始终在单杠上方。

反握（Supine grip）：实现相同结果的另一种方法是反握/下手握/引体向上握法。这种握法在肩部水平方向产生接近运动范围边界的外旋，因此阻挡肩部采用较差的移动力学，而正手握法给予肩部的移动自由度则可能造成相反的效果。然而，反握并不是最普遍的握法；即使你可以使用它来执行双立臂这样的动作，但当你从一个动作转换到另一个动作（如从引体向上到臂屈伸）时，它无法创造出最安全的基础。此外，这种下手握法通常不适用于日常生活的活动，例如扭转门把手并拉开门、自行车转向、开车，甚至在计算机上打字。

正握（Prone grip）从单杠上悬垂下来，手掌向前，与身体的方向相同。正握在肩部周围产生较小的张力，给予你更多的移动自由，并且更普遍，适用于其他动作。双臂可以比反握时悬垂得更直。正握单杠也更容易坚持。

反握（Supine grip）从单杠上悬垂下来，手掌向着身后。反握在肩部周围产生很大的张力。虽然张力可能会让人感到有些不舒服，但这对引体向上时的动作控制是有益的。双臂在头部上方伸直，用锁握方式抓住单杠。

可调节的吊环划船

    这种风格的划船非常适合于初学者，因为只需要改变身体的角度就可以增加或减少负荷。身体越垂直，动作越容易，身体越水平，动作越难。

    你可以在吊环或单杠上执行这种划船。使用吊环的好处是其灵活性，让你可以轻松地改变方位。除了根据身高更改器械设置外，这种方位改变还让你可以调整负荷。

    身体相对于皮带的角度（特别是在开始和完成姿势中的角度）是提高这一动作的关键。这些姿势是至关重要的，因为它们是判断在划船中的肩关节力学机制质量的最相关指标。

    例如，如果以35度角开始，则皮带的角度应为相反方向的35度角，如果以45度角完成，则皮带也应为45度角。这些角度用目测即可，不必精确测量。重要的是，当角度偏离时，在肩和肘关节层面的力学机制也会有偏差。

    检查肩部力学机制是否接近最佳力学机制有另一个简单的方法：在完成姿势中，看看前臂与身体其余部位的相对位置。前臂应垂直于中线并与皮带形呈一条直线。

01

02

03

反向步骤03-01

可调节的吊环划船01 从一对吊环悬垂下来，手臂完全伸展，肘部锁定。身体采用笔直或中立的全身姿势。肩胛骨挤向中间，颈部与身体的其余部分保持呈一条直线，眼睛看着正上方。尝试保持身体角度不大于45度。高于45度的任何角度，都将使在肩关节层面的划船力学机制无法正常发挥作用。

02 通过屈肘将自己拉向吊环。保持前臂尽可能垂直于身体。双腿保持挺直，双脚并拢，努力不要改变身体中立的全身姿势，但在图片中，我稍微有一点全身伸展。这是没问题的，因为肩关节力学机制是完全受到控制的。

03 当胸部触及吊环时，你已达到吊环划船的最高位置。前臂垂直于脊柱。身体稍微有一点全身伸展，颈部与开始时的姿势是一样的。双腿仍然保持挺直，并且双脚仍然并拢。

一旦你用可调节的版本开发出适当的力学机制，就可以慢慢地开始减小身体的角度，直到在吊环划船的完成姿势中身体与地面平行。箱子帮助你实现尽可能水平的完成姿势，优化中程的拉动力学机制。

吊环划船

肩关节的准备是这个动作中的首要事情。在准备动作中，让肩在胸部的后方，且低于胸部，这有利于拉长颈部。此外，我建议在整个动作赛程中保持全身中立姿势。

如果你要从吊环悬垂下来并放松肩关节，肩关节会被拉到你的前面，从而在肩和胸之间形成一个凹形。这种形状并不适合建立有力的肩负荷姿势，无法将技能转移到其他动作。

若你的移动能力较差，你可能会觉得很难防止肩关节被向前拉，并导致胸部形成凹形且背部圆拱起来。为了对抗这个拉力，要想着"挺胸"且"挺"的方向就是你要拉起自己的方向。另外，当肩膀在运动时，收缩腹部和臀部可以帮助你保持脊柱中立。

一旦掌握了吊环划船的适当肩关节力学机制，并且有能力在多次重复和不同速度下保持良好的姿势，就可以为动作增加更多的复杂性，并将吊环划船调整为摆动式吊环划船。

反向步骤03-01

吊环划船01 抓住吊环，将脚跟放在与吊环高度大致相同的箱子上。伸展双腿，从头到脚呈一条直线。保持双臂伸直，使其与皮带平行，为吊环划船创造最佳的路径。

02 开始拉：将肩胛骨在身后挤向中间，挤压臀部和腹部，并将肘部直接向后屈曲。

03 继续屈曲肘部，直至达到肘部完全屈曲，并且胸部与吊环接触，甚至越过吊环。身体已经进入略微的全身伸展，但眼睛仍然看着正上方，以保持全身的一致性。

237

摆动式吊环划船

　　摆动式吊环划船将动态的身体快速摆动添加到划船中。为了创造动态的快速摆动，可以从全身屈曲或空心体姿势弹开到全身伸展，并利用该动量来促进划船动作。这种风格的划船教你如何增加肩部的拉动速度的同时保持良好的力学机制，并控制好肩关节姿势。另外，执行摆动式吊环划船动作，是学习如何在摆动式引体向上（第244页）中执行摆动的好方法。

　　如果正确地执行快速摆动，在髋伸展的最高位置，你将体验到一瞬间的失重和一瞬间的向上漂移，就好像被弹弓向上弹起一样。这是执行非常快速拉动的机会窗口。拉力应该把胸部送向吊环，使你能够到达有力而稳定的最高姿势。这个姿势应该足够稳定，让你可以停顿和摆姿势，好像有人在为你拍照那样。

　　虽然这个动作很简单，但它对于发展肩膀力量非常有好处。它在动作的中程建立了非常有力的肩膀姿势，并培养了基本的拉动力学机制。不复杂也是它的一个好处，它使该动作适合于所有身体素质水平的运动员。

摆动式吊环划船01 开始时双脚放在与吊环高度大致相同的箱子的边界。双脚放在箱子上，双腿伸展，让身体接触地面，创造一个全身屈曲或空心体姿势。握住吊环，手臂与皮带保持呈一条直线，但双臂可能会略向身体倾斜，因为你靠着地面放松时会造成松弛。头部离开地面。

02 不要用双臂拉，通过挤压臀部，保持双腿伸直，驱动髋关节向天空移动。这会将身体从地面上抬起，并启动摆动。

反向动作

我们要发展全运动范围的牵引力或动作控制，才可以增强动作的向心或正向阶段，而了解动作的离心或反向阶段就是一个很好的方法。我们也可以通过不同的动作来了解。例如，引体向上可以让你在做倒立俯卧撑时更有力，因为引体向上的向心阶段与倒立俯卧撑的离心阶段相似，并有助于其发展。

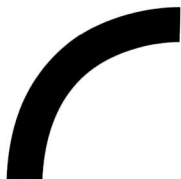

03 像在吊环划船中一样，利用髋关节驱动所创造的动量用力地拉动身体。当你到达吊环时，身体处于伸展状态，这与开始姿势中的屈曲完全相反。肘部和前臂仍然与皮带呈一条直线。眼睛看着正上方，身体尽可能收紧，保持腿部伸直并绷直脚尖。

04 有控制地下降，回到姿势02，挺髋并锁定肘部。你在到达这个位置时，应该能够保持肩关节层面的稳定性。在该进阶发展的早期阶段，下降过程要慢，当动作的执行能力有所提高时，再逐渐加快速度。

05 髋部向着地面下降，以空心体或全身屈曲的姿势完成，如姿势1。如果要多次重复执行动作，要保持肩部肌肉的收缩或肌肉张力，以便在下一次摆动中重复该循环。

引体向上

掌握了划船的拉动力学机制，并打好肩膀力量的基础之后，就可以进入更高水平的上半身拉动力学机制训练。引体向上比划船更具挑战性，原因有3个。

1. 你需要移动更重的负荷：你的体重。
2. 因为双脚离开地面，你的接触点减少，因此稳定性减少。
3. 动作从接近肩关节屈伸范围的边界开始。

进阶的这3个方面在第3章的进阶原则部分（第80页）中进行了定义，并且可以很容易地在这个从划船升级到引体向上的拉动力学机制示例中体现出来。

在全身层面，身体应该在整个动作过程中处于中立姿势。这种风格的拉动力学机制从接近肩屈曲范围的边界开始，手臂伸直，手腕处于中立姿势，完成时肘部完全屈曲，肩关节稍微伸展。完成姿势中的伸展幅度取决于拉起的高度。各种风格的引体向上都有不同的肩关节活动范围——例如，下巴越过单杠或胸部到单杠。

什么是"严格"？

许多人使用术语"严格"来定义动作的特征，通常最少用3个特征变量：

1. 全身层面的形态变化；
2. 局部层面的活动关节数量；
3. 移动者的质量中心相对于其支撑基础或锚点的移位。

例如，手枪式和滚动手枪式的比较，或者引体向上和摆动式引体向上的比较。

引体向上01 从单杠悬垂下来，双臂锁定，双手在肩膀的正上方。颈部处于中立姿势，目视前方，身体的其余部分保持直线或稍微屈曲的姿势。双脚并拢，绷直脚尖，膝盖伸直。

02 像在划船中一样，通过弯曲肘部来开始拉动。这里唯一的区别是，在拉回肩膀时需要向后向下拉，以拉长颈部。身体略微倾斜，肩膀在肘部后方，双脚在肘部前方。这是正确悬垂所需的自然角度，不会破坏脊柱姿势和全身姿势。

该动作可以在单杠或吊环上执行，而且不管你的执行水平如何，它都是一种永不过时的风格。引体向上不仅仅是一个表现力量的动作，这也是拉动力学机制在保持整体肩关节健康方面的一个很好表现。

至于划船，在拉的完成姿势中，可以从45度角升级到更加水平的位置。而引体向上，则要恢复到更竖直的位置。可以使用在划船中用过的箱子，并让吊环处于更高的位置，使自己处于更加竖直的全身姿势。在这种情况下，应该打破在整个动作过程中让身体和皮带保持相同角度（如在划船中所见）的规则，以便将划船力学机制调整为引体向上的力学机制。

对于45度划船，我介绍了一种皮带与身体从开始到完成都保持相同角度的姿势捷径，以强制肩膀进入提供最佳拉动力学机制的姿势，也就是典型的俯卧撑姿势。当你进入更垂直的身体姿势时，需要思考这个提示的基础，因为肩膀将开始更接近于头倒立的姿态。所有这些动作（俯卧撑、划船、倒立俯卧撑和引体向上）共同的关键点是，前臂保持垂直于地面或锚点，以保持理想的肩关节姿势；请参阅第184页的头倒立说明。

03 继续将自己向上拉，直到下巴在单杠上方，可以看到墙壁或在你面前的单杠上方的任何东西。身体姿势保持在开始拉时的姿势：双脚仍然并拢，绷直脚尖，双腿伸直，颈部与身体的其余部分呈一条直线。

04 启动下降：伸展肘部并缓慢返回到开始姿势。当肘部到达并越过90度时，努力保持肘部向内并保持相同的悬垂角度，肩膀在肘部后方，双脚在肘部前方。

05 回到开始姿势，肩关节现在完全屈曲并贴着耳朵，腹部和臀部收紧，双脚并拢，双腿伸直。当你到达这个姿势时，重要的是要保持肩关节周围的肌肉收缩和肌肉张力，以重复步骤并执行另一次引体向上。

在引体向上中建立理想的肩部姿势的另一个问题是，当头部越过单杠时，重力往往会将下半身向下拉，从而产生相对于上半身的反向旋转。这种反向旋转使得难以维持前臂"垂直"。所以，在引体向上的最高位置，要想着让单杠保持尽可能靠近下巴和胸部，并让自己向后倚靠。后倾会抬高下半身，并在拉的最高位置产生一个接近45度的角度，如最初的划船进阶和头倒立倾斜（见第185页）中所示。

除了改变拉的角度之外，借助弹力带或保护者也可以帮助你降低负荷要求，同时帮助你保持垂直地拉。保护者可以在你向上拉的时候帮助你将身体的某些部位向上推。你可以将弹力带挂在双手之间的单杠上，并在向上拉的时候通过站在弹力上面来减轻负荷。

你还可以选择执行反向或离心负重引体向上，即从最高位置开始，并以缓慢和受控的方式下降到最低位置。这种风格可以发展产生稳定性的生理连接（第89页），以及在引体向上的拉动力学机制中的最佳作用力。

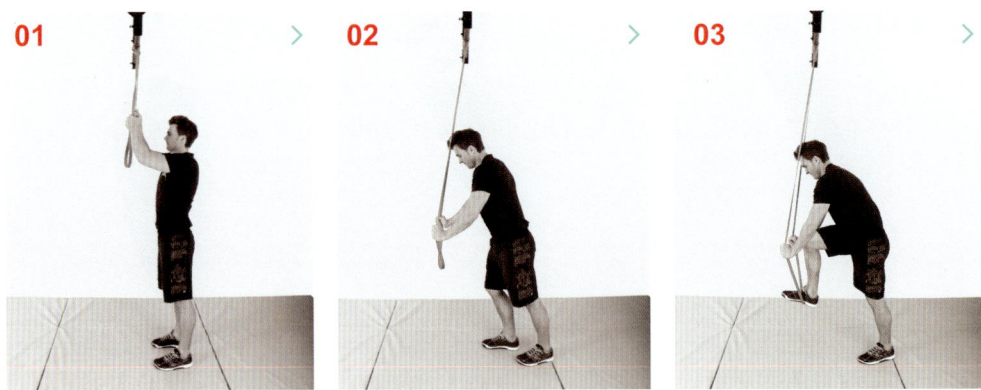

01

02

03

弹力带引体向上01 将弹力带挂在单杠上。

02 用双手抓住弹力带并将它拉向双脚。在拉的时候，将弹力带打开，使之成为一个环。

03 将一只脚放在环的底部。

弹力带引体向上

若你想通过引体向上来增强自己拉的力量，并将这种力量应用到运动和生活的其他方面，无论何时，你都最好先专注于肩关节力学机制，然后再关注重复次数、速度或风格。

请记住以下的基本概述。

1. *全运动范围：* 从悬垂姿势开始，肩膀靠近耳朵。在完成姿势中，肩膀要尽可能向后向下。

2. *中线稳定性：* 在执行引体向上时，脊柱受到多角度的作用力，导致全身姿势想要改变。努力保持全身呈一条直线，保持收紧臀部和腹部，并尝试将胸部引向你的移动方向，在这种情况下是挺胸。

3. *肩关节力学机制：* 脊柱受到的作用力可能会使肩膀离开正常轨道，这意味着肩关节想向内旋，肘部想转向外侧。这里的变化幅度取决于你的移动能力。

我使用的最有帮助的心理提示之一（这也是划船是该进阶的重要组成部分的原因），是将引体向上视为从在单杠或吊环下方以完全悬垂姿势开始的划船。

一旦掌握了引体向上的适当肩关节力学机制，并且有能力在多次重复和不同速度下保持良好的姿势，就可以增加动作的复杂性，并将引体向上调整为摆动式引体向上。

04 坚定地踩下去，直到腿部完全伸展。

05 用引体向上的姿势握住单杠。

06 执行引体向上。

243

摆动式引体向上

摆动式引体向上相对于引体向上增加了一个动态的摆动。你可以将身体从全身伸展快速转换成全身屈曲，从而创造摆动，摆动式划船同样使用这种方法来为划船增加动量。在拉的过程中，应始终执行摆动，同时在肩关节层面保持良好的力学机制和控制能力。

01

02

摆动01 从全身屈曲开始，肩关节稍微屈曲，双臂伸直，双脚并拢，绷直脚尖，臀部和腹部收紧。

02 启动摆动：全身略微伸展，肩关节完全屈曲，双臂伸直，双脚并拢，绷直脚尖，臀部和腹部收紧。

01

02

03

摆动式引体向上01 从单杠悬垂下来，双臂伸直，并且在肩膀正上方。身体呈一条直线，直视前方，双脚并拢，膝盖锁定，绷直脚尖，臀部和腹部收紧。

02 启动摇摆：进入全身伸展，双臂仍然伸直，但是现在要放在耳后。仍然直视前方，脊柱伸展，但在腹部和臀部仍保持收缩。膝盖伸直，绷直脚尖。在这个姿势中要努力保持双脚并拢。

03 将脚趾带向前，踢面前的一个假想物体，但身体的其余部分要保持肌肉张力。采用更加空心或屈曲幅度更大的全身姿势，让肩膀可以像钟摆那样向后摇摆，几乎像划船的开始姿势那样。在这个摇摆的最高点，你应该会感到失重。

摆动将身体从拱形或超人姿势快速变成空心体姿势。如果执行得正确，在摇摆结束时，向上的动量会造成瞬间的失重。这是执行非常快速的拉起的机会窗口。如果你仔细观察，它看起来几乎像划船，把胸部送向单杠，直至达到一个有力和稳定的最高位置。能够在最高位置停顿，就像摆姿势拍照那样，对于展示对动作的控制很重要。定住！

03

03 回到全身屈曲，但肩关节在中程。失重的瞬间应该在这部分摇摆的最高位置发生。

04

04 回到完全的全身伸展，肩关节完全屈曲。

04

04 利用失重的瞬间，用力将肘部推向背部。你基本上是在执行划船，把身体引向单杠。完成姿势：下巴刚好越过单杠，肘部完全屈曲。身体处于全身中立的姿势。

05

05 反转动作：伸展肘部并回到空心体姿势，肩膀在中程，手臂相对于中线向前伸直。

06

06 以连续的运动过渡到前摆。你可以再利用摆动的动量帮助执行下一次引体向上，不要失去张力。

245

摆动式引体向上的变式

我喜欢研究3种不同风格的摆动式引体向上，它们的区别体现在肩部运动范围、引体向上的过渡姿势或最高位置的不同。

1. **下巴越过单杠**：完成姿势为下巴越过单杠，身体保持中立的全身姿势。当下巴越过单杠时，动作结束，通常此时肘部达到完全屈曲，并且上臂垂直于地面。这是在上一页中看到的引体向上。

2. **胸部到单杠**：完成姿势为胸部与单杠接触，身体保持中立的全身姿势。这种形态应该与俯卧撑姿势的最低位置相似。肩膀应该伸展，肘部完全屈曲，前臂垂直于身体。

3. **髋部到单杠**：完成姿势为髋部与单杠接触，全身伸展。肩膀在靠后的位置稍微伸展，肘部保持稍微伸展，以便让髋部与单杠相遇。

01 〉

02 〉

胸部到单杠引体向上01 从单杠悬垂下来，双臂伸直并且在肩的正上方。身体呈一条直线，直视前方，双脚并拢，膝盖锁定，臀部和腹部收紧。

02 启动摇摆：进入全身伸展，双臂依然伸直，但是现在要放在耳后。仍然直视前方，脊柱伸展，保持腹部和臀部的收缩。双膝伸直，绷直脚尖。在这个姿势中要努力保持双脚并拢。

这3个进阶是让自己更接近摆动式双立臂的好方法，因为它们可以逐渐增加肩的局部运动范围和身体的全身运动范围。

03 将脚趾带向前，踢面前的一个假想物体，但身体的其余部分要保持肌肉张力。采用更加空心或屈曲幅度更大的全身姿势，让肩膀可以像钟摆那样向后摆动，几乎像划船的开始姿势那样。在这个摇摆阶段的最高点，你应该会感到失重。

04 这个姿势是下巴越过单杠变式和胸部到单杠变式之间的主要区别。在这里，胸部与单杠接触，最低位置的姿势与俯卧撑中看到的相同，最高位置的姿势与吊环划船中看到的相同。这需要在肩关节和全身层面上施加更多一点的力量和控制，因为摇摆越大，在肩关节层面的运动范围越大。努力保持双肘尽可能靠近身体。

髋部到单杠式引体向上增加了第二次摆动。在执行双立臂时，第二次摆动对于完成越过单杠或吊环的过渡姿势是关键。第一次摆动发生在第一次摇摆中，第二次摆动协助在肩关节层面上发生的拉动力学机制，从而将髋部送向单杠。

髋部到单杠引体向上01 从单杠悬垂下来，双臂伸直并且在肩的正上方。身体呈一条直线，直视前方，双脚并拢，膝盖锁定，臀部和腹部收紧。

02 启动摇摆：进入全身伸展，双臂依然伸直，但是现在要放在耳后。仍然直视前方，脊柱伸展，保持腹部和臀部的收缩。双膝伸直，绷直脚尖。在这个姿势中要努力保持双脚并拢。

03

04

05

03 与正常的摆动式引体向上相比，脚趾向前伸出的距离更远，并且全身屈曲的幅度更大。双脚仍然并拢，绷直脚尖并伸直双腿。双臂在身前，直视前方，而不是向上看着单杠。

04 将髋部推向单杠，然后将双手向下压向髋部。允许肘部稍微弯曲，但要保持肩膀向后向下。继续直视前方，让身体的其余部分进入全身伸展。双脚仍然并拢，绷直脚尖并伸直双腿。

05 反向执行动作，任何摆动式都是这样做的。慢慢地伸展双臂，或让肩关节进入屈曲状态，同时采用空心体姿势。在执行时要带有控制，但不要失去动量，以便将其转移到下一次摆动。

双臂伸直

腋窝朝前

双腿伸直

髋部伸展

脚尖绷直，双脚在身后

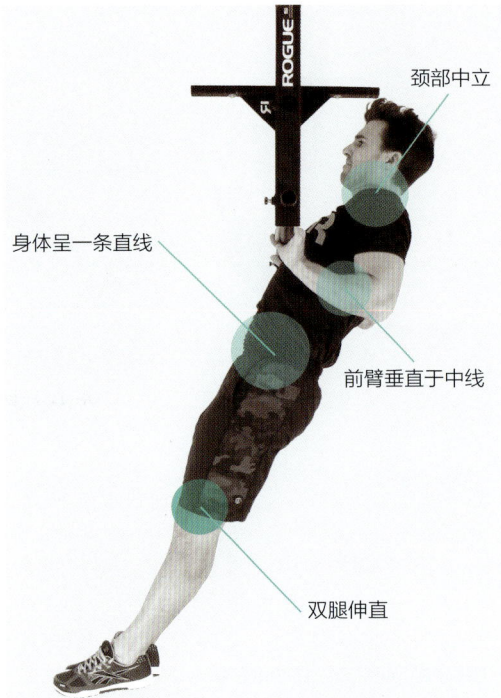

颈部中立

身体呈一条直线

前臂垂直于中线

双腿伸直

摆动式臂屈伸

现在，你已了解如何开发双立臂所需的拉动力学机制和摆动风格，是时候进入双立臂的第2部分了。臂屈伸可以被认为是第5章所述的俯卧撑（从第165页开始）中看到的推动力学机制的延续。

摆动式臂屈伸是利用髋和膝屈伸所创造的动量来执行的臂屈伸。它使得你可以对在肩关节层面的推力增加速度和重复次数。

像摆动式引体向上那样，摆动式臂屈伸对于培养最适合技能转移的肩关节力学机制非常有益。与摆动式引体向上不同的是，摆动式臂屈伸可以针对摆动发展肩关节的推以及下半身的拉的组合。

在大多数健身练习中，不会经常出现训练下肢拉动力学机制的机会。试想想：你上一次看到有人用下半身拉动物体是什么时候？可能最近都没有吧。但同时，你也知道自己总是必须执行某种拉动。例如，你走每一步都必须拉起脚，以免拖着它。如果你是奥林匹克举重运动员，你要从下半身发力开始拉，才可以把杠铃举上去。如果你是一名跳水运动员，要在10米平台上执行后空翻三周，就必须将双腿拉入团身姿势，以产生执行跳水所需的旋转。如果你是CrossFit练习者，要执行脚趾到单杠的动作，就必须拉起双腿。

在本节中，我将介绍如何用臂屈伸和摆动式臂屈伸来训练这些拉动力学。这个训练很重要，不仅因为臂屈伸是双立臂的一部分，还因为摆动力学以及下半身拉和上半身推的组合是理解双立臂并完成其技能转移的基础。

臂屈伸（Dip）

在倒立俯卧撑一节中，我回顾了上半身推动力学机制的基础，讨论了俯卧撑及其执行过程所需的基本力学机制。划船是拉动力学机制的基础，而俯卧撑则是倒立俯卧撑和臂屈伸的基础。所以，俯卧撑中的推动力学机制可以被认为是为臂屈伸的上身推动力量打下良好基础的先决条件。

臂屈伸和倒立俯卧撑的推动力学机制之间的关键区别在于：在臂屈伸中，肩从解剖学姿势开始，过渡到接近肩伸展运动范围边界的姿势。

基于以下4个因素，我认为臂屈伸是比俯卧撑更高层次的动作。

1. 由于肩要支撑全身的重量，肩上的负荷增加。
2. 由于脚与地面没有接触，稳定性较差。
3. 在吊环上执行时的连接更复杂。
4. 肩关节的运动范围更大。

我们在本章中的目标是执行双立臂，虽然图中我在吊环上展示进阶，但最好还是在双杠上学习臂屈伸。双杠让你可以在保持支撑姿势（双臂锁定，双腿在双杠下方伸直）时不必费力去稳定支撑基础（吊环）。在双杠下方应该有足够的空间让你在执行臂屈伸时可以下降得很多，肩关节接近伸展范围的边界，并且肘部能够完全屈曲，双脚不会接触地面。

臂屈伸 01 从支撑姿势开始，身体呈一条直线。

02 启动臂屈伸：缓慢弯曲肘部，有控制地下降，并允许肩关节力学机制为了帮助下降而导致的自然倾斜。

这种风格的推动力学机制是从肩关节运动范围的中程开始。具体来说，它从解剖学姿势开始，双臂锁定，手腕屈曲，双手创造出一个平坦的支撑基础，可以将手臂和身体托在上面。完成姿势是肩关节接近完全伸展，肘部完全屈曲，手腕保持相同的屈曲。在全身层面，身体在整个运动范围内保持中立。注意悬垂中的略微倾斜。这是臂屈伸最低位置的自然平衡状态。

臂屈伸不仅仅是一个表现力量的动作；这也是对肩关节推动力学机制的一个测试。过顶推的动力学机制是非常有益的，在我看来，它在功能应用和实用性方面更有价值。也就是说，用完全伸展的姿势来推，要求在肩关节层面的动作控制达到近乎顶级水平。除了提高肩关节推动力学机制之外，训练臂屈伸还对灵活性非常有好处。

在第5章中，45度角俯卧撑的升级是向下移动到水平位置。掌握了水平的推动之后，就可以反转该进阶，重新恢复到垂直的身体姿势。你可以在臂屈伸架、双杠或吊环上添加弹力带，以协助推动力学机制。你甚至可以在一个或一组箱子上来执行臂屈伸。

03 >

04 >

05 □

03 到达臂屈伸的最低位置时，保持肩在手的前面，前臂垂直，身体的其余部分呈一条直线。双脚并拢，膝盖伸直，腹部和臀部收紧，眼睛向下看。只要颈部保持中立，并且与脊柱呈一条直线，向上看也没问题。

04 启动上升：开始锁定肘部，同时保持同样的全身姿势。抬起下巴，让身体进入更垂直的姿势，以备支撑和完成。

05 完成：完全锁定，务必向上转动拇指，以获得更好的稳定性和肩关节姿势，并使身体与皮带平行（与开始的支撑姿势相同）。

253

在俯卧撑中看到的一些执行要点同样适用于臂屈伸，例如保持中立的全身姿势，通过保持手臂靠近身体使肩关节外旋，以及保持前臂垂直。当在吊环（表面不稳定）上执行臂屈伸时，这些执行要点尤其重要。由于身体在臂屈伸期间必须倾斜，因此更难观察前臂是否垂直。有一个好办法可以检查前臂是否垂直：将前臂与吊环皮带进行比较。如果两者是平行的，则前臂是垂直的。

用弹力带辅助臂屈伸

你可以在吊环上绑一条弹力带，将双脚放在弹力带上，并利用弹力带的张力来协助动作，从而调整臂屈伸的难度。为了降低辅助程度，可以将膝盖放在弹力带上执行相同的练习，这会在系统中产生额外的松弛，并让你在执行动作时要更用力。你也可以坐在弹力带上，这与膝盖版本相似，但进一步减少了弹力带的张力。如果尝试在下降到臂屈伸时保持正确的倾斜角度，那么最后一个版本可能会很困难，因此将其视为另一种选择。

除了从弹力带获得负重辅助之外，还可以通过侧重于动作的反向或离心负荷部分来升级臂屈伸。从支撑姿势或最高位置开始，尽可能缓慢地降低自己。这有助于练习整个运动过程中所需的肌肉收缩。

若你想增强推的力量，并将这种力量应用到运动和生活的其他方面，无论何时，你都最好先专注于力学机制，然后再关注重复次数、速度和负荷。

01 >

02 >

弹力带臂屈伸01 将弹力带挂在两个吊环上，将一只脚放在弹力带上面。

02 向下压弹力带，直到腿部完全伸展。

以下是臂屈伸的3个执行要点。

1. **全运动范围：** 从支撑姿势开始，双肩向下向后拉，以拉长颈部。双臂靠近身体两侧，肘部完全锁定，双手转向外侧，以便在肩关节层面实现更好的动作控制。

2. **中线稳定性：** 在执行臂屈伸时，脊柱受到多角度的作用力，导致全身姿势想要改变。努力保持全身呈一条直线，保持收紧臀部和腹部。并尝试将胸部引向你的移动方向，在下降过程中，这个方向就是向下。

3. **肩关节力学机制：** 在脊柱上的作用力也会影响肩关节，并且可能会使肩膀离开正常轨道，这意味着肩关节想向内旋，肘部想转向外侧。这些关节的移动幅度取决于你执行该动作的经验、力量和你的灵活性。对抗这些作用力，确保全身至少朝同一个方向移动。

我经常使用的一个有效的心理提示是：将臂屈伸视为从双杠或吊环上方的支撑姿势开始的俯卧撑。当你更接近臂屈伸的最低位置（过渡）时，你可以采取更接近水平的姿势，并模仿一个伪俯卧撑姿势。

保持更竖直的姿势对于更高级的臂屈伸风格可能是有用的，特别是保加利亚臂屈伸（宽握）和韩国臂屈伸（背后）。

一旦掌握了臂屈伸适当的肩关节力学机制，并且有能力在多次重复和不同速度下保持良好的姿势，就可以开始增加动作的复杂性，并将臂屈伸调整为摆动式臂屈伸。

03 将另一只脚放在弹力带上，进入臂屈伸的最低位置的形态。

04 双腿伸直，使用弹力带提供的帮助，用力推起。

05 继续推起，直到处于支撑姿势。

摆动式臂屈伸

摆动的作用

有些教练认为，摆动所创造的失重正是摆动式动作作弊证据，但我喜将摆动式动作与奥林匹克举重中看到的动作效用进行比较。在奥林匹克举重时，你可以严格地将杠铃推举过头，但是为了举起更大的重量，每一名奥林匹克举重运动员都会执行挺举。这些更加动态的动作是将最大的重量举过头的最有效方法。这涉及我对功能性动作的概念的理解，因为我喜欢花大部分时间专注于练习那些持续时间最长的动作。

臂屈伸 = 推举

没有腿部伸展的摆动式臂屈伸 = 推 - 推举

有腿部伸展的摆动式臂屈伸 = 推 - 挺举

摆动式臂屈伸是带有动态踢脚的臂屈伸：在臂屈伸的最低位置，从伸展姿势迅速屈腿呈屈曲姿势，如下面的图片所示。这个摆动创造了与摆动式引体向上有相似效用的动量，但摆动式臂屈伸是一个直线运动，而不是钟摆运动或曲线运动——换句话说，摆动的方向与质量中心想移动的方向一致。和其他任何摆动一样，重要的是不要在摆动期间改变肩关节力学机制。

首先要踢，将双腿拉起呈团身姿势，向上向前主动屈髋屈膝。在髋部超过90度的瞬间，来自踢的动量开始向上推质量中心，并引起失重的感觉，如在摆动式引体向上中所见。这个失重的瞬间是将身体快速推离双杠或吊环的机会。在摆动过程中，当双腿完全屈曲时，双臂开始锁定，双腿快速伸展到中立姿势，这有助于完成最后一点摆动，并且以完整的支撑姿势完成臂屈伸。

如果正确执行摆动式臂屈伸，推动力学机制似乎已消失，上半身似乎主要做到肘部锁定——也就是说，产生了足够的动量，你只需要在很小或没有负荷的情况下伸直手臂。

01

02

03

摆动式臂屈伸01 以支撑姿势开始，双手握住吊环，手掌朝下。肘部锁定，肩胛骨向后向下，直视前方。采用全身中立的姿势，臀部和腹部收紧，双腿伸直，双脚并拢，绷直脚尖。

02 启动下降：屈肘，努力保持前臂与皮带平行。肩向吊环前方移动，让身体略微倾斜，以保持适当的肩关节力学机制。向下看着地面，为臂屈伸的最低姿势做准备。

03 当你到达臂屈伸的最低位置时，双肩完全伸展或接近伸展范围的边界。前臂垂直，双手姿势保持不变。全身的倾斜度加大。当你向下看时，尽量从头到脚呈一条直线。颈部姿势取决于肩关节的灵活性。我的肩膀很僵硬，所以我的脖子往往会有一点屈突，并且因此我稍微向下看。

这种动态动作，重要的是要鲜明地表现出开始-过渡-完成姿势，就像你正在摆出姿势拍照一样。特别是在臂屈伸中，在接受训练之后，最低位置的姿势应该可长时间持续，就像第4章（第113页）中所述的深蹲一样。

通过将先进的上半身推动力学机制与下半身拉动力学机制结合在一起，摆动式臂屈伸让你有机会训练关键的移动能力。具体来说，要训练推拉结合的时机安排，这是双立臂过渡、奥林匹克举重、跑步等诸多动作的关键；请参阅第3章中的简单-复杂-简单进阶方法（第99页）。

臂屈伸与倒立俯卧撑的比较

当比较执行臂屈伸与倒立俯卧撑的难度时，大多数人会觉得完成倒立俯卧撑更加困难。这很有意思，因为在这两个动作中，都是用肩作为主要活动关节来支撑和推动全身的重量。在这两个动作中，肩关节都会到达运动范围的边界。我们可以使用进阶原则来更好地了解为什么存在这种差异。

首先，方位的进阶原则表明，臂屈伸的竖直姿势比倒立俯卧撑的倒立姿势更容易执行。其次，臂屈伸从解剖学姿势（低肌肉张力）开始，并过渡到运动范围边界姿势（高肌肉张力）。

倒立俯卧撑则从运动范围边界姿势（高肌肉张力）开始，并过渡到运动范围中程（低肌肉张力）。结合稳定性、开始-过渡-完成和移位-连接-流动这几个原则，我们可以从理论上认为，由于关键过渡姿势中的生理连接，臂屈伸的最低位置姿势有更大的肌肉张力，并因此提高了稳定性。

倒立俯卧撑：开始（高张力）-过渡（低张力）-完成（高张力）

臂屈伸：开始（低张力）-过渡（高张力）-完成（高-低张力）

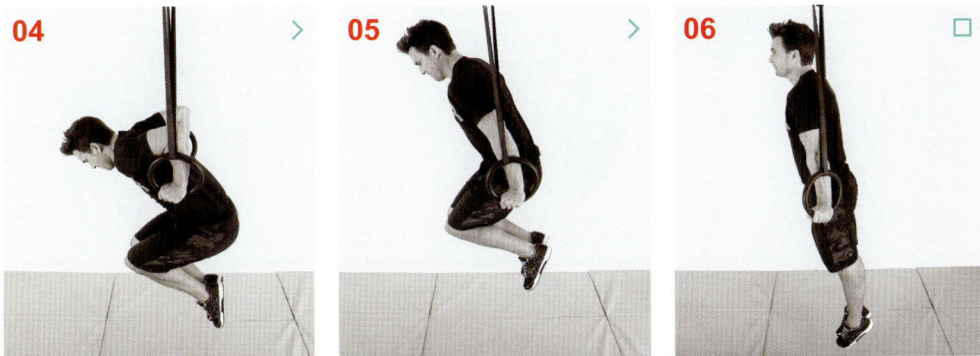

04 执行有力的团身：将膝盖直线向上移向脸部，但不要让双脚在身前。脚跟移向臀部，发起向前和向上的移动。

05 利用膝关节驱动所创造的动量，开始伸展肘部。这让你可以到达臂屈伸的最高位置。这种上升应该发生得非常快，感觉几乎失重。在即将到达完全锁定时，膝盖仍然弯曲。

06 完成：和姿势01中看到的支撑姿势相同，双臂锁定，拇指转向外侧，直视前方。

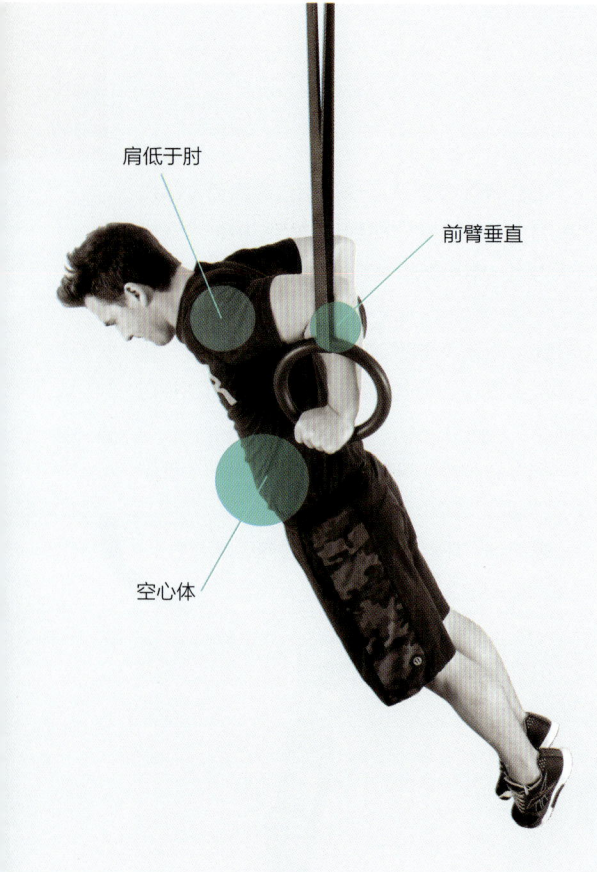

肩低于肘

前臂垂直

空心体

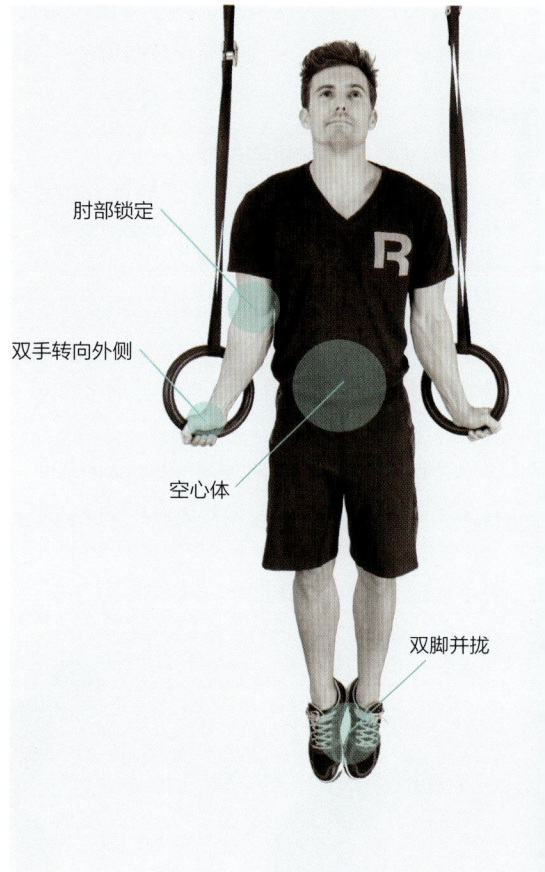

肘部锁定

双手转向外侧

空心体

双脚并拢

双立臂

现在，你已经通过引体向上和臂屈伸为推拉力量打下了良好的基础，现在是连接双立臂的两个动作部分，形成最终产品的时候了。

双立臂有一个令人着迷的地方：它需要一个全运动范围的拉力，从接近肩关节屈曲范围的边界开始（如引体向上的最低位置），到接近肩关节伸展范围的边界处结束（如臂屈伸）。描述该动作的复杂性的另一种方法，是将其与奥林匹克举重中的"完整"高翻或抓举动作进行比较。在完整高翻中，髋在举起或过渡的第2阶段提拉中从完全伸展进入完全屈曲，如在深蹲或翻肘姿势中所见到的。两者都是美妙的动作，涵盖关节的全运动范围，并提供极佳的技能转移机会。

握法

在开始双立臂进阶之前，必须先了解两种常见的握法：半握或假握（false grip）和正常握法。前面已介绍过正常握法（normal grip）（即锁握，hook grip），请参照第233页。这里唯一的区别是你悬垂在吊环上，而不是单杠上。

半握（或假握）夸大了在前一个握法中描述的双手姿势。其背后的概念是在手腕上创造一个铰链，让你可以将腕

半握01 伸出手，张开手指，将手伸过吊环，将手腕或掌根放在吊环的底部或最低点上方。

02 屈曲手腕，掌心朝下。将大拇指穿过吊环指向外侧。

正常握法01 伸出手，张开手指，将吊环放在手掌中间。确保小指关节在吊环的最低点上方。

02 握拳，将手指绕在吊环上，并且大拇指保持向外侧伸出。

部的内侧（即拇指对面的一侧）置于吊环的上方。双手的开始姿势非常近似于在拉的动作之后双手在吊环上方的完成姿势。如果你极度渴望完成第一个双立臂，或者你希望将它用作完善过渡姿势的一个进阶步骤，那么这种握法是非常好的。但是不要把它作为你的默认姿势，因为它只限于这个动作，并不能在生活和运动的所有方面运用它。

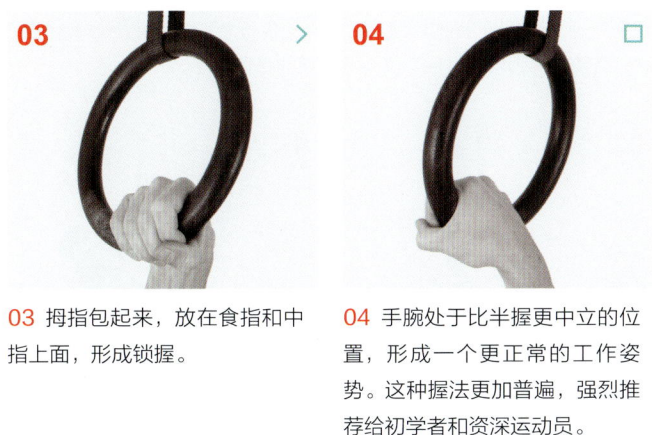

03 手指闭合，让它们环绕在吊环上。

04 让拇指与食指和中指交叠，形成锁握。

05 手腕应保持屈曲的锁握姿势。

03 拇指包起来，放在食指和中指上面，形成锁握。

04 手腕处于比半握更中立的位置，形成一个更正常的工作姿势。这种握法更加普遍，强烈推荐给初学者和资深运动员。

双立臂

双立臂通常需要用到引体向上的单杠或吊环。我在吊环上示范双立臂，因为吊环让你可以在肩关节层面实现真正的全运动范围。单杠只为肩关节提供部分运动范围，因为它阻止身体移动越过那个可以覆盖肩关节全运动范围的位置。

这个动作经常被认为很棘手，因为其过渡姿势是略微违反直觉的，要求肩关节从吊环下方移动到吊环上方。许多运动员专注于学习在摆动式引体向上一节（第231页）中讨论的拉动力学机制以及在臂屈伸一节（第252页）中讨论的推

双立臂过渡

双立臂的难点在于过渡。大多数人将引体向上视为垂直的拉动，并最终被困在过渡上。但是，如果你把引体向上视为吊环划船，并保持身体挺直的中立全身姿势，就自然会有一个小角度的后倾。一旦你到达引体向上的最高位置，就不能继续倾斜，除非你可以摆脱它，在吊环上你是可以做到的，只需在拉力继续带你越过吊环并进入时让身体向前旋转，并进入臂屈伸。

双立臂弹力带进阶01 以平衡的划船姿势在弹力带上做好准备。

02 执行划船，同时身体保持自然的悬垂角度。

双立臂01 从吊环悬垂下来，双臂伸直举头过头。在图片中，我的手稍微向外转，以展示肘部完全锁定。肩关节完全屈曲，身体挺直，直视前方。你也可以选择向下看。双脚并拢，绷直脚尖，双腿伸直。

02 开始拉的方式与引体向上一样，但允许更大角度的倾斜，因为脚趾在身前，身体向后摆动。

03 继续向后拉肘部。

动力学机制，但他们往往会错过过渡期间所需的微妙动作。

　　给你的惊喜还没有完全被破坏，在过渡期间，你需要掌握使用吊环作为身体改变空间方位的枢轴点，从引体向上中的仰卧姿势变成在臂屈伸中的俯卧撑姿势。但是，如果你已经掌握了适当的拉动力学机制，特别是如划船（第232页）中所示的那样，你就会是那个还没有真正了解"如何"执行，却第一次上吊环就能够执行双立臂的那个"令人讨厌"的家伙了。

03 一直拉到胸部到达吊环高度。

04 在继续拉和略微放下双腿的同时，身体绕吊环旋转。

05 继续绕吊环旋转，直至到达臂屈伸姿势的最低位置。

04 当你看到吊环的顶部时，尝试将肩推过皮带和吊环，双脚向地面下降，创造一个有助于过渡的摇摆动作。这仍然是双立臂的拉动阶段的一部分。

05 双臂一直拉成伸展姿势，到达臂屈伸的最低位置。肘部在手的正上方，前臂与皮带平行，身体呈一条直线。稍微向下看，像在臂屈伸中那样。

06 启动上升：伸展肘部，推离吊环。但要保持姿势，并努力保持夹紧双肘，拇指略微转向外侧，以获得更好的肩关节姿势。以支撑姿势完成，直视前方，肘部锁定，拇指转向外侧，保持和臂屈伸中完全相同的全身姿势。

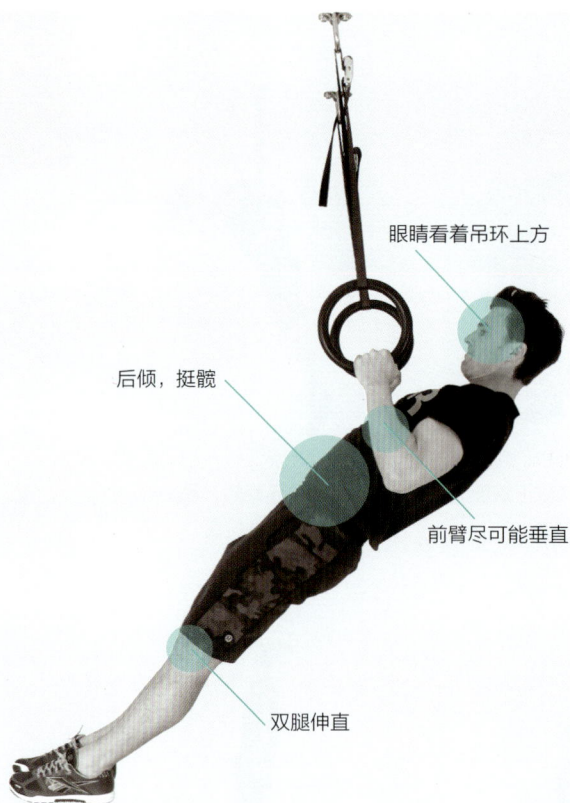

眼睛看着吊环上方

后倾，挺髋

前臂尽可能垂直

双腿伸直

肩低于肘

前臂垂直

空心体

摆动式
双立臂

摆动式双立臂是利用身体前后摆动，从全身伸展到全身屈曲而产生的动量来执行的双立臂。最好能在吊环上学习这种风格的双立臂，但也可以在单杠上执行。即使单杠可能会阻碍过渡，并因此限制肩的运动范围，但最初在单杠上练习双立臂会更安全。安全性来自固定单杠所带来的稳定性，而不是可以独立移动的悬挂吊环。

正如我在本章简介中提到的，我在本章中展示的双立臂风格是自然进阶加上通过高速、多次重复、长时间重负荷练习而促成的适应。我认为这个动作是"完整的"，因为它包括上半身的拉和下半身的推、空间方位的变化，以及全范围的全身屈曲和伸展。

在严格的双立臂一节（第262页）中，我着重于完善过渡姿势。本节遵循相同的原则，但是由于该过渡姿势的复杂性，本节会使用一个更加详细的5步进阶。这个5步进阶将帮助你把学习摆动式引体向上和摆动式臂屈伸（分别在第231页和第251页）的过程连接起来，从而掌握过渡。

双立臂

06

弹力带准备01 将弹力带穿过吊环，放在吊环的底部或最低点。

02 将一只手放在弹力带上面，手指张开，确保弹力带不会缠绕在任何手指上。

03 手指包住吊环，将弹力带压在吊环上，并将拇指放在食指和中指上方，从而形成锁握。弹力带应没有任何皱起，亦没有与手指交缠。

弹力带摆动式双立臂

弹力带双立臂是一个任何人都可以做的简单练习，其目的是掌握执行这种高级运动模式所需的适当力学机制。大多数运动员即使还没有获得完成摆动式引体向上和臂屈伸的能力，也可以利用弹力带安全地练习这个动作的细节方面。*注意:* 最好配合本章前面讨论的引体向上和臂屈伸进阶来升级该练习。

挺髋

以空心体姿势坐在弹力带上，髋部离吊环大约一英尺（约0.3米），执行缓慢且受控的髋关节伸展。一旦掌握了这种移动，就可以尽可能快地执行髋关节伸展。确保不要用手臂拉。

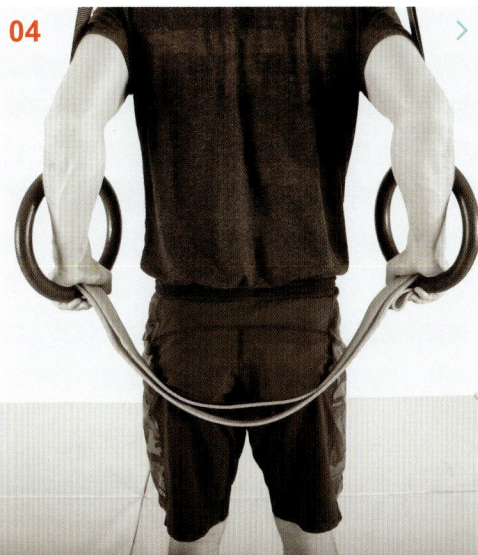

04 抓住两个吊环，双手完全包住弹力带，并确保它在你的手中绷紧。将弹力带放在身后。让弹力带松松地吊在髋部下面，形成一个可以坐进去的吊床。

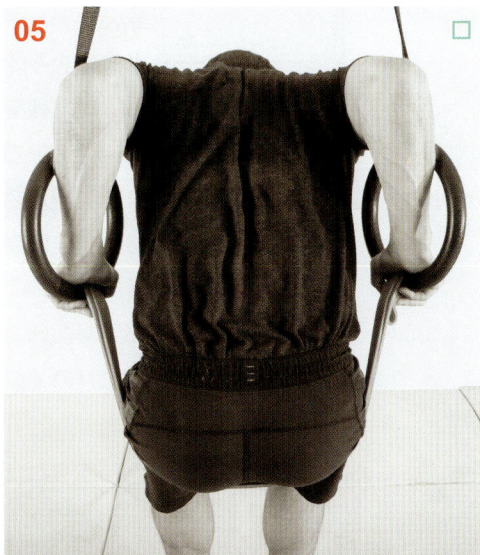

05 在弹力带的支撑下，可以执行一个较深的臂屈伸，髋部周围有张力，并且弹力带和手指没有交缠。弹力带还要足够向下，靠在腿后，使得它不会向上滑或弹到背部。

挺髋 01 以空心体姿势开始，脚趾刚好位于眼睛下方。

02 不要用手臂拉，通过将双脚和肩推向地面来伸展髋关节。慢慢地执行这个动作，以感受不需要手臂拉动的挺髋。

03 一旦熟悉了缓慢的挺髋，就可以练习更积极的摆动，这会推送质量中心，直到髋部到达吊环位置。挺髋时弯曲双臂，让它们不要阻碍动作，但永远不要用手臂拉动。

弹力带仰卧起坐 01 以伸展的身体姿势开始，髋部尽可能接近吊环。弹力带绷紧，并支撑大部分体重。

02 尝试让双脚保持同一个姿势，让髋部下降或将其压进弹力带，以启动仰卧起坐。

03 屈髋，继续坐起来，并启动上半身的绕吊环旋转。双臂弯曲，但不能将自己拉向吊环。

屈膝仰卧起坐 01 以伸展的身体姿势开始，髋部尽可能接近吊环。弹力带绷紧，并支撑大部分体重。

02 主动屈膝，将脚跟推向身后，同时保持髋关节伸展。

弹力带仰卧起坐

以伸展的身体姿势坐在弹力带上。髋部尽可能接近吊环，好像停顿在挺髋第01步的最高位置那样。进入这个姿势的理想方法是让别人抓住你的双腿，或者用双腿勾住某个物体。一旦准备好，就可以执行仰卧起坐。

屈膝仰卧起坐

因为弹力带仰卧起坐不能转化为双立臂，所以必须添加一个动作来最大化前髋部的张力，并促进空间方位的改变或旋转。以同样的方式坐在弹力带上，屈膝，然后执行仰卧起坐，并以臂屈伸姿势完成。

04

04 为了继续旋转，双脚向着地面降低。

05

05 以臂屈伸姿势完成，保持屈髋。

03

03 使用屈膝产生的张力，快速屈曲髋关节做一个仰卧起坐。

04

04 用力屈膝和屈髋将你弹出去，绕着吊环旋转。

05

05 继续旋转，直至达到臂屈伸姿势。

双立臂地面训练

该训练旨在帮助你在执行双立臂过渡时仅使用髋关节，无须使用手臂。

01

双立臂地面训练01 以拱桥姿势开始，臀部离开地面，全身伸展。

02

02 把臀部降到地面，弯曲肘部，双手放在身前。这模拟了吊环上的过渡准备。

03

03 继续屈髋，直至完全屈曲。双臂模仿吊环上的臂屈伸姿势，前臂尽可能垂直于地面。

臂屈伸平衡

臂屈伸平衡是该进阶的关键组成部分。它旨在教你如何让质量中心保持与吊环水平，以促进旋转并完善翻肘姿势。该进阶从支撑姿势开始，并以下降得较深的臂屈伸完成，双腿屈曲，团身呈球状。目标是学习如何最快地将自己拉到这个团身姿势，以尽可能静止和稳定的姿势结束。

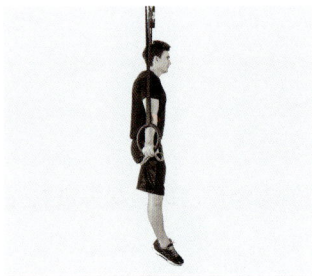

臂屈伸平衡 01 从臂屈伸的支撑姿势开始，弹力带在臀部下面。

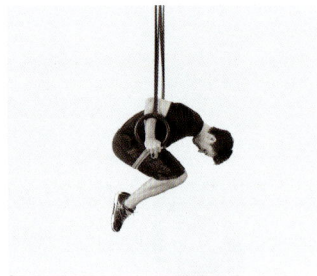

02 将自己拉进团身姿势，不要让质量中心改变位置。

脚趾－髋－膝－坐－平衡 01 坐在地上，弹力带在臀部下面，双臂放松。保持空心体姿势，眼睛看着地平线时，双腿和双脚放在地上。

02 抬起双腿，但不要让髋部离开地面，采取幅度更大的空心体姿势。你应该始终可以看到面前的吊环和墙壁。

03 用力将髋部向上送向吊环，髋部迅速进入伸展姿势。髋部的离开地面给了你一点悬吊时间。身体在伸展，眼睛仍然直视前方。

脚趾－髋－膝－坐－平衡

这是进阶的第五个阶段也是最后一个阶段，旨在将前4个阶段结合在一起。

坐在弹力带上，但弹力带几乎没有张力，因而身体放松。目标是创造波浪式动作序列。这个序列创造一个鞭打式动作：从脚趾开始，一直上升到肩膀。

第一个动作是让脚趾向上移动，然后是用力挺髋。一定要保持双脚在眼睛水平线以下。挺髋创造了一个失重的瞬间。那个瞬间是通过快速屈膝来启动过渡的机会，之后是屈髋执行快速的仰卧起坐。屈膝屈髋后，双臂跟随并帮助过渡，将身体拉到吊环上方，最后以团身姿势的臂屈伸最低位置完成。

在图片4中，即使我的膝盖稍微分开，我的双脚仍然并拢。每当髋关节伸展时，双腿都会想要外展，只要把脚趾紧贴在一起，努力创造张力，这就没有问题。还要注意的是，吊环处于中立位置，而我握住吊环的方式与握住双杠时一样。当我移动到臂屈伸的最低位置时，吊环旋转90度。

一旦掌握了双立臂过渡，就到该连接本章介绍的所有部分的时候了：髋部到吊环的摆动式引体向上＋弹力带双立臂过渡＋摆动式臂屈伸。

记住，尽管摆动式双立臂看起来很复杂，但它是由更简单的动作组成的。每当学习复杂的动作时，重要的是回到基本动作，基本动作做好了，整体动作才能做得正确、高效！

04 有力地屈腿，驱使脚跟转到身后，并努力保持这个伸展的身体姿势。脸仍然朝向面前的吊环和墙壁。

05 执行有力的仰卧起坐，屈髋并努力保持团身姿势，创造过渡。

06 保持团身姿势，直到在臂屈伸的最低位置落地。大腿靠近胸部，脚跟靠近臀部，前臂垂直，眼睛看着正下方。

摆动式双立臂

摆动式双立臂的摇摆阶段使身体介于全身伸展和屈曲之间。在身体向前摆动中到达空心体姿势的时候，如髋部到单杠引体向上式动作（第248页）所示，将身体带进全身伸展，并在肩关节层面启动拉的动作。拉发生在失重的瞬间，在摆动式划船、引体向上和臂屈伸中均讨论过这一点。但是在双立臂的情况下，它具体发生在从吊环下方过渡到吊环上方的过程中。

在这一瞬间，启动屈膝：向下和向后推动脚跟，开始一

01

摆动式双立臂01 从吊环悬垂下来，双臂伸直举头过头。收紧腹部和臀部，双腿伸直，绷直脚尖，直视前方。

02

02 启动摇摆：脚趾向前踢，进入空心体姿势。确保身体尽可能地紧张，准备下一次摇摆。

03

03 脚跟推向身后，让身体进入伸展。仍然直视前方，采取全身伸展姿势。双臂仍然伸直，保持完全屈曲，双手略向外转，让吊环上的张力更大。

07

07 启动过渡：执行仰卧起坐，保持屈膝且脚跟在身后。

08

08 在肘部完全屈曲时继续穿过皮带。重点要是要保持团身姿势。

09

09 现在你在臂屈伸的最低位置。双腿弯曲呈团身姿势，脚跟靠近臀部，大腿靠近胸部。直视下方，前臂垂直，与皮带平行。

系列连锁反应，会涉及包括身体正向旋转加上髋部前面的肌肉张力。屈膝之后通过屈髋快速执行仰卧起坐，进一步加速向前旋转到吊环上方。最后，轮到手臂工作，肘部向后推，将肩膀向前拉，进入伸展。这些步骤提供了绕着双手（因此绕着吊环）旋转的点，让身体到达臂屈伸的最低位置。然后，双腿向下伸展，现在可以继续执行摆动式臂屈伸来完成双立臂动作。通过拉起双腿，肘部伸展呈支撑姿势，同时双腿重新踢出去呈伸展姿势，双臂最终在支撑姿势中完全锁定。

04

04 身体快速屈曲并提升脚趾，但不要让脚趾摆动到高于眼睛水平线的位置。你应该始终能够看到前面的地平线。你处于全身屈曲或空心体姿势。

05

05 髋关节快速挺向吊环，手臂稍微拉动并且屈肘，但始终想着将髋部引向吊环的底部。双脚并拢。身体伸展，仍然直视前方。

06

06 脚跟主动推向臀部，但不要让膝盖上升到高于肩膀或眼睛的位置。继续用双臂拉并努力维持全身伸展。

10

10 伸展双腿，保持在臂屈伸的最低位置看到的肩关节伸展。

11

11 现在，你可以主动向上和向前提膝，将大腿靠向胸部，脚跟靠向臀部，创造动量抬起自己并升离吊环。

12

12 完成：支撑姿势，肘部锁定，拇指向外转，身体伸展，直视前方。要反转这个动作，在不屈腿的情况下执行臂屈伸，然后执行相同的向后摇摆。下降是在严格的双立臂中看到的动作的逆转，这使得你可以直接进入摆动和下一次重复。

烛台式过渡训练

　　烛台式滚动可以模仿摆动式双立臂过渡。烛台式过渡训练很重要，因为它教你翻过吊环所需的向前旋转。增加在双立臂中所见的手臂动作是了解如何不必拉着某个物体就让手臂进入双立臂所需姿势的一个好办法。烛台式滚动还可以帮助你执行在吊环上的双立臂的过渡所需的髋关节运动。

01

烛台式过渡训练01 以肩倒立开始，双臂平放在头顶处的地面上。这模仿了在吊环上的向前摇摆。然后，如第4章（第150页）中所述，启动烛台式滚动的下降或向前旋转。一旦你开始滚动，完成滚动所需的脚跟移动和髋关节屈曲就是模仿在吊环上过渡的行为。

02

02 完成脚跟移动：双脚踩在地面上，脚跟靠近臀部，髋关节完全屈曲。手臂开始拉动，和在吊环上看到的动作一样。

03

03 执行部分深蹲：屈髋，屈膝，肩关节伸展。虽然前臂不垂直，但它们正在模仿臂屈伸的最低位置。

04

04 站起来模仿从吊环推起的动作。

单杠双立臂地板训练

　　单杠双立臂涉及的力学机制与吊环双立臂完全相同。单杠双立臂可能很困难，因为缺少执行过渡时肩关节必须移动的空间，它需要更大幅度的拉动阶段才能翻过单杠。

　　单杠双立臂基本上是髋部到单杠引体向上加上单杠上的快速仰卧起坐。双脚高度始终保持低于水平视线，并且你可以看到地平线。你可以使用腿部下落的重量来帮助过渡。当你完成时，记住要专注于俯卧撑形态，而不是支撑姿势。俯卧撑形态让你可以将腹部靠在单杠上，并在完成动作之前利用单杠提供支撑，然后锁定手臂进入支撑。

　　我喜欢在地板上进行一个简单的训练，这个训练往往是人们在将摆动式双立臂中获得的移动能力转移到单杠双立臂时所缺失的一环。以慢动作执行此训练，使动作模式固定下来，然后逐渐增加速度，直到你准备好在高单杠上尝试执行该动作。当在高单杠上执行时，仰卧起坐是成功过渡的关键。如果在拉动力学机制中培养了足够的动作力量，那么单杠双立臂将会比摆动式双立臂更加稳定，并且需要较少的技巧。

01

单杠双立臂地板训练 01 仰卧在地上，双手拿着一根PVC管、横杠或棍子，将它放在髋部。

02

02 抬起髋部，让身体呈伸展姿势。

03

03 髋部重新下降，记住不要让腿抬离地面，开始执行仰卧起坐：髋关节铰链，并且上半身绕横杠旋转。

04

04 完成仰卧起坐时肩膀越过横杠，肘部在横杠的正上方。

275

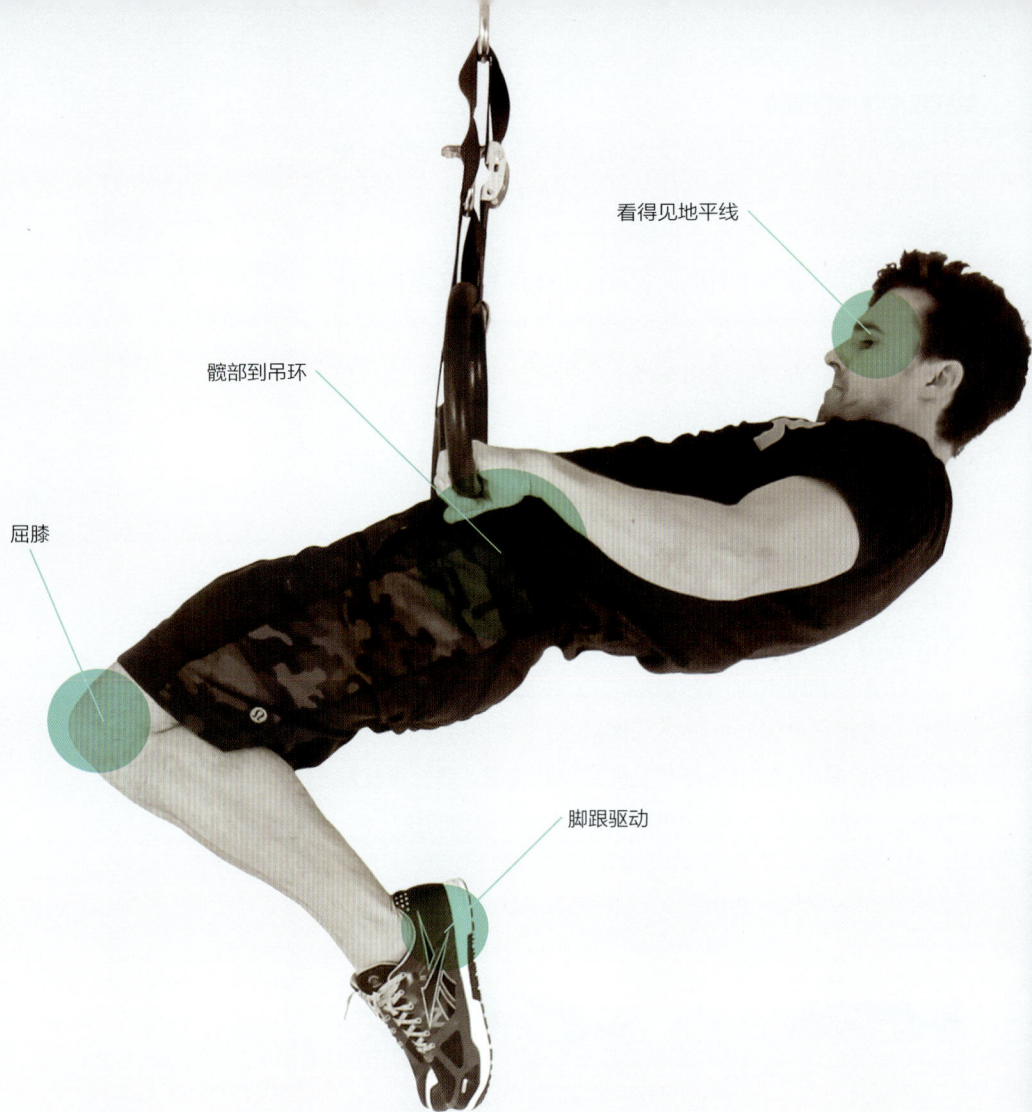

看得见地平线

髋部到吊环

屈膝

脚跟驱动

双立臂
执行要点

一旦掌握了所有风格的双立臂，越过障碍物就再也不会成为问题。不仅如此，在双立臂之后添加一个动作将是易如反掌的事情——例如，双立臂到吊环倒立俯卧撑！

276

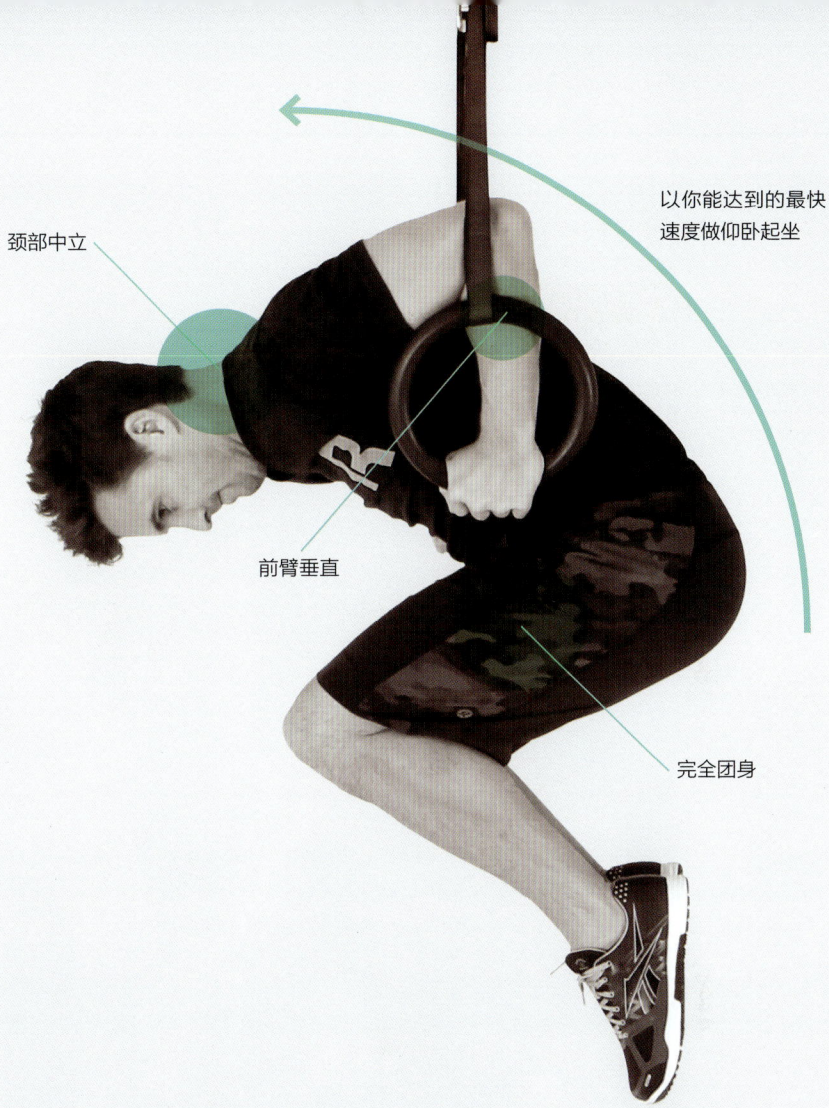

颈部中立

以你能达到的最快
速度做仰卧起坐

前臂垂直

完全团身

波比

07

必须设置标准来控制游戏，但必须打破标准才能给游戏带来改变。

　　波比（Burpee）只是将身体以俯卧或面朝下的姿势降低到地面，然后再站起来的行为。人们往往会在站起来时增加一个跳跃动作。

　　我在本书中介绍的自由风格四式动作中，波比无疑是最完整的。我喜欢开玩笑地说，理解波比就像理解生活的意义。有趣的是，这样一个简单的动作（其实我以前并不关注它）包含了很多有价值的信息。我坚信每个关心人体运动的人都应该研究波比。

照片由卡拉格 • 卡梅拉（Caragh Camera）提供

在伦敦的一个研习会中，有一位年轻的运动员问我为什么不讨论波比。我的第一个想法是，"因为任何人都可以做波比，太简单了。"

我想，她给我留下了深刻印象。我开始到处都看到波比——在我指导的孩子中，在我指导的体操运动员中，在我的私人客户中，还有从板上站起来的冲浪者中。但直至我看到我美丽的未婚妻在锻炼中做波比，我才明白了其中的意义。

我无法确切地说那是因为爱还是因为顿悟，但我意识到，从移动的角度来看，我认为人体运动的一切表现都可以用波比来解释。

这种认识只是给我带来了更多的问题。为什么教练喜欢波比？为什么运动员害怕做这个动作？为什么波比看起来像这样呢？为什么教练采用他们的方法教波比呢？有没有一种技巧比其他技巧都好？

我还不能明确地回答这些问题。但我知道，波比无处不在，它的功能是上下起伏。大多数人都可以这么做，所以谁会在乎？

我忍不住一直思考它。我早上起床时想它，我在工作中会想它，晚上睡觉时也想它。这种痴迷让我开始尝试这个动作的各种变式。我的实验使我发现了执行波比的一些非常基本的进阶，我在本章中要介绍的就是这些进阶。因为波比是一种下降后又离开地面重新站起来的方式，我认为从更普遍的角度来研究它是很重要的。因此，本章会展示两种正式的起伏方法，这些方法在体能训练及健身运动中得到了大量运用："起立"和"波比"。

土耳其起立

起立或土耳其起立是从仰卧位或面朝上的姿势离开地面站起来，然后返回相同的开始姿势的行为。它通常是在手中负重的情况下执行的。

在最常见的土耳其起立变式中，用一只手负重，负重的那只手臂要朝离开身体的方向伸直。当你躺下时，重物保持在肩关节上方，或让手臂垂直于地面。当你站立时，将重物举过头顶。

土耳其起立是挑战移动能力多个不同方面的好方法，原因如下。

1. 它类似于负重的仰卧起坐。
2. 它对仰卧起坐增加了单侧负荷，因此增加了旋转。
3. 它改变你的空间方位。
4. 当你进入弓步姿势时，会增加一个单侧扫腿动作。
5. 重物举过头时，它挑战你的平衡力。
6. 它要求你在改变身体形态的同时在对侧肢体上保持平衡。
7. 它要求你执行在弓步（第127页）中看到的单侧深蹲力学机制才能站起来。
8. 它培养精确反转所有这些动作的能力。

土耳其起立对于痴迷动作的人来说显然是一个信息炸弹，我希望观察和描述动作的基本原则可以帮助你学习、欣赏和适应你所关心的任务目标。

在本节中，我介绍没有负重的土耳其起立，但同样的姿势和动作发展对于负重变式也是有用的。

土耳其起立首先要以仰卧或面朝上的姿势躺在地上。双臂应该在身体两侧稍微向外伸出，与中线几乎呈45度角，掌心朝下。双臂从这个姿势开始，有助于建立强大的支撑基础，并建立适当的肩关节力学机制。

选择一条腿作为支撑腿。（如果负重，这条腿与持有重物的手臂在同一侧）屈髋屈膝，将支撑腿的脚平放在地面上，放在臀部旁边，如图02所示。现在你已经进入起立的开始姿势，随时准备移动。

用仰卧起坐启动起立动作，但不是随便的仰卧起坐。具体来说，要执行一个侧向仰卧起坐。坐起来时要偏离弯曲的腿（支撑腿），而靠近支撑臂（支撑腿对侧的手臂）。执行侧向仰卧起坐时，在那个方向有轻微的屈曲和旋转。继续坐起来，直到感觉上半身通过支撑臂找到了平衡。

01   >   **02**   >

土耳其起立 01 仰卧，手臂略向外展，掌心朝下。

02 弯曲左膝，将左脚放在地上。

支撑臂的肘部屈曲，前臂放在地上，创造一个大的支撑基础。可以展开手指甚至抓住地面来增加支撑基础的面积，参照手倒立（见第346页）。由于比较稳定，可以利用此姿势暂停，休息并找到平衡，然后再转到下一步。

在下一个动作中，可以用支撑臂推起，并进一步坐起来。继续推，直至达到完全坐好的姿势，并且体重均匀分布在支撑腿、髋部和支撑臂上。这一步的关键是仰卧起坐与推动力学机制（主要通过肘部伸展来执行）要同步。

这个姿势是另一个稳定的时刻，可以在进行下一步之前利用它来休息并恢复平衡。以下步骤要求你在空间方位上有轻微改变时保持相当好的平衡。你从相对仰卧姿势（仰卧起坐）改变为相对俯卧姿势（俯身弓步）。

03   >   **04**   >   **05**   >

续下页

03 执行仰卧起坐：左手和左肩抬离地面，向支撑的右臂旋转，并抬起身体到右前臂上方，同时右手稳固地放在地上。

04 支撑臂执行肘部伸展，这可以让胸部靠近大腿。

05 支撑的左腿将髋部推离地面，固定右臂，右腿保持向正前方伸出。

执行该步骤时，你要抬起髋部，用支撑的腿和手臂推地面。抬起髋部使得在支撑臂、支撑腿、髋部和地板之间形成了一个"窗口"。你可以利用这个窗口来拉起伸展的腿，并在身体下方扫腿。执行扫腿：屈膝屈髋，并将腿滑到身体后面。继续扫，直到膝盖和小腿可以支撑在身后的地面上。这样，双腿呈弓步姿势，而支撑臂仍然与地面接触。

扫腿中的拉腿与执行双立臂过渡所需的拉腿非常相似，如双立臂（第259页）中所示。

一旦进入弓步，就又有了另一次重获平衡的机会。你的下一个目标是侧向抬起身体，让身体离地面更远，姿势从支撑臂在地面上的弓步变成标准的弓步。这个抬起的动作在执行的时候需要髋部方正，双腿呈弓步，能很好地表现出单侧负荷和必须抵抗的旋转。

一旦你把自己推起完成完整的弓步，就会对在第4章学过的力学机制非常熟悉了。为了站起来，只需髋关节铰链，用前腿支撑，直到可以站起来，双腿在髋部下方。

06 〉   **07** 〉   **08** 〉

土耳其起立（续）06 在髋关节下方扫右腿，把它带回弓步姿势。

07 将右脚和右膝放在地面上，同时支撑臂的手保持平放在地上，双臂伸直。抬高的手臂的姿势保持不变，对侧的脚（原来弯曲的支撑腿）仍然平放在地面上，并且胫部垂直。

08 挺胸，让自己进入常规的弓步姿势。

学习如何反转起立是非常重要的。为此，你要准确地反转每一个步骤和各个步骤之间的动作。简而言之，你应该能够：

1. 后退一步，回到弓步；
2. 侧向放下支撑臂；
3. 后腿扫到身体前面；
4. 坐下来；
5. 反转仰卧起坐——弯曲支撑臂的肘部；
6. 向后滚动，回到仰卧姿势。

如果复习滚动弓步的力学机制（第154页），你会看到它们是完全一样的，但这里包含了滚动的动量。换句话说，起立可以被看作是滚动弓步的分段版本。

身体是为移动而设计的，需要高效的移动！起立只是从仰卧姿势开始，让身体离开地面，又下降回到地面的一种正式化风格。这种方法包括将自然的起立行为分解成独立的步骤，每一步都重点针对整体移动能力的一个重要组成部分。

09 向前倾斜，胸部在脚趾上方，保持胫部垂直，并从弓步姿势中站起来。

10 完成时双脚并拢，指向前方。

抬手

肩在手
的上方

髋部抬起

膝在脚的上方

向后摆腿到
髋部下方

腿在前面

手平放在地上

抬手

肩在手
的上方

手平放在地上

膝低于髋

胫部垂直

脚平放在地上

波比

虽然起立是从仰卧姿势起来离开地面的正式方法，但波比也可被认为是从俯卧或面朝下姿势起立和落下的正式方法。为此，你要做一个俯卧撑，同时双脚要朝着双手跳。一旦脚靠近手，就要采用深蹲姿势。然后从深蹲站起来，或者先跳，然后站起来。之后，你可以反转动作，直到再次在地面上呈俯卧或面朝下姿势。

几乎所有健身房、体能训练房和体育课中都可以找到这个动作。我喜欢波比的另一个通用名称"起降"（up-down），因为这是它的本质。它如此简单，却能让任何成年男子痛哭流涕。

这个动作的好处就是它的简单性。我打算通过这个进阶及其非常基本的变式，来展示波比是可以培养多种移动能力的。我也希望展示充分理解该动作对生活和运动各个方面所产生影响的重要性。

正如本章简介中所提到的，波比是大多数人都可以执行的动作。问题在于，并不是每个人都可以很好地执行它。我的意思是，大多数人都难以利用该动作本有的功能潜力。

箱子波比

你可以站立或俯卧在地面上开始波比。我喜欢从站姿开始这个进阶。在身前放一个箱子，以限制运动范围，并确保你可以首先建立最佳姿势。

大多数人差不多可以实现在该进阶中展示的姿势，但有些人则缺乏必要的移动能力。这种不足通常是因为缺乏经验、力量或灵活性，后一种是目前最常见的原因。大多数人可以在膝盖弯曲的情况下俯身触到地面，并且双脚不会分开或向外转，也不会抬起脚跟，但有些人缺乏这样做所需的灵活性。

有些人能够做到必需的俯身姿势，却难以从平板支撑回到这个姿势。这通常是由于他们必须对抗肌肉张力，才可以回到俯身的身体形态。

将一个箱子放在正前方，将双手放在箱子上，而不是放在地上，这样可以更容易执行关键的波比力学机制，而不会牺牲理想的身体姿势。然后，随着灵活性的提高，你可以使用较矮的箱子来慢慢增加运动范围。这些动态动作的优点在于，当使用阻挡方法执行动作时，它们可以提高你的移动能力和灵活性。

箱子波比01 站立，在身前放一个箱子，脚趾靠着它：双脚并拢，双腿伸直，髋关节伸展或中立，背部平直。

02 髋向前折叠成铰链，双手平放在箱子上。髋关节始终保持在膝盖上方或高于膝盖。双臂伸直，准备做下一个动作。

06 伸展双臂，挺胸，进入全身伸展。

07 用力快速将髋部向上移动，双脚离开地面，并开始向着箱子返回。脚趾朝向箱子，以保证双脚能够以良好的姿势返回。

08 确保双脚落在箱子前面，并且平放在地面上，脚趾几乎碰到箱子。

当人们不能做到波比所要求的姿势时，我通常会根据姿势优先于动作范围和阻挡的进阶原则来检查动作。如老人深蹲的第一个变式（见第114页）中所示，当双脚并拢时，你可以在俯身时阻挡双腿的移动，以便实现理想的髋关节姿势。你可以使用相同的阻挡技巧来建立在波比过程中正确力学机制所需的髋关节姿势。

除了通过双脚并拢来阻止腿部移动外，还可以用一个箱子在动作过程中限制髋关节的运动范围。当你缺乏必要的灵活性时，限制运动范围会特别有用。另外一个好处是，当双脚要返回箱子的前边界时，箱子可以提供距离标准，从而阻挡移动。

03

03 双脚跳起来，把所有重量放在双手上，设法在整个运动过程中找到平衡，并且双脚与地面没有接触。

04

04 落地呈平板支撑姿势，肩膀保持在手的上方。身体呈一条直线，但略微倾斜。这个倾斜角度使得该动作对于初学者来说会容易一些。

05

05 执行俯卧撑，胸部向着箱子下降，并且肘部保持在手腕的正上方，前臂垂直于身体。保持中立的全身姿势，收紧腹部和臀部，保持膝盖锁定，双脚背屈，继续用跖球部支撑。

09

09 双手离开箱子时，抬起胸部。

10

10 完成：胸部完全竖直，双臂和双腿的姿势应能够执行跳跃，或者如果你想结束练习的话，可以站直。

在这个进阶的第1部分，建立了一个理想的站姿，即解剖学站立姿态。双脚并拢，双臂垂在身体两侧。

你通过俯身并双手伸向地面来开始这个动作。前3张图片中的动作与第一个老人深蹲进阶（第114页）相同。从这个俯身姿势跳起来，进入平板支撑姿势。当你跳跃时，有一个瞬间由上半身支撑全身的重量，有点类似于手倒立或团身起的姿势。

波比01 站直，直视前方，双脚并拢，膝盖锁定。臀部收紧以激活髋关节参与，收紧腹部，双臂放在身体两侧，背部平直。

02 髋关节铰链，俯身。当你将髋关节向后推时，尽可能保持小腿垂直于地面，双脚平放在地上。从髋部一直到头部一定要保持一条直线，颈部是中立姿势。保持双手和双臂靠近身体，几乎就像要伸向膝盖那样。

03 双手触到在脚趾前面的地板，与地面充分接触。双手应该与肩同宽。双脚保持平放在地面上。双臂伸直。双膝略微屈曲，髋高于膝。脊柱稍微屈曲，颈部相对于脊柱是中立的，眼睛看向双腿之间。

一旦到达平板支撑姿势，就执行俯卧撑的反向阶段，直到身体到达地面。在到达最低位置时，你可以保持最大的肌肉张力，或者可以将其作为暂时的休息位置。

保持呼吸

在波比的最低位置很难保持呼吸，因为胸部压着地面，使得胸腔不能扩张。记住，如果长时间和/或以高速度或高强度多次重复执行这种动作，保持呼吸是非常重要的。

续下页

04  **05**  **06**

04 双脚跳向平板支撑姿势，把所有重量放在双手上。肩膀大致在双手前面，或在指关节的上方。收下巴，眼睛始终看着脚趾，保持髋部在高位，腹部参与动作。

05 落地呈平板支撑姿势，肩膀在指关节的正上方，肘部锁定，颈部处于中立姿势。双腿伸直，双脚背屈，用跖球部落地。

06 在俯卧撑的最低位置，完成与正常的俯卧撑相同的执行要点，肘部在手腕的正上方，前臂竖直，并垂直于身体，收下巴，颈部与身体的其余部分呈一条直线。让大腿、髋部和腹部接触地面，膝盖保持伸直，双脚屈曲。

从最低位置的姿势开始，可以执行严格的俯卧撑，上升到平板支撑的最高点，但我更喜欢将身体弯曲成拱形，如第5章中的俯卧撑进阶（第174页）所示。我教授弓身起版本，因为它是执行俯卧撑的更为普遍的形式。

从弓身或全身伸展姿势开始，你可以创造一个动态的快速摆动来帮助双脚落到地面。通过保持对脊柱的控制，臀部和腹部参与，你可以使用弓身姿势中的张力来执行动态快速摆动。这个快速摆动会将髋部向上向前送，使你回到俯身姿势，如波比的开头所示（第290页）。

然后，你所要做的只是站起来，但很多人在此处会加上一个垂直的跳跃。当执行跳跃时，你要采用相对中立的全身姿势，但手臂和上半身则采用小幅度空心体的姿势。

07 >	08 >	09 >

波比（续）07 挺胸呈上犬式姿势（如瑜伽中所看到的那样），肘部锁定，但要保持髋部在低位，让身体进入全身伸展状态。努力保持双膝伸直。

08 快速朝正上方抬起髋部，让脚趾和双腿开始向着双手返回。肩膀向前倾斜。前进到双手所创造的支撑基础的前方，保持平衡。

09 让双脚在双手旁边落地，但不要越过双手，确保双脚并拢，脚跟与地面接触。屈膝，保持髋高于膝。允许背部圆起来，眼睛看着脚趾，从而保持颈部与脊柱呈一条直线。

在跳跃落地时，我稍微倾向于窄位站姿。窄位站姿落地不一定是最稳定的，但是在执行幅度较小的跳跃时，它对身体的影响和压力较小，即使在连续执行多个波比时也是如此。

这种执行波比的方法并不一定要求身体拱起和弹回。如果你想专注于发展力量，那么动态程度较低的波比风格肯定是有效的。换句话说，身体弓起或伸展的幅度较小时，就以发展力量为重点，而幅度较大时则以发展技能为重点。在我看来，弓身版本更符合功能性动作的原则（第48页），因此是我首选的风格。

空心体姿势对于体操、蹦床和跳水等项目的运动员来说很常见，因为它使空中姿态更具流线形和平衡。

10 〉   **11** 〉   **12** □

10 挺胸进入部分深蹲姿势。

11 跳得尽可能高，保持身体直立，双臂举过头，并稍微向前伸，创造一个空心体姿势，但同时要保持平衡。几乎就像你要向前伸手一样。

12 以部分深蹲姿势完成，落地后双脚平放在地上，用双腿承受冲击力，以减缓下降并实现更好的落地。背部平坦，从头到臀形呈一条直线。双臂在身前，以创造张力和更好的方向性以及平衡。

在检查动作时，如果你必须执行无限次重复，重要的是要搞清楚你将执行哪种风格的动作。对于每一次重复，对负荷和时间的要求都可能会有所不同。哪种风格使你能在这样的条件下持续最长时间？这个思考过程导致了我在这个进阶中描述波比的方式。与任何运动表现的追求一样，调整可以使动作的功能性更强。我鼓励你有意识地以这种方式思考，在我的教学中找出有用的地方，并根据你的目的进行调整。

先把一般原则放在一边，让我告诉你如何利用肌肉张力来促进波比的力学机制。例如，当你通过髋关节铰链俯身时，可以使用像弹弓一样的肌肉张力将双脚弹出去，进入平板支撑的姿势。你可以使用肌肉弹性来"弹"出俯身姿势。这种弹力可以帮助你的双腿踢出去。

01 >

下降01 俯身，执行波比。

02 >

02 在双手将要触到地面之前，双脚向外跳，将它们引导到做俯卧撑的位置。

03 □

03 双手和双脚同时到达地面。通过执行俯卧撑式的下降来减慢身体的速度，平稳地将髋和胸放在地上。

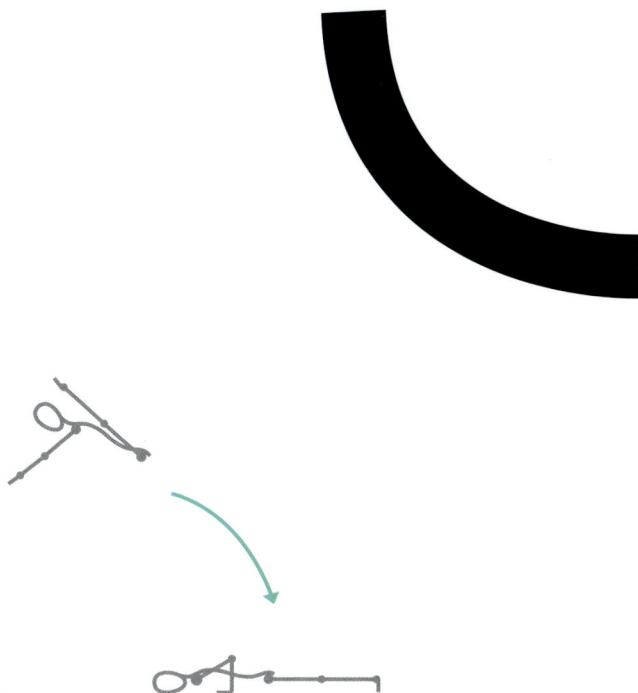

叶连娜·舒舒诺娃（*Elena Shushunova*），拥有世界冠军、欧洲冠军和奥运冠军头衔的俄罗斯体操运动员，以其动态的跳马和翻滚技能，以及她的长期卓越的动作稳定性而闻名。有几项独特而困难的技能都是由她第一个执行的，其中包括自由体操中以她命名的"舒舒诺娃分腿跳"，以趴在地上支撑的姿势落地。

在执行波比中的下降动作时，可以利用舒舒诺娃动作的降级版本，当上半身向着地面降低时，过渡到身体不再与地面接触的姿势，同时双腿踢向身后。这使得从站姿到俯卧撑最低位置的过渡更加高效。

当从地面起来时，保持同样的弹性对于效率很重要。你可以使用最低位置的拱形或全身伸展来快速弹起，并且在接近失重的瞬间，将双腿向内拉。这个弹跳应该与下降中的弹跳非常相似。虽然这个概念似乎很简单，但大多数人都需要经过多次重复才可以掌握它。

另一方面，你可以执行要求你对抗肌肉张力的动作模式。张力会产生阻力，这会减慢速度，或者更糟糕的是，打断动作，或者让姿势变形，迫使你进入非最优的动作模式。

通常，解决这个问题的好方法是改变接触点。如第3章的进阶原则部分所述，可以使用接触点来增加动作稳定性和有用的肌肉张力，但是也可以在需要消除肌肉张力时灵活使用此原则。改变接触点通常会降低生理张力，并使得动作自由流动，不需要对抗张力。

让我们重新来看一下波比中的俯身姿势。我已经解释过，你可以使用俯身的肌肉张力作为弹簧，帮助你双腿踢出，呈平板支撑姿势，但同样的肌肉张力也会在你俯身把手放在地上时产生阻力。那么，肌肉张力到底是好还是坏？增进效率的关键是要找到一个点，有足够的张力来帮助双腿踢出去，但又不会破坏伸手的姿势。更具体地说，你应该在双手即将到达地面之前踢出双腿。

推手向后起跳

在体操中的推手向后起跳是一种用于发展翻滚力学的技术，并且是许多高级体操动作的基础。推手向后起跳是执行手倒立，并从该姿势弓身成伸展，然后双脚迅速向下让身体屈曲，从而将空间方位改变180度的行为。这种改变身体空间方位的风格用于将杂技般的几个翻滚运动连接起来；身体的快速屈曲加上手的推离有助于体操运动员在翻滚时执行最有效的方位改变。在波比中，用于离开地面进入站立姿势的快速移动是推手向后起跳的降级版本，它利用了相同的力学机制和效率特性。在波比中，不需要执行180度旋转，而只执行90度旋转。

01 〉 **02** 〉

上升01 弓身进入伸展姿势，好像正在执行波比那样。

02 主动快速向上送髋，并将脚趾指向双手。

在正确地执行这个动作时，你有足够的张力推动双腿向外，并且接触点会更少。因为当你俯身时，手和脚并没有同时着地。

当以这种方式执行动作时，由于双臂伸直，你可能会觉得用平板支撑姿势落地有点僵硬。你需要添加某种减速动作。你可以在弓身成伸展姿势时，让髋部降低，从而实现减速。但我认为最好的风格是下降为俯卧撑姿势的最低位置。你可以使用这个利用下降帮助身体逐渐减速的方法。

你还可以在波比的上升中找到张力的甜点。从地面上的弓身姿势开始，向上向前送髋，把双脚带向双手。如果你主动这么做，身体就会想要向后旋转。这源于双腿收进来并绕髋部旋转时所产生的旋转力。

在抬起身体离开俯身姿势时，应该利用该旋转力，因为它们是相同方向的。最有效的方法是让胸、肩和臂跟随身体旋转的动量。这样就可以在双脚即将碰到双手之前，刚好让双手离开地面。这里的甜点是使用肌肉张力来创造一个有用的向后旋转力，但张力不会太大，不至于破坏俯身姿势或减慢双腿返回地面的速度。

我希望你体验到我对波比的那种兴趣，其精华涵盖了我们在其他自由风格四式动作中学习的推动、深蹲和摆动力学机制的所有原则。事实上，波比的这么多的变式都可以使用这些相同的力学机制，甚至会因此让人觉得它更好。

03 > **04** □

03 有力快速移动产生的动量造成身体向后旋转，将双手抬离地面。

04 使用向后旋转的力帮助你在站立时让背部挺直。

波比变式

在本节中，我将介绍3种波比风格，以及可能成为其动机的需求。每种风格都有独特的特点，可以帮助你了解为什么要执行通用的风格，以及如何将其应用于不同的任务。

本节介绍的3种风格如下：

1. 宽站姿波比；

2. 单腿波比；

3. 单臂波比。

如前所述，波比可以有无数种执行方式，但是大多数人并没有真正考虑这些变化，以及为什么要练习它们。我喜欢用一个故事来解释不同的需求如何自然地影响我们的身体适应动作的方式，这些自然调整帮助我们理解需要训练哪些变式来处理我们所面临的各种需求。

想象你正在街上走，看到一个小水坑。如果你可以直接跨过它，你会这样做。但如果水坑有点大，你可能要跳过它，用一条腿起跳和落地。如果水坑太大了，你必须用助跑来开始，你就会自动用双脚落地。想想田径比赛中的跳远运动员在助跑之后，用单腿起跳，然后双脚同时落地。双脚落地是一种自然适应，目的就是让落地更加稳定。现在我们来假设，你跳过水坑之前不允许助跑。为了在这种情况下获得最佳结果，你会自然地调整为双脚起跳，就像执行立定跳远一样。

这个故事解释了不同的环境需求如何激发不同风格的动作。所以，根据手头的任务，你自然会偏好甚至是执行某个特定的风格。

具体来说，这个故事说明，为了在跳跃中自然地覆盖更长的距离：

1. 在局部创造更大的运动范围；

2. 要求你加快速度来增加质量中心可以移动的距离；

3. 使你采用在更高速度时更加稳定的站姿；

4. 要求你使用双脚跳跃，以从静态姿势产生最大的加速度。

宽站姿深蹲模拟身体的侧向移位，例如通过抬起一只脚来改变方向。

宽站姿波比

宽站姿波比是采用双脚距离更宽的站姿来执行的波比。双脚之间的距离可以从极小到尽可能宽。

宽站姿波比的执行要点与前面讨论过的通用风格的波比的执行要点大体相同，主要的区别是双脚相对于髋部的位置。

分开双脚可以消除对髋部的移动阻挡，增加髋关节层面的移动自由度。这种额外的自由要求你在执行动作时有更强的动作控制，在我的经验中，大多数人都很难做到这些执行要求。

具体来说，你需要在髋关节保持外旋，以最大限度地提高髋关节的稳定性。髋关节稳定性对于最佳执行是很重要的，因为：

1. 主要活动关节的稳定性是至关重要的；
2. 髋关节决定骨盆的位置，这是建立脊柱姿势，实现整体动作控制的关键。

宽站姿波比有一个简化版本，相较于完成全运动范围的波比，它减少质量中心必须移动的距离。当教练要求运动员执行多次重复或以高速执行动作时，运动员往往自然就会发现这种风格。此外，髋关节层面的额外自由度赋予了效率感。

宽站姿波比的另一个好处是获得移动能力，包括适用于大多数类型的跳跃和落地的力学机制。这种能力可以直接应用于运动的重要方面，比如侧向改变方向。

请注意，介于宽站姿和窄站姿之间的任何站姿都被认为是正常或中立的站姿。在本书中，称之为通用风格。

窄站姿的关键是阻挡髋关节移动，而宽站姿的关键是质量中心与地面之间的距离更短，从而减轻了工作负荷。每当你需要确定哪种波比风格更符合你的目的时，该比较就非常重要。例如，如果你想改善你的波比力学，就应该采取窄站姿。另外，如果你准备参加比赛，并希望在固定时间内完成尽可能多次波比，宽站姿可能是一个更好的选择。如果在波比过程中有额外的限制，并且需要跳跃触摸目标，就要更接近于窄站姿，或者可能双脚在髋部的正下方。要知道每种风格的目的。

波比

07

299

宽站姿波比01 站立，双脚之间的距离大于肩宽。双脚平放在地面，但稍微向外转。这个向外转是正常的，因为每当髋关节外展时，髋关节的外旋就是一种自然的模式。只要大脚趾压向地面就没问题。

02 髋关节铰链，与在严格的波比中一样。唯一的区别是，在将双膝向外推时，你需要更加努力地保持小腿胫部垂直。从膝关节安全的角度来考虑，允许膝关节内扣并不是一件好事，并且这样做还会使髋关节姿势变得不稳定，特别是在负重或高速执行动作时，初学者尤其要注意。

03 双手触地，仍然努力保持膝盖向外，胫部垂直。在图片中，请注意我的右膝比左膝稍微向内陷的幅度更大一些。这是因为我的右髋曾经受过伤，有一些影响。

07 伸展肘部，将胸部向上推。

08 髋部快速抬起。当双脚离开地面时，脚趾稍微转向内侧，试图在髋关节层面找到张力和稳定性。当你结束跳跃时，要准备好在双脚落地时用稳固的姿势受力。

09 双脚平放在地面上。双膝向外，髋的位置略低于在姿势03中的位置。这同样是由于从俯卧撑姿势回到深蹲姿势的过程中增加了更大的张力和速度。这就像在对抗某种阻力。

宽站姿波比要求你在执行动作时有更好的动作控制。

04 双脚向后起跳，髋部保持高于头部。

05 以平板支撑姿势落地，一定要保持宽站姿。练习宽站姿的原因是要学习如何通过不同的局部姿势来控制全身姿势，这里指的是髋关节的局部姿势。

06 下降到俯卧撑的最低位置，肘部保持在双手上方，但你的姿势没有改变。

10 站直，然后采用相扑深蹲的姿势。在这种情况下是部分深蹲，因为髋没有低于膝。

11 高高跳起，双臂举过头，双腿为分腿姿势。在空中执行分腿姿势是很好的练习，可以学习在不与器械接触时或当双脚不接触地面时如何创造更好的髋关节稳定性。

12 落地后采用在姿势10中看到的相扑深蹲姿势。你可能看到的唯一区别是，双脚之间的距离可能稍窄一点；这是因为双脚分开得较宽时，稳定性会较差，双脚的距离越窄，就越稳定。这恰恰就是我这个特定进阶的落地姿势。

单腿波比

单腿波比是一条腿作为支撑腿，另一条腿抬高的波比。这种风格的波比在下半身增加了一个单侧负荷的组成部分。由于单侧负荷所产生的旋转力，支撑脚的理想位置是在髋部

01 >

单腿波比 01 单腿站立，另一条腿在身前，稍微从地面抬起。双臂在身体两侧，眼睛直视前方。

02 >

02 髋关节铰链成俯身姿势，保持支撑腿的脚平放在地面上，而抬高的腿向后伸。在向前俯身时，向下看地面，尽量保持背部平直。

03 >

03 弯曲支撑腿，直到双手触到地面，保持双手在脚趾前面，并努力保持支撑腿的脚平放在地面上。另一条腿保持在身后伸展，有助于形成更好的姿势。顺着手臂的方向看过去，并尽量保持颈部相对于脊柱中立。

07 >

07 伸展双臂，挺胸，并在髋关节处弓身，同时保持抬起的腿离开地面。支撑腿的踝关节跖屈，努力使支撑腿尽可能伸直。

08 >

08 快速抬起髋部，让支撑腿回到原来的弯曲姿势，同时将抬起的腿踢向天空。如果后腿不起作用，你可以让它拖在身旁，但是踢腿可以让波比更高效。

09 >

09 用支撑腿落地，这只脚要尽可能接近双手，保持后腿抬起。脊柱稍微圆起来或屈曲，但是颈部与脊柱呈一条直线。

正下方，好像执行通用风格或窄站姿的波比那样。通过这种风格的训练而掌握的髋关节力学机制可直接在手枪式中运用，因此也适用于手枪式的所有风格。

04

04 支撑腿跳起，在肩膀略向前倾斜的同时将支撑腿伸到身后，质量中心尽可能保持平衡。抬起的腿在空中的位置更高，以提供稳定性和支持。

05

05 用平板支撑姿势落地，脚背屈，让脚掌跖球部承受冲击。从脚跟到头部呈一条直线，并出于训练目的，抬起的腿要抬得尽可能高。双臂伸直，像在平板支撑姿势中一样。

06

06 下降到俯卧撑的最低位置，完成了普遍风格的波比进阶中的俯卧撑部分中所述的执行要点。后腿离地，展示出所需要训练的单腿姿势。

10

10 挺起胸部，保持后腿抬起。

11

11 执行垂直跳，伸展支撑腿。在双臂向上伸时，将全身重量推离地面。双手稍微向前伸，以平衡抬起的后腿，在空中获得更好的稳定性。

12

12 支撑腿的脚平放在地面上，后腿在身后，双臂在身前。

303

单臂波比

单臂波比就是只用一只手臂执行的波比。执行这种波比的重要目的是训练处理上半身单侧负荷的力学机制。尽管手枪式的旋转阻力来自上半身，但这是本书涉及上肢单侧负荷的第一个动作。

01 >

单臂波比01 从双脚采用宽站姿的动作开始。这是执行单臂波比甚至单臂俯卧撑的最简单和最稳定的姿势。

02 >

02 髋关节铰链，像普通的波比一样俯身。唯一的区别是，抬起的手臂伸向外侧，与向下伸的手臂呈90度角。这样可以在你对抗单侧负荷所导致的旋转时提供稳定性和支撑。

03 >

03 把手平放在地上，并保持肘部尽可能锁定。肩在手的上方，并略靠近手的外边界，或者在外掌沿上方。双脚仍然平放在地面上，努力保持胫部垂直地面，双膝向外，同时另一只手臂向身体侧面伸出。

07 >

07 伸展支撑臂，抬起胸部。手放在腹部的前面，几乎在胸前的中心，而另一侧的手臂仍然向外侧伸出。

08 >

08 向上推髋部，就像在普通的波比中那样，快速从伸展进入屈曲。由于初始姿势带有来自上半身的旋转，在执行此快速移动时，下半身保持稳定和平衡。

09 >

09 落地时双脚平放在地上，脚趾尽可能压向地面，双膝尽可能向外。抬起的手臂恢复到相对于支撑臂90度的位置，如在开始姿势中所示。

波比中涉及的推动力学机制模拟了在俯卧撑中看到的执行要点。为了更深入了解如何最大限度地提高上半身推动力学机制的单侧负荷，请参见第8章（第315页、第328页和第329页）。

04 执行跳跃，将髋部推到高于头部的位置。请注意，在图片中，我的髋部略有倾斜。这个倾斜是由于执行单侧负荷或单侧动作所需的旋转导致的，抬起的手臂伸向天空，以对抗这种旋转。

05 当双脚接触地面时，保持宽站姿，以获得更好的稳定性和支撑。抬起的手臂已经下降，并形成在开始姿势中看到的90度角。手在肩的下方，但因为上半身稍微旋转，所以它放在胸部下方。

06 下降到单臂俯卧撑的最低位置。在下降过程中，身体稍微偏向一侧。这个角度是正常的，想想前臂的姿势就明白了。如果前臂是垂直的（肘在腕的上方），身体收紧，你将能够产生一个更好的姿势来有效地将力量施加在波比动作中。

10 抬起胸部，呈相扑深蹲姿势。出于教学目的，抬起的手臂保持向外侧伸出。

11 执行垂直跳跃，支撑臂向上伸。出于教学目的，另一侧手臂保持向外侧伸出。请注意，为了在整个动作过程中保持相同的整体形态，我的双腿处于宽距姿态。你可以并起双腿，以获得更好的稳定性。

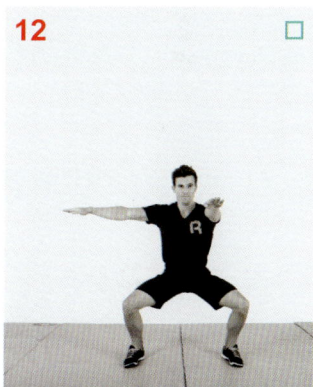

12 以相扑深蹲姿势落地，双膝向外，胫部垂直，挺胸并抬起双手，直视前方。抬起的手臂保持同样的姿势。

波比 执行要点

挺胸

全身伸展，准备快速移动

双腿伸直

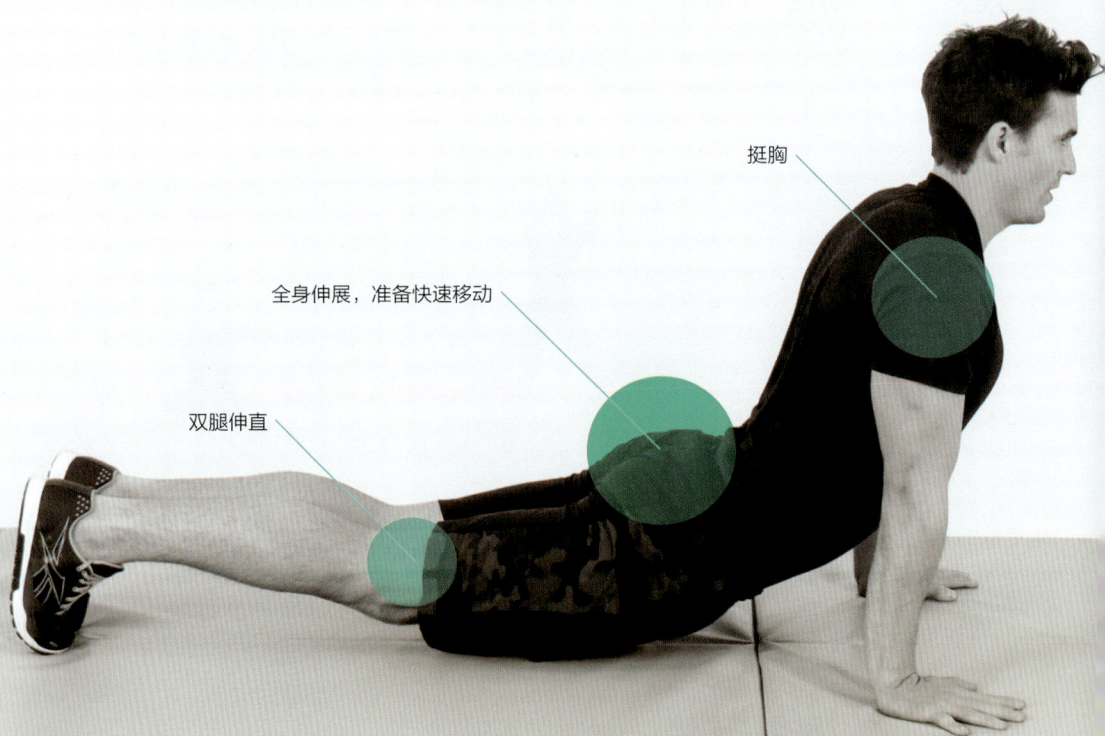

髋关节快速进入屈曲

将快速移动转
化为全身旋转

颈部中立

利用快速移动的
动量让双手离地

双脚回到站立姿势

本章介绍的波比变式是简单的示例，说明如何优化波比并让它适应不同的风格。经过训练后，这些适应性可以为移动能力提供不同的好处。包括土耳其起立在内，我详细说明了从地面起来后再伏下去的5种不同风格。

但是你可能仍然想知道，"我为什么要这么关心起伏（Getting up and down）呢？"在我的研讨会上，我喜欢通过玩一个游戏来回答这个问题。我称之为"想象游戏"（Imagine Game）。

我所做的第一件事是要求与会者趴在地上。然后我告诉他们，"想象你走在街上，摔倒了。现在站起来"。大多数情况下，如果他们没有太过沉迷于自己所熟悉的技巧，那么他们首先会将自己的胸部从地上抬起来。接下来，他们会把膝盖放在地上，进入弓步或前后脚的站姿，然后站起来。

然后我要求他们再次趴下，这一次我告诉他们，"想象你正在被追逐，并摔趴在地上。你必须尽可能快地站起来，以逃避危险"。他们通常执行与第一次测试相同的动作，但是会更快地移动双脚，并且双脚会自然地更靠近。

这两个场景说明，速度会影响执行动作的策略。

我继续说："想象你遇到意外，在独自一人时摔断了一条腿。为了去医院，你必须从地上爬起来，一路跳着去医院。"当他们面朝下并试图用一只腿从地上站起来时，他们会自动执行类似于单腿波比的动作。正如在单腿波比进阶中所述，脚在髋部正下方，与双腿并拢的波比中双脚落地的方式完全相同。这种领悟通常让参加研讨会的人意识到我所教授的标准并不是编造的，而是身体创造的自然策略也是对身体的要求。

接下来我说："现在想象你摔断了一只手臂，但是你非常痴迷于训练，你必须去健身房去做波比。"大多数人尝试执行单臂俯卧撑，但是很快就意识到，这个动作对力量的需求使其非常难执行，因此自动地改为弓身或拱起身体，以便能够起来。不仅是全身呈弓形，还会自动分开双腿，以创造出更稳定的姿势，从而执行单臂俯卧撑。这几乎是在创造一个三脚架来实现最大的稳定性。

宽站姿的问题是，缺乏正式深蹲力学经验的人往往在落地姿势中失去对腿部的控制，从而违反在宽站姿波比（第299页）和深蹲（第113页）中讨论的深蹲执行要点。只做一次重复的话，这不会是一个问题，但在数千次重复后，副作用会累积，并可能导致压力或损伤。

我继续来打击他们的身体，并说："想象你面朝下摔倒，并且两只手臂都摔断了。尝试从这个姿势起来。"经过短暂的停顿后，他们意识到自己必须转过身来，面朝上。从这个仰卧姿势开始，他们中的大多数人自动坐起来，并开始进入与开始起立时相似的姿势，但没有手的参与。有趣的是，如果确实可以使用双手，并且正在做起立，但是有人来帮你，你会利用另一个人把自己拉起来，同时又执行一个起立。

再来一次："想象你摔倒了，双臂和一条腿断了。尝试从面朝下的姿势起来。"他们现在已经学到了，他们首先需要翻身呈仰卧姿势。由于他们没有可以运用的手臂，并且只有一条腿可以用，他们会自动调整为手枪式版本的起立。如果他们有足够的力量和灵活性，他们通常会执行手枪式，否则，他们自然会调整为滚动手枪式的变式。

想象游戏表明，对身体的不同要求展示了能够最好地完成任务的不同动作表达或风格，并且这些风格通常是本能的选择。我的进阶原则（见第3章）恰恰源于这个选择过程，我喜欢使用这个游戏来让人们对此有所感觉。这些原则深植于我们的基因中。

本章中介绍的起立包含了在本书这个部分中学到的前3个动作的各个方面：在手枪式一章中的用于站立/跳跃力学的深蹲，在倒立俯卧撑一章中的推动力学机制，以及在双立臂一章中的改变空间方位和上下身的拉动。

自由风格四式动作（手枪式、倒立俯卧撑、双立臂和波比）不仅仅是人体运动表现的良好基础，也是一个蓝图，帮助你学习如何将在体能训练世界中看到的正式动作方法转化到生活和运动的各个方面。训练并掌握一个动作，并最大限度地在其他动作中运用它的这种能力，正是学习人体运动表现基础的目的：技能转移。

3

自由风格的应用

如果你是正方形，你不能滚动。

本书的前两部分向你介绍了我用于观察、描述和升级人体动作的框架，以及在学习自由风格四式的过程中如何做才可以掌握动作基本知识的细节，我认为自由风格四式是最通用的自重练习动作。本书的这一部分介绍了关于使用动作的根本基础来最大限度地完善我们在特定运动项目和生活中的表现。

第8章"辅助练习"，帮助你将通过自由风格四式培养的动作能力应用到在运动和生活中看到的许多其他动作上。第9章"编制计划"，介绍了制订战略计划的理论和实践示例，帮助你在目标时间范围内发展动作能力，并让身体完成动作进阶。编制计划的简单定义是安排训练时间表，帮助你在特定时间范围内实现具体的动作目标。然而，制订计划的艺术有很多细微之处，我认为重点是要在培养广泛的动作能力基础和针对具体目标的进步之间取得平衡。最后，在第10章"生活方式"中，我告诉大家我如何看待现实世界中的动作，以及这种观点与本书中学到的一切有何关联。

辅助练习

08

　　本章概述的动作可以帮助你将通过自由风格四式培养的动作能力应用到在运动和生活中看到的许多其他动作上。本章分为 4 个部分：

1. 挑战基本的形态；
2. 力量的绝技；
3. 基本的翻滚；
4. 辅助练习。

　　本章绝不可能完整包含我认为运动员或任何关心运动表现的人应该拥有的所有信息，但这些辅助练习动作是与自由风格四式非常相似的风格，所以它们也可以增强你执行自由风格四式的能力。它们覆盖了从初级到高级动作的范围，其中一些动作只是出于好玩，或者向你展示学习如何在空间中移动身体的潜力。

类似于第2章中对解剖学或中立全身姿势的挑战，本节中的技巧为你提供更多的变式来巩固姿态。首先，我介绍对自由风格四式动作有帮助的基本形态。然后，我带你回到平板支撑和空心体姿势的变式。最后，我会介绍挑战全身姿势和局部姿势的动作。

运动范围边界姿势

下面的几种形态主要出现在体操中，有助于锻炼体操所必需的髋部和肩部灵活性，这种灵活性对于大多数动作都是有利的。

纵劈腿 一条腿在身后完全伸展，另一条腿在身前完全屈曲。两条腿都应该伸直，背部挺直且平坦。髋应该平行于肩，肩和髋在额状面中是对齐的，前后腿则平放在矢状面内。

横劈腿 坐直，背部平坦，双手在身前，双腿尽可能地向两侧分开。理想情况是进入额状面。

"煎饼"劈腿（Pancake split）从横劈腿姿势开始，向前俯身并让髋关节进入完全屈曲。这种劈腿可以在没有实现完全分腿（双腿完全外展，并被带到额状面）的状态下进行。胸部应接触地面，双臂伸直，脊柱中立。

屈体 坐下，双脚并拢并在身前伸直，屈髋，直至胸部到达大腿。保持背部尽可能平坦，绷直脚尖。你可以以抓住脚踝，以便将胸部压向大腿。

拱桥 用双臂支撑自己，双臂要过头，肩关节处于屈曲姿势，双腿和双脚并拢，处于完全伸展的全身姿势。双腿应该是直的，肩在手的正上方。你可以用双腿推地面，以帮助实现进一步的肩关节屈曲。

德式悬垂（german hang）从吊环或单杠悬垂下来，双臂在身后完全伸展，并采用空心体姿势。双臂的伸展在肩关节层面应超过90度。

我认为这些是运动范围边界姿势。因为在全身层面上，你可以到达屈曲和伸展的范围边界；而在局部层面上，你可以达到屈曲、伸展、外旋、内旋、内收和外展的范围边界。

平板支撑姿势

为了发展对抗脊柱上的旋转力（如第4章中所示的单侧负荷所产生的作用力）的能力，改变平板支撑姿势是一个很好的方法。这些变式的附加价值是，因为你处于俯卧姿势，腰椎在抵抗旋转力时，为了稳定自身，你必须从地面拉起，而不是像采用超人姿势那样向下推地面。

平板支撑姿势01 从平板支撑姿势开始，双手在肩的正下方，就像要做俯卧撑一样。保持头部处于中立位置，身体与颈部呈一条直线，创造中立的脊柱和全身对齐。

02 抬起一条腿，保持双手和另一只脚在地上。这个姿势很容易做到，但是在髋和脊柱层面会产生轻微的旋转，你必须学会与之对抗。保持髋与地面平行。

03 双脚放在地上，抬起一只手臂，肩关节屈曲，直到手臂在耳朵旁边。在这样做的时候，胸部会挺起并创造脊柱的旋转。对抗这种旋转，以便更好地将这一动作的技能转移到涉及单侧负荷和移位的其他动作。

04 保持手臂抬起，并抬起另一侧的腿。现在身体受到的作用力会让你进入一个全旋转状态。但是你可以将抬起的手臂向前伸，抬起的腿绷直脚尖向后伸，从而保持平衡。对抗这些作用力，以创造对侧（另一侧）的负荷，这对于与移位相关的任何活动都很重要。

由于股骨、髋关节窝和骨盆的形状的不同，男女的横劈腿存在差异，女性通常更难以在不拱起或不过度伸展其下背部的情况下完全分腿。男性则较容易采用这种形态。注意模特的脚尖是绷直的；如果她穿着鞋子，鞋带将会朝上。

我在第2章中首次介绍空心体和超人姿势（分别在第62页和第67页），它们非常适合于发展肌肉力量，特别是腰腹部周围的肌肉耐力，目的是在全身屈曲或伸展姿势中保持更好的脊柱姿势。

我在这里介绍的动作是从空心体翻转到超人姿势，然后回到空心体。这种翻转是练习在改变全身形态的同时，保持对脊柱姿势的控制能力的理想选择。另外，它也是在体验脊柱层面的旋转力的同时学习如何改变全身形态的最基本方法。

从空心体姿势开始，双脚和肩膀离开地面，你只需翻滚到超人姿势，并且不让肩膀和双腿接触地面。这个简单的动作产生从上半身开始的旋转，螺旋式向下传递到下肢，并将下半身带过去。当过渡发生时，身体侧向弯曲，对脊柱形成挑战，这种挑战和练习空心体和超人姿势时完全不同。一旦越过了相对于地面完全横向或侧向的位置，就需要开始减慢旋转的速度，以受控和适当的姿态到达完成姿势。

虽然翻转看起来很简单，它发展的动作能力通常是人们在生活和运动中会遇到困难的地方。有一天，本书的其中一位设计师尼克·迪米科（Nick D'Amico）告诉我他的背受伤了。我问他怎么受伤的，他说是因为打保龄球。

01 >

翻转01 以空心体姿势仰卧，肩、臂、头和双脚都离开地面。

02 >

02 用上半身发起向右侧的旋转。（也可以向左旋转）。在开始旋转时，手臂、肩膀和双腿一定要保持离开地面。

03 >

03 继续旋转，通过轻微的侧向屈曲（特别是在上半身），双臂和双腿保持离地。并紧双腿，以更好地控制动作。

是的，保龄球是一项非常有活力的运动，它看起来并不那么危险，不像是能够让人伤到不能走路，甚至不能睡觉的程度。那么这种受伤就是一个简单的例子：在单侧负荷时，脊柱上增加了旋转力，由于在脊柱层面的动作控制能力不足而"把背部抛出去"。

只需要很少的旋转力就可以损坏我们强壮的身体，相较于线性作用力，旋转力会对运动表现造成更大的破坏。我喜欢向学生展示这样一个贴切的例子：让一个很强壮的人用一只手抓住很轻的横杠或棍子。我站在他的正前方，抓住在他的手的两边的横杠，尽力直线拉开横杠。

当我直线拉的时候，我很难从他的手中把横杠拉出来。但是，当我开始轻轻地顺时针或逆时针（方向无关紧要）旋转横杠时，事情就会发生变化。我不需要太用力，学生的手、手腕、手臂、肩膀和身体最终会扭曲变形。看起来几乎就像他在我面前软化那样。然后，横杠就会从他的手中滑落。

强大的旋转力一直作用在你的身体上——每次你走路、跑步、改变方向、用一只手提东西，或者是在开车时换挡。重要的不仅是训练身体并让身体做好准备去处理这些作用力，而且还要有一个策略来最大限度地提高对抗这些作用力的表现。它不会比这更简单，但是练习翻转将会让所有级别的运动员遇到挑战。

04 当胸部开始接触地面时，在耳后更大幅度地抬起手臂。你可以通过将双臂分开更大的距离，离耳朵更远一点，或者简单地通过加速来促进这个动作。开始伸展身体，采用超人形态。

05 以超人姿势完成，双臂在头部上方伸直，身体伸展，腹部和臀部收紧，双腿伸直，尽可能地抬高。

辅助练习

08

仰卧起坐

仰卧起坐是最流行的动作之一，它在许多方面都很有用。不幸的是，它在过去20年中失去了声誉，这种动作被忽悠为每天做两分钟就可以消除腹部脂肪，解决所有的背部痛楚。事实上，是的，仰卧起坐可以促成上述的一些效果，但它也有助于一些基本功能，比如早上帮你起床。你可能会翻滚到床边，再放下双腿，并执行某种笨拙的仰卧起坐，但它仍然是一个仰卧起坐。

如果回头看一下第7章，你会看到，仰卧起坐和翻转中发生的旋转是执行起立的重要部分。所以，是的，你可以使用仰卧起坐来打造腹肌线条，或帮助建立脊柱周围的肌肉结构，并提高髋关节灵活性，但其作用更深地植根于我们在生活中的基本移动需求。

01 〉

仰卧起坐到屈体01 以仰卧姿势开始，双腿伸直，绷直脚尖，手臂贴近耳朵。启动仰卧起坐：先是双臂和肩膀抬起，离开地面，头部紧随其后，确保脊柱开始屈曲。

02 〉

02 当你达到脊柱屈曲范围的边界时，开始专注于屈髋，双臂开始向上伸过头顶。

01 〉

仰卧起坐到伸手01 以仰卧姿势开始，双腿伸直，绷直脚尖，手臂贴近耳朵。启动仰卧起坐：双臂和肩膀抬起，离开地面，头部紧随其后，确保脊柱开始屈曲。

02 〉

02 继续卷曲，直至全身屈曲，双臂在身前伸直。双脚保持贴住地面，双腿伸直并拢，绷直脚尖。

我最喜欢的两种仰卧起坐变式是"仰卧起坐到屈体"和"仰卧起坐到伸手"。

仰卧起坐到屈体

仰卧起坐到屈体是一种发展髋关节屈曲和脊柱屈曲的全运动范围的一种方法。这个动作也可以用分腿或者转身结束。想想如何将这种仰卧起坐应用到更加困难和技巧性的动作中，如滚动手枪式和双立臂中的过渡。

仰卧起坐到伸手

仰卧起坐到伸手变式教你同时屈曲脊柱和髋关节。我认为这个动作是分别以全身和局部为重点的动作之间的桥梁。手中负重执行这种风格的仰卧起坐也很有用，因为它有助于开发更好的过头姿势。

03 当髋关节达到90度屈曲时，双臂仍然在身前，并准备好伸过头顶。

04 完成：双臂伸直举过头顶，与地面垂直。双腿伸直并拢，绷直脚尖。

03 继续弯曲脊柱，启动髋关节屈曲，同时双手继续伸向脚趾。

04 手伸过脚趾，并且髋关节进入最大幅度的屈曲，努力保持双腿伸直并绷直脚尖。即使背部圆起来，颈部也要与脊柱呈一条直线，眼睛不要看着脚趾。在图片中，我有点僵硬，这就是为什么我无法实现完全屈体姿势的原因。如果你有足够的灵活性，你应该看起来就像一把折刀。

319

举腿

举腿是一种常见的健身动作和体操动作。从功能性角度和在生活及运动中的应用来看，它是很重要的，因为它具有拉动下肢的特点。如果你记得第2章中的空心摇摆（第65页），难以执行的并不是向前的摇摆（那个向前的动作或者仰卧起坐时推的动作），而是向后的摇摆，即来自下半身的拉动。

来自下半身的拉是你经常会做的事情，因为你要抬起腿走路或跑步。即使你做得如此频繁，失去脊柱的稳定性也是很常见的，因为拉经常会导致腰椎伸展。训练和练习下半身的拉力是引导身体在执行下半身拉动力学机制时采用更好的策略来维持脊柱稳定的一个简单方法。我最喜欢的动作之一是举腿。

举腿01 以仰卧姿势开始，双臂放在身边两侧，掌心朝下，提供辅助。双臂靠近身体，你也可以选择双臂稍微离开身体，双腿伸直，双脚并拢，绷直脚尖。

02 肚子吸进去，启动举腿。想着要把下背推到地上。在这样做的时候，颈部往往想要进入伸展姿势，下巴开始抬起。为了在脊柱层面保持中立姿势，要对抗这个倾向。

腿全旋01 以空心体姿势开始，手掌放在髋部旁边的地面上。

02 双腿摆动到一侧，同时保持身体的其余部分尽可能地不动。

03 继续摆动双腿，通过屈髋来帮助实现这个摆动。

04 继续屈髋，并绷直脚尖，脚趾在头部的上方和后方，同时双手下压并抬起髋部，以帮助执行动作。

这个动作以仰卧姿势开始，双臂放在身体两侧，要求你将双腿抬离地面，并且不允许下背部离开地面。一旦达到90度屈曲，你就可以将髋部向前向天空"发射"出去，伸展髋关节，创造与烛台式滚动（第150页）中相似的身体角度。在双腿离开支撑基础的前边界时，可控地加快和减慢双腿的速度需要很大的肌肉张力。

对于举腿，想一想波比中从最低位置甚至平板支撑姿势过渡到站姿，以准备跳跃。在波比中，从平板支撑到站姿的拉腿类似于举腿中的双腿抬起，并且波比中的跳跃与举腿中的髋关节伸展相似。简单，但真正有效。

腿全旋是从举腿升级的一个很好的阶段，因为它引入了一个简单的旋转成分，在单侧负荷的动作或需要你控制绕横截面旋转的作用力的动作中可以看到这种旋转。

03

03 当髋关节达到90度屈曲，双腿伸直指向天空时，在心理上为最后一步的爆发做好准备。

04

04 爆发性地伸展髋关节，进入肩倒立，但保持脚趾在眼睛的前方，永远不要在眼睛上方。保持这里所看到的略微倾斜才可以达到所需的肌肉张力。这是很重要的一点，尤其是要将技能转移到诸如烛台式滚动和空心摇摆之类的动作中的时候。

05

05 将摆动转换到身体的另一侧。

06

06 当你接近原来的空心体姿势时，伸展髋关节并控制腿部的减速。

07

07 以空心体姿势结束动作。

团身起/分腿起/屈体起

在体操世界中，紧随空心摇摆之后最受欢迎的就是这些动作。它们是仰卧起坐和举腿的极好组合，除了训练上半身的推动力学机制和下半身的拉动力学机制以外，还是学习如何改变身体形态而不失平衡的有效方法。

我喜欢从空心体姿势开始这些动作，让脊柱处于紧张状态，并快速进入3种形态之一：

1. 团身；
2. 分腿；
3. 屈体。

这些动作最有价值的方面是，它们教你如何在上下半身同时移动时保持平衡。这是很重要的，因为人们倾向于下半身的移动幅度比上半身移动的幅度更大。在这种动作中，屈服于这种倾向性会导致一种怪异、低效的向后摇摆运动。在其他有用的运动中，如第6章中所见的臂屈伸平衡（第270页），上下身动作缺乏协调性会变得很明显。

这些动作可能看起来很简单，但是需要很长时间，才能掌握在不同的重复次数、负荷和时间要求下做这些动作的技巧和能力。它们永远不会过时，每个人都可以从中受益。

01 >

团身起01 以空心体姿势仰卧，肩膀、双臂、头部和双脚都离开地面。

02 >

02 开始屈髋。当你弯曲双腿时，上半身执行仰卧起坐，同时向前方伸出双臂。

03 □

03 以完全收缩的姿势完成，髋关节屈曲，膝盖弯曲，双臂在身前，直视前方，以保持平衡。平衡点在髋关节上，而不是在下背部。

分腿起01 采用空心体姿势。

02 髋关节屈曲，双腿向两侧伸出，执行分腿动作。双臂和双腿应该几乎对齐，因为目标是用手摸到脚趾。

屈体起01 采用空心体姿势。

02 与团身起和分腿起的唯一区别是，在执行髋关节完全屈曲时，双腿保持伸直且双脚并拢。它看起来与分腿起非常相似，但双腿要并拢，而不是伸向两侧。双手伸向脚趾，脚趾和手在髋部上方或稍微在其前方触碰后要保持一会儿。平衡点在髋关节上，而不是在下背部。

直角支撑

直角支撑是体操运动员必须学习的最基本姿势之一，并且任何人都可以从中受益。它是一种优美、简单而强大的力量表达，它会调动身体的每一根肌纤维。

你可以用许多不同的腿部姿势来执行这个进阶，以逐步增加负荷，但主要的好处是，它使得上半身以解剖学姿势支撑整个体重，双臂在身体两侧提供支撑。身体的L形使髋部的稳定性成分增加，因为躯干和骨盆参与动作，并在腿部重量造成的重负荷下锁定为中立形态。

对于培养动作控制，以及在生活和运动中的普遍应用来说，直角支撑的练习意义重大。

01 >

直角支撑01 以团身姿势开始，双臂伸直，屈髋屈膝，膝在髋的上方，绷直脚尖，直视前方。继续练习，直到可以很容易地保持该姿势几秒，然后转到下一个姿势。

02 >

02 伸直一条腿，另一条腿保持弯曲。

03 ▢

03 伸直双腿，确保双臂保持伸直，肘部锁定。直视前方。脊柱尽可能平直，以获得更好的姿势和平衡。保持双腿伸直，绷直脚尖，理想情况是脚趾高于髋关节。

当然，此动作也有多种变式。其中一个是正掏（Stalder），是直角支撑的分腿变式。由于要求髋关节具有灵活性，其执行会稍微困难一点。你还必须通过让双腿外展（离开中线）来控制提供给髋关节的自由度。

约瑟夫·斯塔尔德是曾经获得奥运会冠军的瑞士体操运动员，参加过1948年伦敦奥运会和1952年赫尔辛基奥运会。他以斯塔尔德全旋（Stalder circles）而闻名，现在，这是所有体操运动员都会在单杠和高低杠上执行的一种常见动作技术。

这个动作有一个轻松的作弊方式：可以把双腿搁在手臂上。在图片中我就是这样做的！

正掏01 开始姿势：双臂放在双腿之间，髋关节屈曲，膝盖弯曲。尝试让膝高于髋，并保持这个姿势。很容易会想到将双腿向内挤压，靠向手臂，以保持平衡。但是要尽量让膝盖不要靠着手臂，以确保力量来自髋部，而不是来自大腿内侧和手臂之间产生的摩擦力。

02 伸展双腿，现在只用双臂支撑自己。确保髋关节屈曲，并且双腿向两侧伸出，呈正掏形态。抬起头，不要让颈部过度伸展，以便找到更好的平衡和可以在其他技巧（如推起式手倒立）中运用的适当姿态。

本节将说明如何将复杂的动作模式（如自由风格四式中的动作）演变成更具挑战性的简单模式。这些动作采用的身体形态和力学机制与执行任何自由风格四式动作的要求相似。

本节主要是为了进一步开发上半身力学机制。上半身旨在执行更精细的动作模式，然而，发展力量和动作能力的机会在流行的运动项目中是有限的，通常需要在健身房完成更多的辅助锻炼。你可以使用本节中的材料作为此类辅助锻炼。

俯卧撑变式　**宽距俯卧撑**

宽距俯卧撑变式需要双臂的逐步外展，以增强推动力学机制。在这个进阶中，双手从与肩同宽到更宽的姿势，然后再到你仍然能够下降和上升的最宽距离。

第5章中介绍的严格俯卧撑（第176页）是一个很好的开始，并确保你为上半身的推形成适当的力学机制。随着双手之间的距离越来越大，原则保持不变，但是宽距俯卧撑需要更高水平的动作控制。因为与严格风格相比，该变式中的肩关节层面的自由度或生理连接较少。最终，如飞鸟俯卧撑所示，当双手的距离已越过某个点，无法维持肘部在手腕正上方且前臂垂直的标准时，适当推动力学机制的要求也会发生变化。例如，肩（主要活动关节）比肘（次要活动关节）覆盖的运动范围要小。

01 **宽距俯卧撑 01** 以平板支撑姿势开始，双手稍稍在肩膀的外侧，手指朝前，稍微分开。肘部锁定。双脚并拢，身体挺直，头部与脊柱呈一条直线。

02 在你下降的时候，努力保持肘部在手腕正上方。肘部会想要偏向外侧或内侧，具体取决于你肩关节的灵活性和力量。

03 在最低位置的姿势中，肘部仍然保持在手腕正上方，就像执行严格的俯卧撑时一样。

飞鸟俯卧撑

飞鸟俯卧撑是学习如何将推动力学机制基础有效转移的好方法，转移到那种可能不会每天用到，但在奥林匹克举重等运动项目中会出现的角度。在抓举中，运动员在过渡到杠铃下时，肘部在头部上方必须锁定。推杠铃的角度类似于在飞鸟俯卧撑中看到的角度。飞鸟俯卧撑需要强大的中线稳定性和对肩关节层面动作控制的良好理解。肘关节成为推举的主要活动关节和重点。

飞鸟俯卧撑的角度也出现在某些投掷运动项目中，例如标枪、棒球和足球。当手臂向前推动时，手臂过渡到肩关节的完全外展。

01 **飞鸟俯卧撑 01** 以平板支撑姿势开始，双手分开得尽可能远，不要让胸部碰到地面。肘部锁定，由于身体的结构，双手转向外侧。由于双臂的倾斜角度产生了离轴负荷，你必须更用力地抓住地面，所以双手会略微拱起。

02 当你下降时，肘部保持在双手的内侧，因为上臂不能到达双手的正上方。这使得肩关节由于所产生的张力而更难发力，并使得肘关节代替肩关节成为主要活动关节。

03 当你推离地面时，要努力保持从头到脚呈一条直线，并专注于锁定肘部，而不是用肩膀推离地面。

辅助练习 08

327

窄距俯卧撑

单臂俯卧撑是上述推动力学机制的一个变式。在这里要练习单侧负荷，方法是缩窄双手距离成内收，而不是扩大距离至外展。

在尝试完整的单臂俯卧撑之前，可以先通过肩关节内收，将严格的俯卧撑升级为窄距俯卧撑。在某些健身社区中，这种窄距俯卧撑也被称为钻石俯卧撑（Diamond Push-up）或"三头肌起爆器"（Tricep Blaster）。

01 ＞　　　　**02** ＞　　　　**03** ＜

单臂俯卧撑01 以平板支撑姿势开始，一只手放在地板上，这一侧的手臂要伸直。略微扩大双脚的距离，创造一个三脚架形状的支撑基础，以获得更好的平衡和稳定性。另一侧的手臂（不执行俯卧撑的手臂）抬起并向侧面伸出。你也可以在做这种俯卧撑时将手放在背后。

02 当你下降时，推动手臂的肘部会偏向外侧。努力保持肘部尽可能靠近身体。在这里，来自单侧负荷的旋转力将导致脊柱层面的问题。抵抗旋转，并保持髋部平行于地面。

03 当你到达俯卧撑的最低位置时，保持抬起的手臂带着尽可能大的张力离开地面，并将重量放在另一只手上。

01 ＞　　　　**02** ＞　　　　**03** ＜

窄距俯卧撑01 以平板支撑姿势开始，双臂锁定。双手彼此相邻，双手几乎形成钻石（或心）的形状。

02 当你下降时，推动手臂的肘部会想要偏向外侧。但努力保持夹紧肘部，甚至要在手腕和手的层面产生一点张力。

03 当你到达最低位置时，肘部会偏向外侧，因为它们需要把空间让给胸腔和胸廓。

侧向俯卧撑类似于单臂俯卧撑，但让你可以发展直线的单关节动作（例如前推、V形前推和铁十字等其他可在体操中看到的练习）。

再次，单臂俯卧撑是极有价值的功能动作，适合于发展任何类型的移位（如行走和跑步），特别是更适合于打开门的动作或执行任何类型投掷力学机制所需的上半身推动功能（在动物王国的所有哺乳类动物当中，人类恰巧最能熟练地运用该技能）。

01

侧向俯卧撑01 以宽距的平板支撑姿势开始，肘部锁定，双手转向外侧。

02

推回平板支撑姿势，并换另一侧执行

02 通过弯曲一只手臂和肩膀，下降到达俯卧撑的最低位置。另一侧的手臂（不做推动的手臂）必须伸直，以保持平衡，并有助于在肩关节层面创造稳定性。

过头俯卧撑

双臂伸过头是练习倒立俯卧撑进阶的一部分，但是当升级到保持平板支撑姿势时，它会带给你一些非常酷的动作，以培养更特别的力量。

推动的最常见表达，是肩关节的屈曲程度比平板支撑时更大的肘部俯卧撑。你会在某些健身比赛中看到这种俯卧撑，许多健美运动员为了练出手臂的大块肌肉而执行这种动作。它是自重训练的"骷髅头"版本。

辅助练习

08

329

锁定肘部是强化肘部辅助推动力学机制的一个好办法，并且可以让肘部准备好在有需要时行动起来。想想起立，以及在从肘部仰卧起坐过渡到完全仰卧起坐姿势时，都要求锁定肘部，同时肩部保持近乎中立。现在想想在穿着负重背心或拿着沉重的哑铃或壶铃的情况下执行起立。

双手逐渐伸过头最终会到达没有剩下多少空间给肘部弯曲的位置。它成为肩关节的动作控制练习，并需要从全身角度驱动更大的动作力量。这个动作叫作奥林匹克俯卧撑；有些人以传奇健身大师杰克·拉伦（Jack Lalanne）为其命名。

肘部俯卧撑和奥林匹克俯卧撑之间的区别在于，肘部俯卧撑要求在最低位置弯曲肘部，并且上臂垂直于地面。在奥林匹克俯卧撑中，没有弯曲肘部或手腕。只有全身动作：从屈曲到伸展。

01 >

02 >

03 < 反向步骤03-01

肘部俯卧撑01 以平板支撑姿势开始，但双手在肩的正前方，眼睛凝视着双手之间的位置。从头到脚趾保持空心体姿势，双脚屈曲，双腿伸直。

02 下降到俯卧撑的最低位置：弯曲肘部并将其放在地面上，用前臂支撑自己。

03 在最低位置的姿势中，要求保持全身屈曲（空心体形态）。然后通过伸展肘部并拉起腹部，向上推回开始姿势。

01 >

02 >

03 □

奥林匹克俯卧撑01 以非常开放的空心体姿势开始，双手尽量向前伸，但要保持全身屈曲。保持双臂伸直且双脚并拢。

02 下降：将全身屈曲的身体姿势变成中立的全身姿势，让髋、大腿、腹部和胸部触及地面，但保持双腿伸直。在这样做时，让双脚进入轻微的背屈，让你可以伸展身体，并给你一些空间和支撑。

03 不要用手臂和腿压向地面，而要收紧腹部，并将髋部向上推，返回到原始的空心体姿势。

头下俯卧撑

　　你可以将俯卧撑升级到过头姿势，同样也可以将其升级到头下姿势或伸展姿势。

　　当双手向后移向髋部或更接近解剖学姿势时，你会注意到两点：

　　1. 肩关节承受更多的负荷和肌肉张力；

　　2. 双手不得不开始偏转。

　　这种夸大倾斜幅度的俯卧撑在体操和健美操中被称为俄式挺身俯卧撑（Planche Push-up）。这种更高级的风格使得肩关节层面的推动力学机制更加困难，并在手腕层面产生更大的压力。

　　受阻俄式挺身俯卧撑更大幅度地旋转肩关节，让你有更多的空间来执行推动力学机制，并使你更接近解剖学姿势。俄式挺身俯卧撑和受阻俄式挺身俯卧撑之间的区别在于，在俄式挺身俯卧撑的最低位置，肘部不会保持在手腕正上方，使得推动力学机制更加困难。

　　如果双手最终移动到不能再向后移的最远位置，通常开始调整推动力量，进入更为苛刻的姿势，特别是在体操中，这是很普遍的，这个姿势被称为俄式挺身（Planche）。

反向步骤03-01

俄式挺身俯卧撑01 以平板支撑姿势开始，手指朝前，双臂伸直，肩在双手前方。倾斜得尽可能远，或者一直到手腕柔韧性的极限。保持身体从头到脚趾呈一条直线。

02 下降：弯曲肘部，降低身体，但要保持全身姿势。

03 在到达最低位置时，肘部不再位于手腕正上方，而是在指关节或手指的上方。

反向步骤03-01

受阻俄式挺身俯卧撑01 以平板支撑姿势开始，肩在双手前方，手指指向脚趾，使肩关节外旋。

02 下降：弯曲肘部。

03 到达最低位置时，让肩尽可能地向前移动，同时不要失去控制。

辅助练习

08

331

俄式挺身

俄式挺身是一个高级体操姿势，用于展示力量和动作控制。这绝对不是我会鼓励我的妈妈去学习的姿势，但是对于年轻运动员来说，除了培养超人的力量之外，它也很有趣，也更令人印象深刻。

三脚架姿势是倒立俯卧撑进阶的基础（第181页），你可以从三脚架开始俄式挺身进阶。你可以在三脚架姿势的基础上使用跷跷板（第198页）建立对俄式挺身所要求的平衡、力量和锁定手臂姿势的基本了解。通过保持也称为乌鸦式（Crow Pose）的跷跷板过渡姿势来提升这些元素。乌鸦式中的平衡让你很好地了解俄式挺身的肩关节姿势，同时因膝盖靠着手臂也减少了负荷和稳定性的要求。

你现在可以练习团身稳定（Tuck Planche），这是乌鸦式的一个变式。通过这个动作，你可以向俄式挺身升级，在支撑身体重量时膝与肘不接触，从而增加肩关节的负荷和稳定性要求。首先让一侧膝盖抬起离开肘部，再升级到两侧的膝盖都抬起——这个动作很简单，但需要多次练习才可以培养出执行它的力量。

01   >   **02**   □

乌鸦式01 以平板支撑姿势开始，但是双膝弯曲并靠在上臂的背面。双脚放在地上，提供平衡和支撑。

02 一只脚或两只脚抬起，离开地面，尽量凭借双手支撑取得平衡。你必须尽可能保持髋部在双手上方抬高，以实现平衡。

01 以乌鸦式开始，双脚离开地面。

02 一侧膝盖抬起，离开肘部，并放在手臂内侧，另一侧膝盖仍然靠在上臂的背面。你可以选择将后脚放在地面上，将重点放在用身体的一侧承受身体的重量上。随着你对动作越来越适应，你可以抬起脚并让膝盖靠着上臂。这样一半的身体在执行乌鸦式，而另一半则执行团身稳定。

03 当你做得更好的时候，将双膝都放在双臂之间，并保持这个姿势，直到你感觉到有足够的力量可以将动作提升到一个新的水平。

　　一旦适应了让双膝都离开双臂的团身稳定姿势，就可以升级到俄式挺身进阶：

1. 平背团身；

2. 屈腿团身；

3. 分腿；

4. 完整动作。

　　在这一进阶中，可以使用弹力带辅助。将弹力带放在腰部，就像在第5章中练习倒立俯卧撑时所做的那样（第171页和第183页）。将弹力带挂在头顶上方的单杠或吊环上。可以选择不同厚度的弹力带，以提供不同程度的辅助，但我强烈建议应遵循本进阶中提出的顺序进行练习。

平背团身稳定 从乌鸦式开始，让膝盖离开肘部并将之放在双臂之间，采用背部平坦的团身稳定姿势。抬起髋部，使背部平坦，大腿与胸部分开得足够远，迫使自己进入更加中立的全身姿势。这需要很大的力量和平衡。

屈腿团身稳定 从平背团身稳定姿势开始伸展髋关节，超过90度。脚跟高于臀部，这要求肩关节前倾幅度更大。目标是尽可能保持髋在手的上方，以找到平衡并使用最小的力量。

分腿俄式挺身 双腿向两侧伸出，绷直脚尖。从头到脚趾保持一条直线。分腿使身体更短。这与第5章所述的使用分腿或宽站姿升级俯卧撑的方式相同。

完整俄式挺身 双腿并拢，直到身体从头到脚趾完全呈一条直线，双腿双脚并拢，绷直脚尖。肩移位到在双手前方更远的位置。保持双手平放在地上，肘部锁定。

俄式挺身可以说是高级的手平衡示例，有些人尽管已经具备执行俄式挺身的力量，但是在完全倒立的时候却无法在双手上保持平衡。所以接下来我要告诉你的是进入头倒立和手倒立的方法。

推起式头倒立

推起式头倒立或手倒立是在没有跳跃或踢脚的情况下进入头倒立或手倒立姿势的行为，要保持控制地推离地面，同时在双手上取得平衡并且改变身体形态，直至实现所需姿势。在体操界中，这是相对较基础的动作，但需要很大的力量和技巧才能执行。它不是不可能的，但它需要一些练习。

开始学习如何执行推起式手倒立力学机制的最佳途径就是学习推起式头倒立。你可以遵循基本的进阶来执行推起式头倒立。

我首选3种执行推起的风格：

1. 团身；

2. 分腿；

3. 屈身。

它们就执行目的而言地位都是平等的，但每个风格所要求的动作能力却略有不同。

团身是那些对推起只有极少甚至没有经验的人会采用的最自然的形态，但从技术角度来说，它比分腿更难。这种额外的难度来自于在整个过渡期间，体重分布相对于支撑基础会发生变化。

就力量而言，分腿是3种形态中最容易的，因为它允许的身体质量移位最小，但是由于分腿姿势（特别是直腿）需要更高水平的动作能力，正如之前看到的，这使得在髋关节层面更难找到张力。常常听到第一次尝试它的人说："我甚至不能开始移动——我不知道要推哪里才可以创造张力。"

团身推起式头倒立和分腿推起式头倒立之间的区别在于：在团身姿势中，大腿靠近胸部，但是双腿并拢直接靠向胸部；而在分腿姿势中，双腿是向着额状面靠近胸部。这种压缩或髋关节屈曲使你可以在展开之前先折叠成最窄的形态，以便进入倒置的头倒立姿势。

屈体虽然就移动部位而言是最简单的，但由于身体质量在转换期间有更大的分散，所以它也是最为困难的形态。

推起式头倒立不仅可用于升级到推起式手倒立甚至手倒立，而且还是学习如何在双腿移动时控制三脚架姿势的好方法。它与倒立俯卧撑的准备（第179页）直接相关，对于以有趣而酷炫的方式提高倒立俯卧撑来说是一种有效的训练。

01 >

02 >

团身推起式头倒立01 以三脚架姿势开始，双脚在地面上，双腿伸直，髋关节屈曲。双手在头部附近你可以看到它们的地方。髋部在头部上方，但是脊柱稍微屈曲。

02 通过弯曲膝盖将大腿拉到胸前。在这样做时，你把自己压缩到一个狭窄的姿势中，便于执行下一个动作。

01 >

02 >

分腿推起式头倒立01 以三脚架姿势开始，双脚在地面上，双腿伸直，髋部在头部上方。

02 发起动作：将大腿拉向胸部或额状面，分腿或将双腿向两侧分开，不要弯曲双腿。将双腿拉向自己，直到因为灵活性限制或者因为到达髋关节屈曲和外旋的边界而不能继续拉近。

注： 屈体推起式头倒立的执行方式与分腿式完全相同，区别只是前者双腿保持并拢。

03

04

05

03 一旦大腿碰到胸部，就让双脚离开地面，抬起。在这样做的时候，把重量移位到头部上方，使它位于双手和头部所创造的支撑基础上方。

04 抬起髋部，让背部保持平坦。继续抬起髋部，直到髋部在头部的正上方。

05 双腿完全伸展，脚趾在双手的上方。

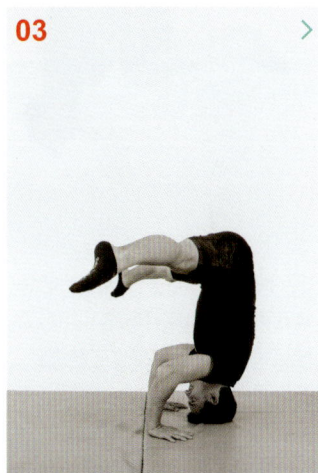

03

04

05

03 让背部变得平坦，让髋部在头部的正上方，随后将双脚抬起，离开地面。

04 慢慢地在头部上方开始并拢双腿，保持平衡。

05 以完整的头倒立姿势完成。

推起式手倒立

手倒立有悠久的历史，对于有兴趣学习体操的人来说，这是所有姿势中的国王。它对于生活和运动的重要性已在第5章中介绍过。有很多方法可以进入手倒立。推起式手倒立是将俄式挺身中培养的技能连接到手倒立的重要方法。它实际上比完整的俄式挺身更容易做到。

推起式手倒立比倒立俯卧撑要困难得多，但它是从后者演变而来的。有很多方法可以学习这个动作：

1. 将头放在比地板更高的平面上，并开始模仿手臂伸得更直的姿势；
2. 请别人观察你的髋部，并协助动作。

01 >	02 >	03 >

团身推起式手倒立01 双手放在地上可以看得到的地方，双臂伸直。双脚尽可能靠近双手，双膝弯曲，髋在膝之上。

02 肩膀前倾，让髋部更靠近未来的支撑基础（双手）。在这样做时，大腿尽可能地压向胸部，就像在团身推起式头倒立中所做的那样。髋在双手上方，你应该开始获得平衡感。

03 大腿向胸部挤压会自然地导致双脚慢慢地离开地面，并启动推起式手倒立。如果你不够强壮，不能同时抬起两条腿，你可以先练习抬起一只脚，再抬起另一只脚，但最终你要同时移动双脚。

3. 执行推起式头倒立动作，但在开始推时努力保持将尽可能少的重量放在头上。一旦倒立，就执行倒立俯卧撑。

4. 执行动作时手臂弯曲。

5. 使用弹力带辅助，这样可以使你在执行动作时不需要其他人辅助。

学习推起式手倒立并没有唯一正确的方法；坚持练习，并确保本书中提出的所有动作的基础和原则都具备。这个动作也可以帮助你在吊环上进入手倒立。

04 让背部保持平坦，努力保持大腿压向胸部，髋在手和头的上方。

05 髋部保持在肩和手的上方，开始将双腿伸展到头部上方。一定要伸向天空，而不是向前或向后，以保持平衡。

06 完成姿势：完整的手倒立，脚、膝、髋、肩、肘和腕呈一条直线。

分腿推起式手倒立 01 以宽站姿开始，双脚平放在地面上，双腿伸直。双手平放在身前的地面上，手臂伸直，肩在手的正上方。

02 启动推：向前摇摆或者将体重移位到手的上方。在这样做时，要专注于尽可能地将大腿压向胸部，并尝试绷直脚尖，以便开始抬起髋部。

03 当你前倾至可以在支撑基础上方平衡质量中心时，你可以让双腿向两侧伸出，进入分腿动作，开始执行推起式手倒立。这将使双腿更靠近额状面或靠着胸部，如团身推起或团身推起式头倒立中所见到的一样。

屈体推起式手倒立 01 双脚并拢，双腿伸直，俯身，将双手平放在身前的地面上。

02 启动推起：肩膀前倾，将重量移位到双手的上方，双手将是接下来的支撑基础。增加屈体姿势的幅度，将大腿压向胸部。在图片中，我正在努力保持双腿伸直，因为我的柔韧性不足。

340

04   >   **05**   >   **06**

04 当髋部到达头部上方时，继续分腿并伸展双腿。这是成败在此一举的时刻：如果你不能保持髋部在头部上方，你将失去力量和平衡，倒向地面。专注于用双臂推离地面，保持髋部在头部上方。

05 保持分腿，并开始将双腿伸向头部上方。

06 完成姿势：完整的手倒立，双脚并拢，双腿伸直，绷直脚尖。从头到脚趾呈一条直线。

03   >   **04**   >   **05**

03 当你不能将大腿继续压向胸部时，开始将髋部送到头部上方，让背部变得平坦。当你推离地面时，努力控制好肘部的锁定。

04 在进入更大的倒置角度，更接近手倒立的姿势时，慢慢地开始伸展髋关节。非常努力地保持髋部在头部上方，并且在伸展髋关节时完全专注于保持平衡。超过90度时是决定任何推起式手倒立成败的时刻。

05 90度过后，它不再是一个力量动作；现在，它只与平衡和控制有关。继续推起，直到你到达完整的手倒立姿势。

弹力带推起式手倒立

你可以在有辅助的情况下执行推起式手倒立的任何变式（团身、分腿或屈体）。如果你执行这个动作的力量不足，你可以请一位保护员帮助你，让你的髋部在头部上方，或者你可以将弹力带连接到上方的单杠或吊环上，作为辅助来帮助你完成动作。

在挂好弹力带并将其缠在腰上之后，俯身把双手放在地上。重要的是，与在其他弹力带辅助的动作（如俯卧撑和倒立俯卧撑）中看到的不同，髋部不在单杠或锚点之下。你必须将自己推离单杠或锚点，以创造一个倾斜角度，便于髋部移位到头部上方。

01 >

02 >

03 >

弹力带推起式手倒立 01 采用分腿姿势，双手平放在地面上，弹力带的倾斜角度可以帮助你将髋部推起并向双手上方移动。

02 大腿尽可能地压向胸部，把体重移位到双手上方。

03 仍然保持分腿姿势，开始抬起双腿并让背部变得平坦。

请注意，在此版本的手倒立中，弹力带的力量会导致身体轻微的角度倾斜。如果你进入完全垂直于地面的完整手倒立，你可能会倒下。所以你在图片中看到的身体轻微倾斜只是因为我主动靠向弹力带，以便在执行这个动作时感受到支撑。弹力带越薄（即你获得的支撑越少），你越能接近垂直的手倒立姿势。

04 继续把将髋部带到头部的正上方，然后开始并拢双腿。

05 完成姿势：双腿并拢，实现完整的手倒立姿势。

摇摆式倒立俯卧撑

俄式挺身、倒立俯卧撑和超人摇摆三者结合，为进入手倒立创造了另一个有趣的变式：摇摆式倒立俯卧撑。我喜欢这个变式，特别是因为第7章中提到的想象游戏（第308页）。

摇摆式倒立俯卧撑是从伸展的身体姿势摇摆成手倒立姿势的行为。摇摆从拱形平板支撑姿势开始，如第7章（第292页）所述。不要改变这种形态，执行一次流畅的向前摇摆。将双腿带向天空，如同做俯卧撑那样推离地面，胸部就会从地面上升起来，让你有机会利用推所创造的空间。将头部放在地上，以头倒立姿势完成，然后执行一个倒立俯卧撑。

01 〉

02 〉

摇摆式头倒立01 进入完全伸展或拱形的俯卧撑姿势，身体为全身伸展姿势。保持双臂伸直，双手放在肩的正下方，直视前方。

02 向前摇摆，保持全身伸展的形态。在身后抬起双腿，同时保持双脚并拢，绷直脚尖。

01 〉

02 〉

摇摆式手倒立01 开始姿势与上面的摇摆式头倒立的开始姿势相同。

02 执行同样的向前摇摆。

将摇摆式倒立俯卧撑拆分为两个部分，这是一个很好的练习方法。最后，将这两个部分连接起来，自然地从摇摆直接进入手倒立姿势，如进阶中所见。

这个动作非常适合于锻炼推动力量，也是一个方便的辅助性动作，作为任何需要在吊环上倒立的动作（如吊环倒立俯卧撑）的前奏。

同样，如果不理解自由风格四式培养的动作能力，没有掌握诸如手倒立等其他几个姿势，就很难执行这些姿势。

03 在向前摇摆时，将脚跟向上推向天空，并开始用手臂推离地面，让胸部从地面升起来。保持前臂垂直，肘部在手腕上方。保持中立的颈部姿势，下巴收向胸部。

04 反转全身伸展姿势，使之进入更偏向中立的全身姿势，以头部滑入头倒立姿势来完成动作。

03 不要像执行头倒立时收下巴，保持推动。

04 继续推离地面，就好像正在执行倒立俯卧撑那样。采取空心体姿势，以实现更好的动作控制。

05 以手倒立姿势完成动作。

辅助练习

08

345

手倒立

手倒立是你需要练习的姿势之一。除了趣味性，它还可以帮助你培养非常好的动作控制能力。本书并非讲述手倒立动作本身，而是介绍适用于手倒立的动作原则，并说明手倒立对生活和运动的其他方面有何影响。

你可以使用倒立俯卧撑进阶开启掌握手倒立的旅程，但如果你害怕倒立姿势，我强烈建议你找一位教练。当你准备好后，再回来练习我尝试教你的那些动作。

我喜欢把手倒立视为双臂向上的解剖学姿势。当我以这种方式看待它时，从下而上，我将手视为脚，肘相当于膝，肩相当于髋，而髋则相当于肩，膝相当于肘，脚就是手。我希望举起的双手是一条直线，双臂锁定，双手抓住地面。柔软的手部姿势就像在以脚跟为着地点站立，而不用跖球部和脚趾来平衡。当你站立时，你会不断地通过改变脚趾姿势来寻找平衡。在手倒立中你也必须这样做。

01

踢腿成手倒立 01 从双臂伸直举过头开始，收紧臀部和腹部，双腿伸直。在身前抬起一条腿。

02

02 抬起的脚下降成弓步。确保后腿伸直。

03

03 以前腿为轴旋转，保持支撑腿的胫部垂直。尽可能保持从双手到抬起的脚呈一条直线。

04

04 继续绕支撑腿旋转，直到双手到达地面，进入手倒立姿势。

05

05 仍然保持分腿的姿势，支撑腿推离地面。保持分腿姿势会更容易平衡。当你找到平衡后，并拢双腿，以手倒立姿势完成。

最普遍的倒立方式是执行踢腿成手倒立。如果仔细看这个进阶，就可能会注意到，踢腿成手倒立只是执行弓步并绕支撑腿旋转，将空间方位改变了180度。如果正确执行，它让你甚至在开始动作之前就可以采用手倒立姿势。请注意：在开始弓步之前，我将我的身体定位在手倒立姿势，当我通过弓步踢腿时，我努力保持同样的姿势，直到双手到达地面。这是学习在改变空间方位和对抗单腿运动产生的旋转力时，保持中立全身形态的一种极佳方法。

当你踢腿成手倒立时，重要的是要测量出一个距离。该距离应该是身体长度加上手臂伸过头的长度，如图片中所示。为了测量出这个距离，躺下，手臂举过头，身体尽可能挺直。这是你在踢腿成手倒立中双手的目标位置。

手倒立的执行要点

最重要的执行要点之一就是从头到脚趾创造一条最稳固、最直的线条，双手作为支撑基础，肘部锁定，双肩向上推，压着耳朵，保持脊柱中立，双腿伸直，双脚并拢。尽可能绷直脚尖。绷直脚尖会产生更大的张力，实现更好的控制和平衡。

还要专注于作为支撑基础的双手。在执行手倒立时，重要的是，不要只是将双手平放在地面上，而要抓住地面。你想要伸出手指，保持双手的食指平行，然后将指尖向下压入地板。注意压力会导致指关节颜色发生变化。这种压力让你可以更好地控制手倒立，并自下而上地带来更强的控制。

手倒立行走

大多数人试图学习手倒立时很难保持姿势；要么倒下，要么执行了手倒立行走，直到他们最终找到平衡。对于初学者来说，手倒立行走虽然比静态手倒立更容易，但却带来了完全不同的挑战。因为双手在移动，即支撑基础不断变化，并且单侧负荷会引起旋转。初学者遇到的最常见的问题是：

1. 不知道如何踢腿成手倒立；
2. 无法向前走。

学习踢腿成手倒立并将该技能转移到行走手倒立的一个有效方法是，首先踢腿成靠着墙的手倒立。墙壁充当保护者，但你在踢腿时必须有所控制。第一只脚碰壁的那一刻应该是缓慢而可控的；可以完全控制住速度是一个巨大的优势，不仅仅是有利于踢腿成手倒立行走，还有利于基本的手倒立保持。

大多数人在试图用双手行走时遇到的另一个关键问题是无法向前走。这通常是因为：

1. 我们喜欢朝着自己可以看到的方向前进，而在手倒立中，你在看着相反的方向，这让大脑瞬间发生"短路"；
2. 你在尝试用双手而不是双腿引导行走，以使质量中心移位到双手所创建的支撑基础的上方。

靠墙手倒立行走01 背对着1米左右之外的墙壁，踢腿成手倒立，将你的平衡点移向墙壁。

02 当你带着控制倒向墙壁时，双臂移动几步，让自己靠近墙壁。

03 当你进入手倒立姿势时，你应该斜靠在墙上，肘部和手臂锁定，绷直脚尖，并收紧腹部。身体越紧张，这个动作就越容易。

一旦你可以熟练地踢起来，并且双脚不会撞到墙上，就可以开始逐渐移动离开墙壁。从很短的距离开始，逐渐增加距离，直到在双脚倒向墙壁之前，可以用双手走几步。墙壁为你提供的不仅仅是安全，也提供了升级到手倒立行走的目标终点。

　　现在踢腿成手倒立，让自己倒向墙壁。不要让自己向后倒下，而是走一步到达墙壁，让自己以手倒立姿势碰到墙壁。你可以逐渐拉大这个距离，直到你觉得自己在碰到墙壁之前可以走若干步。

　　掌握了靠墙手倒立行走之后，你可以升级到自力撑持式手倒立行走。保持平衡的关键是：双脚在头部上方，通过受控的质量中心移位来启动行走。当伸脚时，需要保持很好的全身直线，如基本的手倒立姿势所示。双脚在头部上方伸直让你可以成功迈出第一步。

　　请注意，在图片中，虽然我的双手稍微抬起，但这个动作更像是滑步。

　　通过使用本节中的墙壁进阶，你可以逐渐增加所覆盖的距离，并始终以墙作为目标终点。

自力撑持式手倒立行走01 以手倒立开始，双手在肩膀的正下方。

02 髋和双腿稍微移位到头部上方，你可以相对于双手创造的支撑基础来改变质量中心的位置。这让你可以用一只手迈出一步。

03 继续将髋部移位到头部上方，交替地抬起双手，跟上重量的移位。在终点标记处，以手倒立完成，并保持住，以展示控制。

单臂手倒立

掌握手倒立的行走和静态版本后，单臂手倒立非常适合于提升在保持稳固的过头姿势的同时对抗因单侧负荷要求而产生的旋转力的能力。

以下展示的两个姿势是分腿式单臂手倒立和单臂手倒立。

在执行这种单臂手倒立时可以双腿并拢，并将脚趾引向想要实现平衡的那一侧。

01

02

03

分腿式单臂手倒立01 以手倒立开始，双腿呈分腿姿势。

02 髋部移位到其中一只手的上方。让更靠近支撑臂的腿稍微向着地面下降，以保持从头部到髋部呈一条直线。另一侧的手应该开始稍微抬起，离开地面，但你可以用手指辅助保持平衡。

03 一旦全部重量已经移位到支撑臂，就可以将另一侧的手臂完全从地面上抬起来，并期待做到最好！

01

02

03

单臂手倒立01 以手倒立开始。

02 髋部移位到其中一只手的上方。在不失去平衡的情况下，尽可能地引导双脚远离支撑臂，以保持从头到脚趾呈一条直线。另一侧的手应该开始稍微抬起，离开地面，但你可以用手指辅助保持平衡。

03 一旦全部重量已经移位到支撑臂，就可以将另一侧的手臂完全从地面上抬起来，并将它向侧面伸出，以帮助平衡，或者将它放在髋部，作为一种风格形式。现在，努力争取做到最好吧！

水平

后水平可被认为是收腹举腿穿臂成后悬垂（Skin the Cat）的最低位置（德式悬垂）及其中间位置（倒立悬垂）之间的中途姿势。身体并不是弯曲的姿势，而是完全伸展且平行于地面的中立全身姿势。另外，这是一个静态保持。保持该姿势的关键是理解在收腹举腿穿臂成后悬垂的后半段中培养的肩关节推动力学机制。

前水平可以被认为是收腹举腿穿臂成后悬垂的开始悬垂及其中间位置（倒立悬垂）之间的中途姿势。身体并不是弯曲的姿势，而是完全伸展且平行于地面的中立全身姿势。这也是一个静态保持。保持该姿势的关键是理解在收腹举腿穿臂成后悬垂的前半段中培养的肩关节拉动力学机制。

后水平 身体平行于地面，面朝下。肩关节伸展，双臂向下推。

前水平 身体平行于地面，面朝上。肩关节屈曲，双臂向下拉。

收腹举腿穿臂成后悬垂

收腹举腿穿臂成后悬垂将在团身起、分腿起和屈体起中学到的空心体姿势的挑战与直臂时的推拉力学机制结合在一起。该动作的前半段主要是将肩关节从完全屈曲拉到完全伸展。其下半段主要是将肩关节从完全伸展推回到完全屈曲。身体也完成了360度的空间方位变化。

收腹举腿穿臂成后悬垂 01 从吊环悬垂下来。

02 屈髋，抬起双腿，保持双腿伸直。

03 继续屈髋，并将髋部拉离
地面。

04 通过将脚趾引向头部的上方
和后方，启动身体的向后旋转。

05 髋关节完全屈曲，身体反转，
脚趾指向地面。

06 一旦髋部越过双臂，逐渐伸
展髋关节，脚趾指向地面。

07 在最低位置的姿势中，完全
伸展髋关节。采用空心体姿势，
肩关节完全伸展。为了反转动作，
头部内收，向上送髋，同时把大
腿带到胸前。

本节教你一些基本的翻滚动作。翻滚是很重要的，因为它提供了控制下落或退出涉及方位变化动作的技巧。这对于练习的安全性和提高信心都非常有帮助。

前滚翻

在上一节中，靠墙手倒立行走进阶被证明是增加双手行走距离的好办法。但在没有墙壁时，你通常会茫然不知所措，因为没有用来标记终点的墙壁，而你在行走的方向上没有退出策略。其中一个很好的退出策略是滚出，这需要练习前滚翻。

01

前滚翻01 站直，双脚并拢，身体挺直，双臂伸直举过头顶。

02

02 呈髋关节铰链，俯身，同时在身前伸出双臂，就像在老人深蹲中那样（第113页）。

03

03 双手放在地上，让双腿弯曲，但保持髋高于膝和头。在图片中，我的脚跟已经离开了地面，表明我将要跳跃，以启动滚动。

06

06 在旋转时，让空心摇摆带来的动量将你推过去，让你可以像在烛台式滚动（第150页）中那样站起来。

前滚翻是在向前运动中执行的完整360度旋转。学习这个动作很重要，因为在手倒立中，如果你最终移位的重量太大，前滚翻就可能是一个有用的退出策略。

请注意，当双手到达地面时，动作与倒立俯卧撑的反向阶段相同。如果无法执行在第5章的俯卧撑一节（第165页）中所示的推动力学机制，则常见的错误是伸手距离还不够远，并且肩膀没有朝向正确的方向，导致失去了对旋转的控制，质量中心仍然位于支撑基础的起点端，而不是越过支撑基础。这个例子说明前滚翻同样需要在倒立俯卧撑一节中提到的推动力学机制。另外，在前滚翻中执行的俯卧撑，看起来更像是在倒立俯卧撑中的垂直俯卧撑，而不是水平俯卧撑。当你升级到手倒立前滚翻时，可以进一步采用这种垂直方位。

04 执行跳跃，将髋部送到头部上方。略微弯曲手臂，在肩关节层面采用类似于倒立俯卧撑的姿势。

05 将动量转移到滚动中，收下巴，让肘部越过双手。在这里重要的是要采用空心体姿势，并尽可能长时间地保持双腿伸直。

07 当你完成空心摇摆时，把脚跟推向地面，双脚平放在地面上，以抬起髋部。双臂在身前伸出，让髋部离开地面，双脚站稳。

08 开始站立，挺胸，执行正确的深蹲。

09 以完全站立的姿势完成，并且双臂过头。

手倒立前滚翻

手倒立前滚翻是执行从手倒立直接进入前滚翻的行为。首先，你可以执行倒立俯卧撑的反向阶段或下降，直到头部接触到地面，然后将下巴收向胸部，并执行在前滚翻中概述的滚动力学机制。

高级运动员并不需要执行在图片01和图片02中看到的倒立式俯卧撑。你只需要将脚跟推到头部上方，倒下，退出手倒立，并采用幅度更大的空心体姿势，以便执行滚动，不再需要屈臂。

这个动作是适用于任何手倒立的退出策略；另外，这是发展滚动力学机制正式方法的有效途径。

手倒立前滚翻01 以手倒立姿势开始。

02 启动前滚翻：开始弯曲双臂，好像要执行倒立俯卧撑一样。当头部将要接触地面时，收下巴，让自己采用更大幅度的空心体姿势，这将有助于旋转。

03 继续执行滚动，从手倒立姿势进入屈体滚动。

04 双腿弯曲，进入团身姿势，以便开始将双脚指向地面。这种屈膝可以提高速度，缩短身体，并让你可以将双脚放在地上。

05 执行有力的仰卧起坐。

06 过渡到深蹲，双脚并拢，用力压地面，以开始站立。

07 完成姿势：完全站立，双臂举过头并完全伸展。

与任何动作一样，学习如何反转手倒立前滚翻大有裨益。在发展滚动力学机制时，我相信学习后滚翻和后伸展滚翻是很重要的。

后滚翻

如果你回到空心摇摆，并开始增加其运动范围，最终会发生烛台式滚动。但是烛台式滚动（第150页）是一种主要侧重于前向运动而不是后向运动的滚动力学形式。在本进阶中，有一个简单的训练将弥补这一缺憾，并与后滚翻相接：执行烛台式滚动，双手平放在地面上成肩倒立，屈曲肩和肘，直到你可以把双手平放在靠近肩的地面上。

这个训练可以帮助你准备进入将身体推离地面所需的姿势，以便继续向后旋转，并使得头部可以离开地面，髋部转移到头部上方。后滚翻过程中执行的推动力学机制非常类似于倒立俯卧撑中的推动力学。唯一的区别是：在后滚翻中，肩关节的屈曲运动范围更大。这个姿势和把双手放在地上的动作与在奥林匹克举重中执行高翻时看到的动作相似。在高翻中，当杠铃上升时，手臂必须屈曲并绕杠铃弹出，以使运动员形成托架姿势，将杠铃放在肩上，并准备下一个动作。

一旦你掌握了这个动作并且可以在执行它时保持控制，头部在过渡期间不充当支撑基础，只是把双腿放在地面上，你就可以使用此过渡姿势作为倒立俯卧撑的准备，将后滚翻升级到后伸展滚翻。

01 >

后滚翻训练01 从空心摇摆仰卧起坐或向前摇摆的初始姿势开始。

02 >

02 像在正常的空心摇摆中那样向后摇摆，但速度更快。你将利用这个速度来将髋部从地面上抬起。

03 □

03 将双手平放在耳朵旁边的地面上，同时迅速将髋部从地面上抬起，并绷直脚尖，指向天空。

01 后滚翻 01 站直，双臂靠近耳朵，身体挺直，双脚并拢。

02 执行部分深蹲，在向后送髋时最大限度地屈曲髋关节。感觉自己好像正要离开支撑基础的后边界。

03 当你到达这一刻时，髋部轻轻地放在地上，并采用摇摆姿势。在这个姿势中，背部圆起来，髋部远离双脚，让你可以获得更大的动量。

04 双腿弯曲，执行空心摇摆的向后摇摆。

05 快速将双手放在地上，执行前面解释的后滚翻训练。肘部保持在手腕正上方，你现在有足够的空间来推离地面，并确保头部不会接触地面。

06 收下巴，推离地面，几乎要执行倒立俯卧撑或倒立俯卧撑的立起姿态，从而让头部离开地面，继续滚动。保持双腿屈曲，以携带这个动量，使这个动作更容易一些。

07 双脚放在地上，同时保持双手也在地上。这类似于老人深蹲触地姿势（第115页）。

08 举起双手，并开始站起来。

09 完成姿势：双脚并拢，双臂举过头。

后伸展滚翻

后伸展滚翻是执行后滚翻进入倒立俯卧撑的行为，其中后滚翻的过渡姿势是倒立俯卧撑的开始位置。在这个姿势中，双手在地面上，脊柱屈曲，双腿屈曲，如倒立俯卧撑中摆动的最低位置所示。这是一个利用摆动式倒立俯卧撑力学机制的机会，踢腿，双腿伸直指向天空，然后伸展双臂，直至达到完整的手倒立。

在后伸展滚翻中需要注意以下两点。

后伸展滚翻01 站立，双臂举过头。

02 执行深蹲：向后推髋，就像在后滚翻中所做的一样。

1. 在整个动作过程中保持双脚和双腿并拢，以实现最佳的控制、方向和摆动力学应用。

2. 由于向后旋转，你必须以略微前倾的角度执行双腿的摆动，如烛台式滚动中所示，以便在手倒立中找到平衡。滚动产生的动量将身体的质量中心拉到支撑基础的中心，因此，可以实现伸展。

后滚翻中的手臂力学机制模仿了奥林匹克举重中的高翻动作模式，在后伸展滚翻过程中的踢腿成手倒立则类似于挺举中的动作，即跳跃让杠铃从肩上位置变成过头位置的行为。

03 在向后摇摆时，髋部比在后滚翻时要更加向后。

04 继续向后滚动，双腿弯曲，并开始将双手带向地面。

05 一旦双手到达地面，就开始推离地面，为头部腾出空间。

06 爆发式向天空伸展髋关节和双腿，就像正在执行摆动式倒立俯卧撑那样。

07 完成姿势：完全伸展双臂并保持手倒立姿势。

一旦掌握并能熟练执行前滚翻和后滚翻，就更容易理解执行肩滚翻所需的力学机制。这是滚动力学机制更加自然的适应，在武术和跑酷中都可以看到。

肩滚翻是执行上一节所示的前滚翻或后滚翻，但是仅用一侧肩膀，侧向为头部和颈部腾出空间，并沿背部对角线滚翻的行为。

肩滚翻通常以向前运动的方式执行，因为它是向前落地，滚过去并保护人体免于受伤的自然适应。

烛台式滚动是练习前滚翻和后滚翻的好方法，而肩滚翻则可以使用滚动弓步作为进阶。学习肩滚翻，最好是从弓步姿势开始：将支撑腿对侧的手臂从侧面放下，并稍微靠向身前，同时另一只手臂在身前伸出并内旋，手指指向对侧的手或后腿。一旦双手到达地面，就必须前腿和后腿蹬地，开始抬起髋部。当髋部抬起时，就可以收下巴并偏向一侧，就

肩滚翻01 从弓步开始。在图片中我的左腿在前，这意味着我要从左肩翻转到右髋。如果右腿在前，就将是从右肩翻转到左髋。

02 右手放下在身边，左手向前伸，以启动翻滚。伸出的手臂的肩关节应该旋转，以便手指指向自己。

03 绕前腿旋转：用后腿将髋部推到头部上方。头部内收，好像正在看着双腿下面那样。

像你正从第一只手臂下面看向自己背后一样。当肩膀的背面到达地面时，让身体跟随这一动作，这自然会倾向于以对角线方式滚翻过背部。如果滚过右肩，那么这个翻滚将朝着左髋完成。这种对角线运动主要是让软组织与地面接触，避免骨挫伤，并保护脊柱免受冲击。完成姿势和执行滚动弓步一样，你可以后腿屈膝并将其放在弓步支撑腿的腘窝后面，用后腿形成一个"4"字。

这个滚翻是发展滚动力学机制的有效方式，如果你碰巧跌倒，可以让你不会那么痛。

每个人自己的生活和运动技能库中都应该拥有滚动力学机制，特别是涉及相当多的倒下并需要尽可能快速安全重新起来的团队运动项目运动员。滚动不仅仅是更安全和更好的倒下并起来的策略，而且还让你可以执行酷炫的动作，如著名的李小龙起立（Bruce Lee Get-up）和后空翻。

04 >

05 >

06 □

04 继续滚动，进入在滚动弓步中（第154页）看到的"4"字形腿部姿势。

05 当身体绕着开始时放在身后的腿（右腿）旋转时，将右手放在地上。

06 前腿（左腿）站稳，并以弓步姿势完成。

屈伸起（"鲤鱼打挺"）

除了"精彩"以外，没有更好的词语可以用来形容这个动作了。它直接与在第6章的摆动式双立臂中所见的过渡（第272页）有关。

开始姿势看起来和后滚翻的烛台式滚动进阶完全一样。踢腿起与在后伸展滚翻中执行的动作相同，但双腿要增加向前的幅度和方向。通过屈膝带动脚跟，与在双立臂过渡中的脚跟移动完全相同。向前旋转的翻转与在双立臂的仰卧起坐进阶中执行的动作相同，更不用说烛台式滚动。最后，落地类似于波比中的跳跃和落地。

在这个进阶中，我的落地形态模仿了在双立臂进阶中看到的吊环臂屈伸的最低位置姿势，但是你可以采用任何自己想用的形态。如果你想更正式些，首选的落地姿势是在波比的落地部分中看到的部分深蹲。

01

屈伸起进阶01 以仰卧姿势开始，双手平放在地面上。屈髋，使双腿离开地面，直指天空。

02

02 继续抬起髋部，并且脚趾伸过去，超过头部。

03

03 双手不要移动，髋关节用力向着天空伸展，执行肩倒立姿势，但允许自己向前倒下。

04

04 在踢出去的中途弯曲双腿，并将其引导向地面。挤压臀部，以保持下背部的张力。

05

05 以拱桥姿势完成。你需要让髋部以伸展姿势离开地面，让这种努力取得最大的成效，并能够执行屈伸起。

01

屈伸起（"鲤鱼打挺"）01 以仰卧姿势开始，双脚并拢。双手放在头部旁边的地面上，采用与向后滚翻相同的姿势。肘部保持在手腕的正上方，然后向内压，夹着头。腹部应该收紧，双腿伸直。

02

02 双腿从地面抬起，屈髋，保持双手的姿势。

03

03 髋关节完全屈曲，双脚伸过面部。

04

04 髋关节用力向上向前伸展，实现在烛台式滚动、后滚翻和后伸展滚翻中看到的肩倒立姿势。

05

05 继续向前推动双脚，几乎进入拱桥姿势，但双脚离开地面。在弯曲双腿时继续将脚跟推向地面，同时双臂用力地推离地面。

06

06 在空中，将胸部推向大腿，执行快速的仰卧起坐。当双脚碰到地面时，你应该在深蹲的最低位置。双臂可能处于臂屈伸姿势，模拟双立臂的动作。这使得该动作成为学习摆动式双立臂过渡的极佳训练。

07

07 以站直姿势完成。

辅助练习

08

365

站立团身后空翻

站立团身后空翻是体操和其他杂技艺术项目中的常见动作。这是另一个表现人体潜能的伟大动作，并证明了看似不可能的事情如何成为可能。

站立团身后空翻最大的优点是，它并不复杂。如果你有适当的动作基础、基本的力量和技能、好教练和良好的学习环境，它是可以实现的。

站立团身后空翻首先要执行稍微向后倾斜的垂直跳跃，然后是"膝碰肘"（参考第368页的"辅助练习"一节），并且使用在手枪式一章中看到的深蹲力学机制，以波比一章中所示的落地姿势完成。

01 >

02 >

03 >

站立团身后空翻01 站立，双臂伸直举过头，全身在一条直线上。

02 把双手放在身体两侧，开始下降，进入部分深蹲。

03 在到达部分深蹲姿势时，让双臂向后摆动，但因为将髋部向后推，髋关节会受到最大的张力。尝试让胫部保持尽可能垂直，保持挺胸，并直视前方。

只要你想，就可以做得到。要聪明，只冒有备之险！

04 执行垂直跳跃，同时肩膀向上向后拉，创造略微倾斜的角度和轻微的全身伸展，以方便旋转。

05 此时，你是失重的。以最快的速度执行膝碰肘，将双腿从地面拉起来，并保持跳跃时肩膀的位置。

06 双手和手臂保持在将髋部拉向它们进入团身姿势时的位置。不要把双手拉向双腿，而是把双腿拉向双手。抓住胫部，以方便旋转。

07 继续旋转，直到髋部越过头部，并能看到地面。放开胫部，开始打开双腿和髋关节，准备落地。

08 落地时站稳，并采用部分深蹲姿势。双臂在身前，通过屈髋和屈膝来吸收所有的能量。

09 完成姿势：站直，模仿开始时的姿势。

如我在第1章的功能性动作定义（第48页）中所讨论的，我主要关注最有用的动作模式的最长持续时间的版本。但是，根据你的目标，训练不太常见的动作模式（例如本章中的动作模式），侧重于在你的动作中发现的某些漏洞，这样做往往也会让你最受益。

在本章"力量的绝技"部分（第326页），为了升级俯卧撑，将手臂从肩关节运动范围中程的中立姿势移动到外展、屈曲或伸展姿势。最终的情况是没有空间继续扩大双臂之间的距离。当你到达运动范围边界时，你可以通过更改空间方位，并添加外部重量或添加器材来改变动作，这是本节的重点。

这些动作只是采取更简单的身体形态（参见第99页的简单–复杂–简单进阶方法），同时继续发展推动力学机制的方法。使用外部负荷的好处在于，你可以根据自己的发展阶段逐步升级这些姿势，并在不同的运动范围内增强力量。在本节中，除了添加外部负荷之外，我还将讨论引体向上的不同变式，以及你可以从中受益的髋屈曲力学机制。

握法

如第5章所述，在对上半身力学机制的任何讨论中，重要的就是要涵盖握法策略和力量。

根据所接触表面的类型和形状，以及你相对于表面的位置，可以选择使用以下几种常用策略：

1. 反手锁握；
2. 正手锁握；
3. 抓地；
4. 抓住不规则的表面；
5. 抓住吊环（第260页）。

锁握是在抓住物体或从物体悬垂下来时策略性地重叠手指的行为。重叠手指可以通过增加手与表面之间的接触点来提高稳定性，并通过手指互锁和增加手指与手指之间的接触来增加生理稳定性。

锁握不限于从单杠或吊环上悬垂下来；在拿着杠铃时也可以看到锁握。不同的是，当你拿着杠铃时，拇指在食指和中指的下面，而不是在它们的上面。我会提醒我的运动员记住"上上/下下"规则：

当你从单杠上悬垂下来，双臂在头部*上方*时，拇指在食指和中指的*上面*，当你握住的横杠在头部*下方*时，拇指就在食指和中指的*下面*。你可以在下面的图片中清楚地看到这些差异。

拇指位置的改变只是因为施加在手上的旋转力已经改变了。在"上上"中，拇指是钩子，而在"下下"中，食指和中指是钩子。

根据你相对于所握住表面的姿势，以及用拇指缠绕表面的能力、你可以缠绕表面的手指数量，或表面的形状，你可以遵循几个基本原则来改变握法。但关键是：你始终尽可能地加强手指力量，同时尽可能地增加表面积。

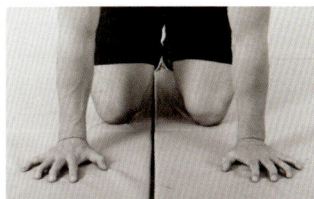

在质量中心下方握横杠 当横杠低于身体或肩膀时（在所有杠铃练习中都会发生这种情况），使用锁握，但拇指在其他手指的下面。

抓地 手指用力压向地面，并在双手中产生肌肉张力。

抓住窗台01 尽可能多地将你的指尖放在窗台上。

02 手指用力压着窗台，弯曲手指，以创造一个架子。

03 弯曲拇指，让尽可能多的拇指表面与窗台接触。

04 把拇指放在食指和中指上，创造一个窗台锁握。

01 >

02 >

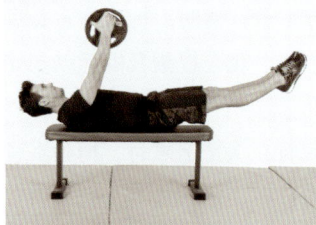

外展/内收 01 开始姿势是以空心体姿势躺在长凳上。将两个铃片、哑铃或壶铃举在双肩的正上方，双臂伸直，掌心彼此相对。

02 双臂下降，放在身体两侧，与额状面一致，不要弯曲肘部。保持双肩和头部离开长凳，双脚保持相同的空心体姿势。

铃片练习

铃片外展/内收

准备这一进阶的理想方式是躺在长凳或平台上，以便采用空心体姿势，从而在执行外展或伸展手臂时可以保持有力的中线。大多数这些动作也可以在一组吊环上执行。负重执行它们的好处在于，你可以根据自己的动作能力逐步增加负荷。请注意，我允许我的手臂超过额状面。记住，你总是要通过自己可保持适当力学机制的最大运动范围来发展动作力量的。

铃片屈曲

举铃片过头是一个有趣的动作，因为它是提高推动力学机制的产物，但它却会发展出更好的拉动力学机制。将双臂从伸过头并与中线一致的屈曲姿势转变为中立的开始姿势，这是拉的行为。这个动作是弥补应用推拉力学机制之间差距的好办法。

01 >

02 >

03 <

反向步骤 03-01

屈曲 01 开始动作是以空心体姿势躺在长凳上。将两个铃片举在双肩的正上方，双臂伸直。手掌在你可以看到它们的地方，双肩外旋。

02 双臂举过头，旋转铃片，保持掌心朝向天空。

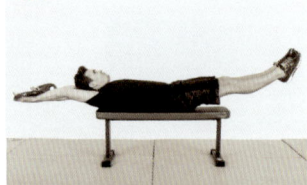

03 让双肩进入完全屈曲。如果你做得到，尽量比图片中的位置伸得更远，但要确保自己保持空心体姿势。

03 让双手下落越过额状面，并伸
向地面。肩膀可能会感觉到有点拉
紧。保持锁定肘部，并保持空心体
姿势。

04 将双臂推过额状面，直到在身
前伸直双臂，回到开始姿势。

铃片伸展

铃片伸展是另一个很好的辅助动作，因为它发展肩伸
展姿势中的推动力学机制。这里发展的力学机制涉及许多动
作，例如无负重的双臂举过头、俯卧撑、臂屈伸，收腹举腿
穿臂成后悬垂、后水平和俄式挺身等。

这是本书中讨论使用外部负荷的唯一章节。体能训练的
很大一部分都要运用在本书中学到的基本力学机制，有时需
要使用外部负荷来升级动作执行能力的某些方面。在本书中
学到的动作在健身房里有很常见的负荷类比。例如，对于深
蹲和髋关节力学机制，我们看到后蹲、前蹲和过顶深蹲、各
种变式的硬拉；对于推动力学机制，我们看到了卧推、杠铃
肩推举和借力推举；对于复杂的推拉组合，我们看到了抓举
和挺举。这些常见的健身动作也可以被看作是自由风格四式
动作的极佳辅助练习。如果想要真正挖掘掌握基本人体运动
的潜力，我强烈建议你去健身房学习一些这种技巧。

伸展01 以空心体姿势躺在长凳
上，双臂在肩膀正上方伸直，双
手拿着两个铃片，掌心相对。

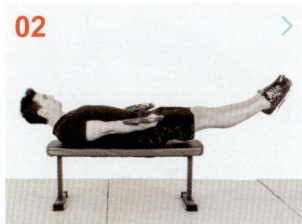

02 掌心向上，双手朝着髋部
下降。

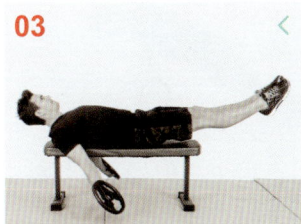

03 让双肩进入伸展，双臂在背
后，但手掌仍然朝向前方。

反向步骤03-01

辅助练习

08

371

吊环练习

在长凳上使用铃片执行的那些动作也可以在一组吊环上执行。我从在吊环上执行的许多动作中选择了两个在这里进行介绍，以强化在本章中概述的基本动作：

1. 飞鸟；

2. 奥林匹克俯卧撑。

如果你想了解有关吊环的更多信息，我强烈建议你在所属地区找一家健身馆，并参加一些课程。

请注意，吊环或吊环皮带在顶部形成一个角度，似乎被连接到非常狭窄的位置。皮带之间的距离越窄，这个动作就越容易。皮带之间的距离越宽，动作越难。这是在吊环做飞鸟时控制负荷的好办法。

吊环上的奥林匹克俯卧撑是进一步发展平板支撑姿势（应用于上半身的拉力动作）所需力量的好方法。从吊环上完全锁定的奥林匹克姿势回到开始时的平板支撑姿势，这需要具备在肩关节层面的拉动力学机制的高级动作能力。

01 **02** **03**

反向步骤03-01

飞鸟01 从平板支撑姿势开始，双手向外转，肘部锁定，双脚并拢。

02 将吊环撑向两侧，同时保持空心体姿势。

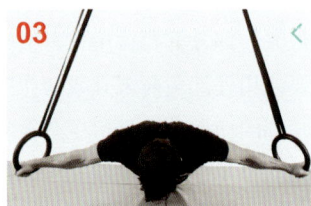

03 当你到达最低位置时，双臂保持伸直，向两侧尽可能远地伸出去，手腕中立。胸部不应该碰到地面。压着吊环以保持稳定性，使你不会塌下去。

01 **02** **03**

反向步骤03-01

奥林匹克俯卧撑01 从平板支撑姿势开始，双手向外转，肩在双手正上方或稍微向前一点，双脚并拢。

02 伸出双臂，保持空心体姿势。当双手越过眼睛时，身体中线上就会开始感到很大的张力。

03 在到达最低位置时，向下压着吊环，并使它们靠在一起，努力保持空心体姿势。

踢腿引体向上

你现在知道，学习如何执行引体向上可以带给你令人惊羡的动作能力，并帮助提高你的整体健康、身体素质和运动能力。能够做不同风格的引体向上，你就拥有了很好的途径去不断接触不同的拉动力学机制，并将它们应用到在生活和运动中所看到的大量动作上。

踢腿引体向上是一种开发下肢拉动力学机制与上半身拉动力学机制的有效方法。它也模仿了第5章中摆动式臂屈伸（第251页）中的摆动动作。

01	02	03	04

踢腿引体向上01 以空心体姿势从单杠上悬垂下来。

02 通过屈膝屈髋，用力向上提膝。用这个动量把身体推向单杠。

03 利用失重的瞬间弯曲肘部，双臂开始向上拉，就像执行引体向上一样。

04 用力向上伸展髋关节，一定不要向下踢腿，始终想着髋关节向上，完成引体向上时下巴要在单杠上方。在最高位置时的姿势与在任何风格的引体向上（严格、摆动式等）中采用的姿势相同。

辅助练习

08

蝴蝶式引体向上

蝴蝶式引体向上是一个非常好的、能够在执行拉动力学机制时增加速度和肩关节运动范围的练习。让手臂屈曲并让身体进入伸展，从而以向前的运动过渡到横杠下方。这是技术性非常强的动作，在学习如何把自己拉到一个物体下方（如在奥林匹克举重的抓举中所见）时将大有裨益。肩关节

01 >

02 >

03 >

蝴蝶式引体向上01 首先执行与摆动式引体向上（第244页）相同的摆动。

02 身体快速进入空心体姿势，使肩膀位于单杠后面，以便你可以与单杠有视觉接触。

03 使用这个失重的瞬间来启动拉。用力拉，直至下巴越过单杠，同时身体采用更加中立的全身姿势。

力学机制虽不完全相同，但它们非常相似。我也喜欢蝴蝶式引体向上，因为它是CrossFit的一个标志性动作，从这个动作中可以看出，严格的引体向上已经自然地适应为一种让运动员能够高速长时间执行多次重复的引体向上风格。

04 继续将单杠下方的身体拉向单杠，同时采用略微伸展的全身姿势。

05 继续拉，单杠在头部后上方，同时向前推胸部和髋部，以进一步加大全身伸展的幅度。

06 当肘部达到完全伸展时，弯曲膝盖，以完成向前拉的动作，并准备下一次的摆动。

07 双脚向下向前踢，回到最初摆动时的全身伸展姿势，但带着更多的动量。

08 利用这个动量加上你髋关节的快速移动，把你带回到空心体姿势，并准备好下一次引体向上。

膝碰肘和脚趾碰单杠

膝碰肘和脚趾碰单杠是团身起、分腿起和屈体起的进阶。它们结合了全身形态的变化与空间方位的变化、肩关节层面的局部拉动力学机制，以及摆动。膝碰肘是一个更复杂的动作模式，膝和髋需要有更大的运动范围，并且需要肩关节层面的拉力。脚趾碰单杠不需要在肩关节层面的拉力，并且专注于髋关节的拉。对于每个动作，我都示范了两个变式：

1. 摆动；
2. 无摆动。

01

膝碰肘 01 以空心体姿势从单杠上悬垂下来。

02

02 屈髋并屈膝，拉起下半身。当你拉动时，继续屈髋，直到大腿碰到胸部。

03

03 在肩关节部位开始拉，手臂保持伸直，在完成时让膝盖碰到肘部，甚至越过肘部。

01

脚趾碰单杠 01 以空心体姿势从单杠上悬垂下来。

02

02 屈髋，但不要用肩关节拉。

03

03 继续屈髋，直到双脚碰到单杠。如果由于髋关节灵活性不足而无法到达单杠，从双臂伸直的姿势开始拉来完成动作。

摆动 对于摆动变式，你可以执行与摆动式引体向上（第244页）中看到的相同摆动。这里展示的摆动让你能够创造惯性动量。这个训练非常适合于开始练习任何类型的翻滚，如团身后空翻或任何一种向后翻腾两周的杂技动作。

01 >

02 □

摆动式膝碰肘 01 当你进入空心体姿势时，会有一个失重的瞬间。利用这个失重的瞬间，把膝盖向上拉向胸部。

02 让膝盖穿过双肘之间。

01 >

02 □

摆动式脚趾碰单杠 01 利用摆动创造的动量来启动脚趾碰单杠，并屈髋，而不用肩关节拉。

02 继续屈髋，直到双脚碰到单杠。如果由于髋关节灵活性不足而无法到达单杠，从双臂伸直的姿势开始拉，以完成动作。

　　本章没有涵盖扩展自由风格四式的所有方法。它只是浅显地介绍了训练可能达成的结果，以及进一步发展的几种选择。坚持基本动作，以任何你认为适合自己的方式去挑战它们，来探索基本动作所提供的自然路径!

编制计划

09

"只有向后才能理解生活；但要生活好,则必须向前看。"——索伦·克尔凯戈尔（Søren Kierkegaard，丹麦哲学家）

为追求最佳的运动表现，编制训练计划称得上是一个战略性工程，让训练工作的成果最大化，以实现你的独特目标。换句话说，这个计划应该可以帮助你缩小现状和目标之间的差距。

虽然进阶定义了某个动作的进步阶段，但编制计划策略性地在你的目标范围内让你的身体逐步升级处理这个动作进阶。换句话说，你想建立一个全面的动作能力基础，但不会忘记帮助你朝着目标迈进的具体动作的需求。如果不需要我们花费任何成本，我们都愿意能够进行超大负重的深蹲，执行铁十字，并在 4 分钟以内跑完一英里（约1.6 千米）。然而，事实上，实现每一个目标都需要对训练有大量的投入，所以我们必须把重点放在我们目标所要求的特殊性上。

特别感谢贾米·蒂卡内（Jami Tikkanen）的指导并协助我撰写本章。

即使编制计划会有大量的科学文献作为支持，但解决这些限制来实现目标依然是一个很大的挑战，因为每个人对训练刺激都有不同的反应。编制计划的艺术就是要将个性化的计划方案与教练或运动员根据经验确定的有效的做法融为一体。

个性化训练计划的挑战性在于它涉及要在沿着既定路径发展动作的进度，与探索最适合你个人的风格之间取得平衡。探索往往难以确定优先次序，因为每个人自然都会想从最直接和最快捷的途径到达目标。然而，独家秘方是不存在的，编制计划总是要在遵循以前有效的计划、评估现有状态以及修补个人运动表现中的特定漏洞之间取得平衡。这包括探索不同类型风格的动作以及生理要求。换句话说，这就是我在本书中一直在谈论的：自由风格！

这种平衡在很大程度上依赖于培养一种直觉来建立实现目标所需的动作基础。第1部分概述的自由风格连接语言对此非常有用，因为它可以帮助你将特定的动作问题转化为最相似的普遍动作，可以在健身房内进行有效的评估和挑战。

例如，想象你是一个棒球投手，来向我寻求力量训练方面的帮助，因为你的肩膀疼痛。在你向我演示了一些投掷动作之后，我要求你将肘部靠紧身体来执行俯卧撑。在你推起的时候，如手肘不向外张，你甚至难以完成一个俯卧撑。肘部外张表明你在肩关节层面的基本推动力学机制可能不足，你应该选择一个侧重于消除这种缺陷的程序。

对我来说，投手为了实现其目标，关键是要提高他的肩关节力学机制，尽管事实上，这似乎并不是完善投掷的最直接途径。本书看到这里，你可能已经同意，俯卧撑的力量对于投手的肩关节力学机制很重要，但是在2分钟内做100次俯卧撑或将100千克举过头的能力如何呢？具有怎样的基本动作能力才叫足够？留下什么样的漏洞才是没有问题的？有人说，好的教练或运动员根据经验就会知道什么是有效的，什么是无效的。虽然我认为这个说法很大程度上是对的，但探索空间总是会有的。经验不会总是告诉你该怎么做。尽量不要陷入一刀切的解决方案。继续练习，打好动作基础，以便尽可能高效地探索和解决问题。

现在，我已经确定了编制计划的重要性，我想在开始进一步解释编制计划之前再说明一个重点：你实际上并不需要计划成功。没错，即使没有现成的程序或计划，你也可以成功。建立目标并组织训练是很好的实践，因为最成功的运动员、教练和个人都会使用这些工具。不过，我相当确定，只有促进重要品质的计划才是好计划：一致性、积极的心态和对质量的追求。基本上，你的计划可以帮助你实现目标和有个性的生活。当你的计划没有这种效果的时候，换一个，因为它不适合你。

在第3章中，我介绍了一个基本的方法，帮助你探索哪种动作能力可能与你的特定目标相关。在你采用结构化的方式、通过编制计划来实现目标时，这种方法应该有助于指导你对动作的探索。我也针对在自由风格四式中我认为最普遍的人体动作模式，为你提供了基本的基础和词汇。本章会介绍可用于编制计划的几个原则，以平衡探索与实现既定目标的进度，从而让编制计划发挥出最大的作用。然后，我用具体案例研究来说明这些编制计划方面的原则。

为了制订并遵循系统化的计划，提高移动能力，我用到了几个编制计划的原则。

动作三明治

最佳编制计划要以动作开始，并以动作结束，我认为任何训练计划都必须以动作为首要目标。然后，它应该把这个动作用作挑战身体的重点。换句话说，计划应该集中在开发你想如何移动的动作模式上，然后根据你的生理目标去挑战这些模式。例如，如果我想学习如何投掷得更好，那么我将研究投掷的基本模式，然后在健身房中挑战那些基本动作。

利用这个原则，你选择一个自己想取得进步的任务，并把它转换成一个在健身房中的相关动作。只有在掌握更接近目标所需要的基本动作模式之后，你才能增加发展生理适应性的要求，生理适应性是将该任务重新带回其执行场景，从而更好地执行它。

编制计划一般会经历我所说的"动作三明治"过程，如下所示：

1. 选择一种特定的动作模式；
2. 将这种特定的动作模式转化为在健身房中更容易控制和发展的基本动作模式；
3. 训练基本动作模式，以实现理想的生理适应；
4. 回到你的特定动作模式，并在适应后评估你的表现，并重复这种动作三明治。

我们以专攻100米短跑的田径运动员为例。执行此特定任务所需的动作就是跑步。跑步的力学机制可以转化为在健身房中的深蹲力学机制。我们可以通过改变风格、负荷、速度和训练量来挑战深蹲力学机制。可以利用下一次100米跑来衡量由此而导致的机械适应和生理适应效果。

执行动作还可以让你有机会观察或评估自己的生理系统——即身体用于支持动作的系统。

可以随时通过以下组成部分检查生理状况。

1. *生物学：* 能量代谢系统，或执行动作所需的有氧和无氧能力。

2. *力量：* 从生理角度来评估；例如，创造更大、更快、更持久的肌肉成分。

3. *灵活性：* 软组织和关节的健康。

编制计划应该考虑所有这3个组成部分。但我总是从动作开始或从动作三明治内开始；找到与所需具体动作最相关的基本动作模式，对那个相关的动作增加挑战，并再次实践。所以即使你知道生理上的问题是复杂的，你也会一直在考虑评估和发展动作模式本身。然后，引入所需的挑战，使你更接近自己的目标。

动作质量

最好的编制计划优先考虑的是，要让你关心的动作无懈可击。这样做需要高质量地去训练相关的动作。"高质量"，我指的是正确执行；而"相关"，我指的是这个动作与你的目标相关，或者具有其他的功能。即使训练日的重点是有氧适应，你所执行的动作也必须是功能性的，并且要执行得很好。

假设你只在几种实践场景中执行双立臂。那么，在方案计划中将双立臂和对心血管系统造成压力的其他动作放在同一节训练课中是没有意义的，因为它将要求你在疲劳状态下执行双立臂，尽管你当时已缺乏动作能力。这不是培养双立臂能力的有效途径。有效的编制计划总是利用可以使用适当力学机制和所需训练课强度执行的动作。

如果动作质量下降到无法再对目标提供帮助，那么挑战动作的价值就不大。不要担心挑战这种动作所需的生理系统，对你来说，解决力学机制上的错误，并使这种动作模式与目标更加相关，将会是更有效的做法。确保高质量完成动作，以便使适应性与目标密切相关。

确定差距

任何有组织的训练计划都必须有一个明确的起点，并考虑具体目标，才能完成计划。这些点定义了一个训练地图，可以使用它来探索如何弥补当前能力与目标之间的差距。

在规划训练时，要切记当前能力和最终目标，这很重要，主要原因有两个：

1. 了解最终目标让你不会偏离目标并会集中精力；
2. 尽量对当前能力有足够的了解，以在训练地图上确定它们，这可以帮助你进行有效的探索和自我评估。

当你在训练地图上寻找最佳路线时，请务必记住，尽管不同的运动员可能会在训练地图上有相似的起点，但他们通过不同地形的能力可能会有很大的差异。即使知道A点和B点之间最快的路线是直线，但是如果没有能力穿越路上将会遇到的地形，也可能无法采取该路线。

你必须考虑自己的个人能力和差异，才能知道什么"地形"对你来说是合理的。编制计划的关键是找到最适合你的计划，而不是在某些统计学或理论意义上找到可能是最佳的计划，但他们忽略了个人之间的明显差异。

良好的计划编制使用经验证据来建议训练地图上的下一步，但实际上，你应该考虑个性化的方法。

要现实

计划可能在纸上看起来很完美，但如果不考虑你的生活方式，它可能是低效甚至完全无效的。在制订计划时，请务必记住，该计划是为你而设计的。尽量不要将目光限制在你目前的动作能力上，还要考虑你的行为和心态。目标是创建一个你能够遵循的计划，因为你喜欢它，并且它会在生活中为你服务。

心理手段

我的朋友兼教练同事肯尼·凯恩（Kenny Kane）有一个很好的方法可以帮助解决在训练过程中的心态。他将计划编制划分为3个重点：

1. 强调动作质量而不是强度；
2. 在紧张和压力下的意志力和决策；
3. 在比赛中的应用。

第一个重点有助于运动员学习适当的力学机制，高效安全地执行动作。第二个重点是培养运动员无论遇到多困难的挑战都要有的克服恐惧或极度疲劳的能力。第三个重点帮助运动员进入让他在最高水平的表现中能够采取战略性思维的心态。这些重点是相辅相成的，前两个重点需要传递到竞赛心态中。

通过共同社区环境支持的心态，与队友及其他人一起合作，建立支持和持续进步的氛围，这些重点就会最有效地融入训练。

后续步骤

计划的成果取决于后续步骤。我们要看得长远或看清最终目标，这主要是为了确定后续步骤。计划必须始终产生让你朝向目标迈进的后续步骤。重新审视回看计划也是计划的一部分，所以不要提前计划太多步骤；只要你列出后续的几步，就很好了。

编制计划的一般过程是根据对现状的最佳评估确定所希望的目标的逆向工程，然后使用该评估来确定后续步骤应该如何。通过定义后续步骤，你将建立一个引入生理挑战的过程，让你更接近目标。

运动，测量和重复

良好的计划编制可以重复使用。我这句话的意思是，编制计划是不断暴露缺陷的过程，以便根据现有数据做出明智的决策。

编制计划的过程应该是可重复的，但计划的实际步骤始终是当前身体素质水平、发展阶段和训练目的的独特组合与平衡。为了将动作提升至一个新的水平，有哪些领域需要进一步发展，有什么需要得到改进，只有将重点放在这些问题上，才能发现那些具体步骤。

即使应该重复编制计划的步骤，但在这些阶段执行的实际动作进阶，需要根据你的具体移动能力和目标进行调整。以自由风格四式动作之一的手枪式为例：在用重复次数或速度挑战手枪式之前，你需要培养使用适当的力学机制执行手枪式动作的能力。在达到初级水平之后，才是时候更具体地看看如何挑战这个动作，以更接近你的目标。

暴露漏洞

计划让你可以根据自己的运动表现做出明智的决定，所以最好的计划来自最好的信息反馈。要积极地收集那些信息。

编制计划其中一个最关键的方面是：运动能力的漏洞最终会被暴露出来。这是高级别运动中的一个问题，这些漏洞通常被掩盖，并以难以判断原因的方式出现。将动作转换为更基础的动作模式，让你可以更轻松地识别这些漏洞，并找出纠正方法。所缺少的动作模式越基础，它就越会限制高级动作的执行。

例如，俯卧撑是升级到倒立俯卧撑的阶段之一。理解在肩关节层面的推动力学机制至关重要，它必须发展到一个有效的水平，然后再从垂直方位挑战它。有时候，运动员会急于弥补这个差距，或者只是很想学习手倒立，在培养出足够的基础推动力量之前就去练习垂直方位。

不幸的是，如果你尝试走得太快，能力中的漏洞往往会在之后暴露，或者是体现为推动力（例如重复次数或负荷）的不足，或者有时是受伤。如果在没有适当基础的情况下尝试过快调整，你将无法维持高质量的动作。建立适当的基础，同时仍然挑战自己，这永远是一个难题。只是因为你能够成功地执行一些高级的动作并不意味着你已经掌握了让你能够坚持最长时间的基本动作模式。

编制计划总是在评估能力和根据在评估期间所收集的信息来发展这些能力之间来回重复。然而，这些通常不是独立的步骤。评估和发展是持续进行的，并且在每次训练时都会发生。评估和发展的循环通常包括：创建动作目标，开发动作进阶来帮助你从现状到达目标，设置让你找出不足的测试，以及根据新的能力创建新目标。

越深入了解现状及目标的信息，就越能更好地估计出什么时候到达目标——但生活很擅长打乱安排得最好的计划。

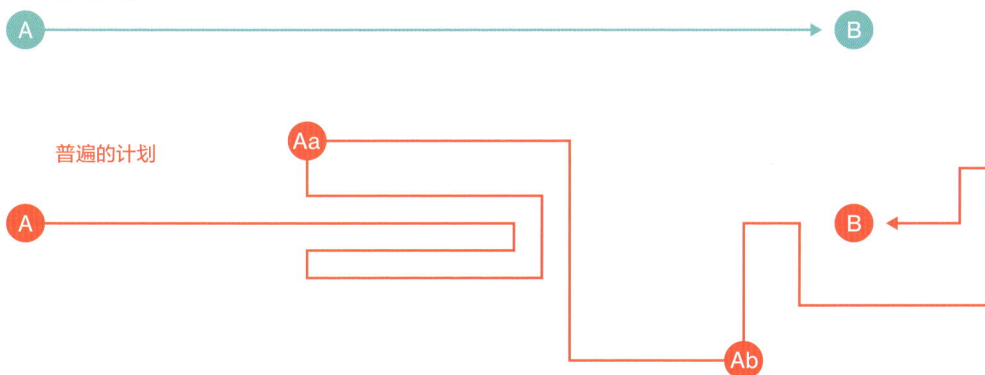

你的计划

A ————————————————→ B

普遍的计划

动作进阶是有用的编制计划工具，因为它们都是暴露漏洞的测试和填补漏洞的练习。用你在进阶中的位置来描述你的当前动作能力，这是一个好方法。所以第一步是找出你在进阶中的位置和你的局限性。确定之后，进阶就可以为你提供明确的方法，解决目前的局限性，并帮助你准备好进入下一个阶段。

良好的计划编制可以从尽可能多的方向对动作进行测试。你想要无懈可击，尤其是要符合自己的目标。如果你想投球，你不一定需要抓举 200 千克，但是你需要尽可能快地投出尽可能远的距离——也就是说，你必须适合投掷。换句话说，应该针对你的目标"寻找漏洞"。

优势中的弱点

找到最弱的一环，然后修复它，这使你能够以最佳的方式迈向目标。即使你正在努力进一步发展某个优势，也要记住这是很重要的一点。这里与暴露漏洞的原则有很多重叠，但重要的是要将这个重点平等地应用于你的各种优势，从而显示出其自身的价值。

编排计划

60

389

例如，如果想要双立臂做得更好，有时最有效的策略并不是做更多次同样的双立臂，而是找到双立臂中最弱的部分，并练习这个部分。最薄弱的环节可能是灵活性；或者对过渡姿势的理解；或者对质量中心移位的理解；或者你可能缺乏外周适应性，无法支持执行多次重复的肌肉耐力。本书致力于帮助你观察并用一种语言来描述动作，这种语言也可以帮助你从较简单的动作中构造或升级动作。这些技能对于暴露那些限制你的具体漏洞至关重要。你不会糊里糊涂地练习双立臂，而是更具体地练习自己在双立臂中有局限性的组成部分，从而使你在编制计划中更加有针对性，也更加高效。

这种技巧对于发展优势和弱点都有用，因为增强优势的最有效途径往往是完善薄弱环节。这可以追溯到动作层次的概念，或者动作基础需要支持甚至是你最擅长的动作的多种挑战或变式的想法。你只是做自己擅长的事情并不会找到自己的弱点。底线是，如果编制计划包括正确地选择动作，这些动作将帮助你评估自己的整个动作基础。

移动能力和计划特异性

动作越高级，目标就越具体，编制计划也必须越具体。这些元素之间存在着自然的演化和相关性。例如，多年来第一次离开沙发来锻炼的人并不需要，也不会受益于精英运动员想达到某个特定目标所需要的特异性。事实上，最佳的计划编制可能是因人而异的。

对于初学者来说，几乎任何一个计划都会奏效。如果你基本是久坐的人，只要练习动作和逐渐完成进阶就会提高你各方面的动作能力，因为你目前的动作能力很低，不需要高度结构化或特定的计划。也就是说，稍稍思考一下初学者计划就比完全没有规划更有效。

动作进阶对于运动员的发展非常重要，因为动作能力与其编制计划的特异性非常相关。所拥有的动作能力越强，为发展所编制的计划就越具体。因此，你的评估维度或者是粗略或笼统的，或者是非常具体的，这取决于你的动作能力。然后，可以使用这些评估来创建适用于下一阶段的挑战。一旦确定了这些挑战，就可以创建一个计划，系统地引入这些挑战，使动作变得更加完善。

动作效率

因为编制计划取决于身体动作，你应该考虑的第一件事是你如何去运动。如第2章所述，组织和关节健康对于动作能力有着重要的作用，因此亦影响你开发生理学的各个方面（如爆发力和机能）的可能性。

我们可以用一个很好的例子来说明这一点，假设有一名运动员的过头灵活性有很大的局限性，原因可能是她的上背部僵硬，而另一名运动员则没有这种局限性，比较两名运动员的情况就会一目了然。被动组织阻力就像移动较重的负荷。从根本上说，运动员移动较轻的负荷会有更大的成功可能。

被动组织阻力降低动作效率并产生更高的能量成本。而被动组织阻力是增加动作负荷，因而降低动作有效性的一种形式。提高动作效率将使你更容易发挥出自己的生理潜力。

动作潜力

你使用该动作所实现的生理适应的类型可能会受限于你在特定动作风格中的移动能力。了解自己在动作进阶中的阶段，对于从中获得所需的生理适应是很重要的。

移动能力是使用当前生理（有氧和无氧）机能的最有效方式。而动作效率原则是指为了拥有最高的动作效率而对健康组织的需求，这个原则是指正确利用生理系统以最佳地执行动作的能力。

我喜欢把它当作运动员有效地转型的能力。两个人可能拥有相近的身体结构，甚至类似的生理机能，但是，不管其身体素质水平如何，只是通过改善动作的力学机制，我就可以让其中一个人更接近其最大动作潜力。

以初学者开始新的训练学科为例。当初学者开始训练时，在生理层面上，他在生理层面执行练习的潜力远远高于他通过动作来挖掘潜力的能力。弥补差距的最快方法不一定是发展其生理机能或灵活性，而是要让他学习和训练动作相一致的力学机制，以便他能开始挖掘他已经可以获得的潜力。

一旦缩小了动作潜力与表达能力之间的差距，就可以引入更高的强度水平和更多样化的挑战。

我在2013年CrossFit运动会中注意到了这一点。在火箭推（Thruster）/纯手臂攀绳（Legless Rope Climb）项目中，只有两名女士在规定时间内完成了挑战。这个项目的主要挑战是纯手臂攀绳，大多数运动员都不是很熟悉它。大多数人使用了非常低效的技术，靠臂力做动作（见第262页的严格双立臂风格），这使得他们很快就疲劳了。仅有的两名完成任务的女士使用了更有效的动作风格，她们执行了摆动式纯手臂攀绳（见第272页的摆动式双立臂）。这些运动员都不是初学者，但在这个特定项目中，几乎每个人都像初学者那样执行，因为他们并不熟悉最有效的动作力学机制。完成的两个人比其他竞争对手更好地利用了自己的动作能力。

动作能力在学习任何新任务中都起着至关重要的作用。通常情况下，看起来是体能不足的表现实质上是动作能力不足，导致对体能增加了额外的负担。

有氧适应的顺序

在发展有氧适应性时，大多数运动员发现他们的中心适应比外周适应更差。

我只是将有氧适应视为提高在全身中分配和使用氧合血液的能力。我认为中心系统是心脏的力量，以及它将血液泵送到所有组织的能力。然后，我认为外周系统是新陈代谢，或者是使用外周组织中的血液来执行工作的能力。假设这两个系统可以独立评分，从1到10，10是最好的。大多数运动员的中心适应将是2分，而外周适应是4分。这个得分差异基本上意味着你不能将足够多的血液和氧气输出到组织，以进一步推动外周适应（如果你有耐力训练的背景，你的分数可能会刚好相反）。

对这两个系统进行训练是很重要的，通常最好一次重点训练一个系统。你通常首先推动中心适应。一旦中心适应性提高到3分、4分或5分，中心系统就可以为外周提供足够的血液和氧气，让你去提高外周适应。

根据你的适应水平，你可能不需要先花很长时间集中训练中心适应，然后才能开始重点训练外周适应——预期是几个月，而不是几年。初学者尤其如此，他们可以相对较快地完成中心适应。然而，随着训练的进一步深入，中心适应将需要更多的时间。这两个系统的全面适应可能需要很长时间的努力，甚至是一生的努力。

我们以训练5千米跑步为例。开始时，你可能只是简单来跑5千米。如果你只跑了1千米就因为腿部疼痛和痉挛而不能完成其余的4千米，那么你的外周适应似乎是限制因素。因此，你不能用5千米跑作为中心适应测试。

所以，也许你要改变测试的动作风格才可以进一步探索适应差异。你可以测试5千米自行车，或许发现自己可以完成它。然后，你可以使用自行车来推动中心适应，并最终能够从中心系统的角度来处理5千米跑步。这对于健身界中所谓的交叉训练（Cross-training）是一个很大的推动。一旦对中心适应感到满意，就可以切换回跑步，或者甚至可以添加深蹲，以发展维持5千米跑所需的外周适应。而这个优先顺序是可以重复的，中心适应总是先于外周适应。

许多跑步教练使用"跑步/行走"的程序，这是一种间隔训练，其中跑步（活动）部分与行走（主动恢复）部分形成一组。这些程序以中央发动机为目标，保持运动员在预定的距离或时间内持续运动。

训练的具体性

人体是一个集成系统；你不能孤立地训练其中的一块。训练往往要有重点，对于中心适应和外周适应来说，这一点很重要。你需要一次重点关注一个方面。但这并不意味着在训练外周系统时中心系统不受益；反之亦然。

在现实生活中，无论你尝试通过训练实现什么样的适应，这些都只是理解生理机能中发生的变化的方法。它们并不是绝对的真理；它们只是基于经验和研究结果的理论。所以，根据这些发现，你可以说："×是我的目标，我旨在发展这种适应来更接近我的目标。"

现在，你可能正在发展其他几种适应，但是根据经验，你可以对这些适应进行一些定位。因此，为了系统化，并确保暴露出动作中的所有漏洞，你应该追踪这些适应。尽可能地具体，人体不会自动区分这些东西。

在本节中，我列出了一些示例训练场景，以说明实际应用中的编制计划原则，主要侧重于自由风格四式动作。我并不是暗示你只需要做这些动作就可以实现自己的目标，当然我也不会建议你完全遵循这个具体的计划。相反，我专注于帮助你深入了解这些编制计划工作，让你可以使用它们来学习如何通过本书中介绍的进阶，来成功实施真正的计划编制。

我会涵盖初级、中级和高级运动员的场景。每个场景包括以下内容。

1. *运动员简介：* 运动员及其目标的简短介绍。

2. *评估：* 分析运动员目前的动作能力。无论其执行完整动作的能力如何，我都会让运动员完成自由风格四式动作进阶，以进行此项评估。我会寻找他或她可能有缺陷的任何步骤，作为提高其动作质量和效率的机会。

3. *训练计划：* 基于运动员评估和目标的案例样本进行计划编制。

照片由克里斯·格里尔（Chris Greer）提供

如何阅读训练计划

每个训练计划包括一个示例训练日，每天有一节或多节训练课。初学者计划和中级计划中可能会出现一周或多周的安排，而高级计划则仅描述潜在的训练日，并且没有按照特定的顺序进行组合。

一节训练课包括一个或多个板块。每个板块包括一个或多个动作。当板块中至少有两个动作时，就要将板块作为一个超级组来执行。在一个超级组中，要交替做动作，一个动作要完成所规定的重复次数，之后是休息，然后做下一个动作，并完成规定的重复次数，然后在再次开始第一个动作之前休息。若没有指定休息时间，就要连续完成板块中的所有动作。

对于一些动作，我会提供一个节奏指示，告诉你执行动作的每个阶段要用多少时间。动作被拆分为4个阶段，用数字来代表秒数：

1. 在开始姿势和过渡姿势之间移动；
2. 在过渡姿势中；
3. 在过渡姿势和完成姿势之间移动；
4. 在完成姿势中。

例如，节奏指示为2010的深蹲。你应该开始站立，花2秒到达深蹲的最低位置。立即（0秒）开始上升，从最低位置回到最高位置，并花1秒达到最高位置。一旦到达最高位置，就立即（0秒）启动下一次下降。按照该节奏重复完成所规定的次数。

贾米·蒂卡宁（Jami Tikkanen）（左图）是为各级别运动员编制体能训练计划的专家。他是我的导师、同事和朋友。此外，他自2010年起就一直在指导顶尖级CrossFit运动员，当时他首次担任米克科·萨洛［Mikko Salo，2009年获得世界最强健男人（World's Fittest Man）桂冠，2010年获得第五名］的整骨医师，并担任安妮·索斯多尔［2010年获得地球最强健女人（The Fittest on Earth）亚军，2011年和2012年获得冠军］的教练。2013年，贾米在第一届CrossFit邀请赛中执教欧洲队对阵美国队。他在世界各地教授关于体能训练、动作和灵活性等的专业知识。

运动员简介

斯泰茜是两个男孩的母亲，在她能抽出时间进行锻炼的时候，她喜欢在旧金山的小山丘上慢跑和去健身房。虽然她相当活跃，但她觉得自己的运动能力并不是很好，希望能提高其整体身体素质和运动能力，以跟上她年轻的家庭成员们。

评估

我使用自由风格四式动作和进阶来评估斯泰茜目前的移动能力。对于自由风格四式的每个动作，我们都执行一个进阶，以找到接近斯泰茜的能力极限的动作。利用这个动作，我们可以测试她的动作力量。在进行评估时，我的主要关注点是她如何执行每个动作，而不一定是她所做的重复次数，尽管数字也提供了一些参考。

评估结果显示，斯泰茜不能执行手枪式，但能够执行深蹲，尽管她的姿态和控制力还有待提高。她能够执行几次基础的俯卧撑动作，但是当我让她的手臂靠近中线时，她无法维持自己的全身姿势。当我测试她的臂屈伸时，在俯卧撑

	诊断	测试	分数
手枪式	0次手枪式，无法平衡，踝关节/髋关节运动范围有限	在60秒内深蹲的最大重复次数	30次（较差的力学机制）
倒立俯卧撑	头倒立，没有完成手倒立或踢腿起手倒立（靠墙），难以完成过头姿势	在60秒内俯卧撑的最大重复次数	11次俯卧撑
双立臂	引体向上中的拉动力学机制较差，但是吊环划船中的拉动力学机制良好；没有摆动能力	引体向上和臂屈伸的最大重复次数	2次引体向上2次吊环臂屈伸
波比	深蹲和推动的力学机制不好；受限于踝关节和髋关节的灵活性	最大重复次数	13次波比

中看到的同样糟糕的力学机制也会出现。她能够执行几次引体向上，并且她的吊环划船看起来很稳健。不幸的是，在她的波比动作中也能明显看到深蹲和俯卧撑中那样糟糕的力学机制。

训练计划

我们着眼于建立更好的动作能力基础，重点关注斯泰茜在基础推动力学机制和深蹲力学机制中的最大差距。她已经有一个很好的发动机，她可以完成相当大的练习量，所以我首先提高她的动作质量，然后利用新的移动能力进一步挑战她的发动机。此外，我希望她能够在进阶中有更高水平的表现。更接近手枪式，并改进她的推动力学机制，这将会对她最喜欢的日常活动有巨大好处。

第1周

第1天

超级组1	超级组2	超级组3	能量代谢训练
1. 阻挡/常规的俯卧撑4×6（60%的力量），节奏2111，休息30秒 **2.** 三脚架4×15秒，休息60秒	**1.** 铰链和触地1×10，休息30秒 铰链，触地和下降1×10，休息30秒 铰链，触地，下降和抬起2×10，休息30秒 **2.** 波比，双脚并拢且双手保持解剖学姿势4×10，休息60秒	**1.** 吊环划船4×8，节奏1011，休息60秒 **2.** 空心摇摆4×30秒，休息30秒	

第2天

超级组1	超级组2	超级组3	能量代谢训练
1. 阻挡/常规的俯卧撑4×6（60%的力量），节奏3111，休息30秒 **2.** 三脚架4×18秒，休息60秒	**1.** 铰链，触地和下降1×10+铰链，触地，下降和抬起1×10，休息30秒 铃片深蹲3×8~10，节奏2111，休息30秒 **2.** 波比，双脚并拢且双手保持解剖学姿势4×12，休息60秒	**1.** 吊环划船4×6，节奏1021，休息60秒 **2.** 超人摇摆4×30秒，休息30秒	

编制训练计划

09

397

第3天

超级组1

1. 阻挡/常规的俯卧撑 4×6（60%的力量），节奏3111，休息30秒

2. 三脚架4×18秒，休息60秒

超级组2

1. 铰链，触地和下降 1×10+铰链，触地，下降和抬起 1×10，休息30秒

铃片深蹲3×8~10，节奏2111，休息30秒

2. 波比，双脚并拢且双手保持解剖学姿势 4×12，休息60秒

超级组3

1. 吊环划船4×6，节奏1021，休息60秒

2. 超人摇摆4×30秒，休息30秒

能量代谢训练

在斯泰茜第1周的3节训练课中，重点是提高她的整体推动力量和力学机制，并结合三脚架练习。这使她能够获得最终执行倒立俯卧撑所需的移动能力。此外，她通过练习老人深蹲培养出更好的深蹲力学机制，并继续通过执行波比来应用她的推动力学机制。最后，她专注于提高其整体拉动力量和力学机制，并结合了执行摆动所需要的空心摇摆和超人摇摆以及执行双立臂所需要的引体向上。

第2周

第1天

超级组1

1. 爬墙至手倒立4×3~4，休息60秒

2. 三脚架举腿4×4~6，休息60秒

超级组2

1. 弓步4×8（每侧），节奏2011

2. 空心摇摆4×30秒，休息30秒

超级组3

1. 摆动式吊环划船4×8，休息40秒

2. 摆动式摇摆4×8，休息60秒

3. 双立臂进阶，休息60秒

阶段1：1×6

阶段2：1×4

阶段3：2×4

能量代谢训练

第2天

超级组1

1. 手倒立4×30秒，休息60秒

2. 三脚架踢，暂停和推 4×4~6，休息60秒

超级组2

1. 弓步且绷直脚尖4×8（每侧），节奏2011

2. 空心摇摆至肩倒立4×8~10，休息30秒

超级组3

1. 弹力带引体向上4×8，休息60秒

2. 摆动式摇摆4×8，休息60秒

3. 双立臂进阶，休息60秒

阶段2：2×4

阶段3：2×4

能量代谢训练

第3天

超级组1

1. 手倒立4×30秒，休息60秒

2. 三脚架踢，暂停和推4×4~6，休息60秒

超级组2

1. 弓步且脚离地4×8（每侧），节奏2011

2. 空心摇摆至肩倒立4×8~10，休息30秒

超级组3

1. 摆动式引体向上4×在60秒内高质量的最大重复次数，休息60秒

2. 双立臂进阶阶段1：4×6，休息60秒

3. 双立臂进阶，休息60秒

阶段1：1×6

阶段2：1×4

阶段3：2×4

能量代谢训练

在第2周里，斯泰茜开始执行靠墙手倒立，将倒立提高到一个新的水平。她将手倒立姿势与倒立俯卧撑进阶的一些早期阶段相结合。她还开始添加一些基本的下半身单侧负荷，以进一步为执行手枪式做准备，并提高跑步所需要整体运动能力。

最后，斯泰茜执行包括一个更加动态的拉动力学机制风格，将吊环划船升级为摆动式吊环划船，并最终通过引体向上将其应用于垂直拉动力学机制。所有这些元素都帮助她更接近完整的双立臂动作。

第3周

第1天

超级组1

1. 踢-俯卧撑4×6，休息45秒

2. 上台阶加手枪式摇摆4×5（每侧），节奏21×1，休息45秒

超级组2

1. 头倒立4×10秒

2. 弹力带臂屈伸4×6，节奏2121

超级组3

1. 烛台式滚动3×6

2. 双立臂进阶

在高吊环上摇摆1×6

阶段4：1×5

阶段5：1×4

能量代谢训练

能量代谢训练以第2周的动作模式为基础，例如，爬墙

第2天

超级组1

1. 踢-奥林匹克平板支撑4×6，休息45秒

2. 箱子手枪式4×5（每侧），节奏2121，休息45秒

超级组2

1. 手倒立4×30秒，休息90秒

2. 摆动式引体向上4×在60秒内高质量完成的最大重复次数，休息60秒

超级组3

1. 滚动弓步4×5（每侧）

2. 双立臂进阶

在高吊环上摇摆1×6

阶段5：2×5

在高吊环上摇摆1×6

能量代谢训练

能量代谢训练以第2周的动作模式为基础，例如，爬墙

第3天

超级组1

1. 踢-45°（墙）4×6，休息45秒

2. 铃片手枪式转箱子手枪式4×5（每侧，交替），节奏20×1

超级组2

1. 倒立俯卧撑下降（面向墙）4×3~4，节奏20（向上爬）1，休息2分钟

2. 胸部碰单杠引体向上4× 在60秒内高质量完成的最大重复次数，休息60秒

超级组3

1. 手枪式转烛台式滚动转弓步，节奏20×1，休息30秒

2. 双立臂进阶

在高吊环上摇摆1×6

阶段5：2×5

在高吊环上摇摆1×6

能量代谢训练

能量代谢训练以第2周的动作模式为基础——例如，爬墙

在第3周，斯泰茜开始进入更高水平的倒立——练习踢腿起手倒立，并将倒立俯卧撑进阶升级到更高的水平。她执行的摆动式倒立俯卧撑已更接近完整的动作。

第4周

第1天

超级组1

1. 胸部到墙摆动式倒立俯卧撑4× 按感觉而定的数目，休息45秒

2. 弓步变式

休息90秒

弓步，绷直脚尖1×8（每侧）

弓步，脚离地1×6（每侧）

烛台式滚动转弓步2×4（每侧）

超级组2

1. 铃片手枪式4×4，节奏20×1，休息60秒

2. 双立臂进阶，

休息60秒

阶段1：1×4

阶段3：1×4

阶段5：1×4

阶段3：1×4

超级组3

1. 铃片手枪式4×4，节奏20×1，休息60秒

2. 双立臂进阶，

休息60秒

阶段1：1×4

阶段3：1×4

阶段5：1×4

阶段3：1×4

能量代谢训练

第2天

超级组1

1. 背部到墙摆动式倒立俯卧撑4× 按感觉而定的数目，休息45秒

2. 弓步变式

休息90秒

弓步，绷直脚尖1×8（每侧）

弓步，脚离地1×6（每侧）

烛台式滚动转弓步2×4（每侧）

超级组2

1. 慢铃片滚动手枪式4×4，节奏23×1，休息60秒

2. 双立臂进阶

休息60秒

阶段1：1×4

阶段3：1×4

阶段5：1×4

阶段3：1×4

超级组3

1. 摆动式胸部到单杠引体向上1× 按感觉而定的数目，休息60秒

摆动式髋部到单杠引体向上1× 按感觉而定的数目，休息60秒

摇摆髋部到吊环2× 按感觉而定的数目，休息60秒

2. 臂屈伸平衡，腿伸展，摆动式臂屈伸4×3~4，休息90秒

能量代谢训练

第3天

超级组1	超级组2	超级组3	能量代谢训练

1. 摆动式倒立俯卧撑
进阶（复习全部）

2. 摆动式倒立俯卧撑：
测试最大重复次数

1. 手枪式进阶
（复习全部）

2. 滚动手枪式——测试
最大重复次数

1. 摆动式双立臂进阶
（复习全部）

2. 摆动式双立臂——
如果有信心，看看你有
多接近完整的动作

此外，斯泰茜现在的计划已经包括了推动力学机制的另一
种变式，比如臂屈伸，这将是双立臂所需要的。对于下半
身，斯泰茜的深蹲已经开始进入更高的执行水平。她执行上
台，并在烛台式滚动过程中增加了速度和空间方位的变化。
在这个训练阶段，斯泰茜能够完成上半身动作加一些下半身
动作的超级组，因为现在她在每个进阶中都到达了更高水平
的阶段。这非常有益，因为这让她的训练方法具有更强的综
合性。

斯泰茜的第4周训练是前几周的延伸，重点是保证她已
经达到了执行如倒立俯卧撑、手枪式变式和双立臂等动作所
要求的动作能力。这些动作都是在每周的第3个训练日进行
测试。

初学者计划采用自由风格四式来同时为推、拉、深蹲、
摇摆和空间方位变化奠定基础。例如，波比发展推动和深蹲
的力学机制。在波比上升过程中执行的快速移动模拟了执行
摆动式双立臂所需的快速移动。空心摇摆和超人摇摆是双立
臂的摆动的基础，也适用于在滚动手枪式中使用的烛台式滚
动。烛台式滚动是从吊环的底部过渡到支撑的精华部分。

运动员简介

伊万是一个年轻而意志坚强的前大学长曲棍球和冰球运动员，目前他是CrossFit运动员，正在为两周后的一个本地比赛做准备。为此，他打算在接下来的两周内用额外的训练课作为他的正常训练的补充。

评估

再次，我使用自由风格四式动作和进阶来评估伊万的移动能力。伊万的测试结果比斯泰茜的初学者测试结果更重要，但为了解释结果，我会重点关注动作质量。

	诊断	测试	分数
手枪式	踝关节运动范围有限	每条腿的最大重复次数	右腿5次，左腿3次
倒立俯卧撑	在手倒立的最高位置很难锁定肘部；缺乏摆动能力	最大重复次数	4
双立臂	非常生硬的摆动	最大重复次数	2
波比	似乎缺乏过渡效率	在30/60/90秒内的最大重复次数，在两组之间充分恢复	16/28/34

评估突出显示了手枪式中的左/右不平衡和踝关节灵活性问题，倒立俯卧撑中的过头灵活性限制，以及在倒立俯卧撑和双立臂中摆动技能上的不足。伊万在波比中还具有相对较高的乳酸爆发力，与相对较低的乳酸耐力。在这个初步的评估之后，我让他完成每个动作的进阶，以找到计划的最佳起点。

手枪式

伊万可以执行弓步和下箱，但是非常明显是以膝关节为主导的。他很难完成滚动手枪式，并且很明显他的左踝关节的运动范围受限。

倒立俯卧撑

伊万在整个摆动式倒立俯卧撑进阶中效率都不高。他太早使用手臂推，并试图用臂力撑起来，而不是把握好下落的机会。此外，他无法在手倒立的最高位置完全锁定。

双立臂

伊万能够做多个胸部到单杠的引体向上，但是无法执行一次髋部到单杠的引体向上。我注意到，他的引体向上非常明显地以上半身为主导，髋关节的利用度极低。虽然伊万可以做吊环臂屈伸，但他的动作模式是低效的，因为他以肘部为主导。此外，他在做阻挡俯卧撑时遇到了相当大的困难。他可以在吊环上做下巴越过吊环的引体向上，但是无法拉得足够低，完成胸部到吊环的引体向上。

波比

在波比中，伊万在从地面过渡到站立的过程中难以控制自己的下半身。具体来说，他的髋部灵活性似乎使他使用更宽的站姿，并失去一些动作控制。

训练计划

作为伊万目标的一部分，他可用的准备时间很短，因此，我决定主要侧重于最大限度地提高他的技能。这意味着让他努力完善摆动式倒立俯卧撑和双立臂，改正他在执行倒立俯卧撑和臂屈伸时的肩关节推动力学机制，在双立臂和手枪式中从拉过渡到推，并解决他的踝关节和肩关节的灵活性问题。

第1天

超级组1	超级组2	超级组3	能量代谢训练

超级组1

1. 摆动式吊环划船 3×8

2. 阻挡俯卧撑 3×1~8

3. 肩关节过头灵活性：在每组的最后

超级组2

1. 低吊环摆动式进阶 5×5~10，以获得对进阶的感觉；每组都进入进阶中的下一步

2. 吊环摆动 5×5

3. 肩关节内旋灵活性：在每组的最后

超级组3

1. 烛台式滚动 5×5

2. 髋部到吊环引体向上+双立臂 5×1+1

3. 踝关节灵活性：在每组的最后

在这一周，伊万首先解决拉动力学机制，结合一些严格的推动力学机制，以提高他的整体肩关节力学机制，以过头灵活性练习为辅助。该训练课强调执行更好的双立臂所需的基础。即使计划中包括烛台式滚动，也旨在协助执行双立臂所需的过渡。

请注意如何以超级组的方式执行推拉力学机制，从而在肩关节层面最大限度地提高移动能力，并结合灵活性，改善运动范围和动作基础的最佳应用。这种动作质量将使伊万受益，让他在竞赛压力下可以发挥出自己的最佳水平。

第2天

超级组1	超级组2	超级组3	能量代谢训练

超级组1

1. 摆动式倒立俯卧撑进阶 6×3~5，以获得对进阶的感觉；每组都进入进阶中的下一步

2. 摆动式双立臂弹力带进阶 5×3~5，以获得对进阶的感觉；每组都进入进阶中的下一步

超级组2

摆动式倒立俯卧撑 5×4~8，用大的重复次数范围挑战伊万，但如果他没有达到重复次数计划的上限，也要让他感觉没问题。因为他正在学习摆动，各组的重复次数可能会因姿态不同而有所不同。

超级组3

1. 烛台式滚动到弓步每侧 5×5+踝关节灵活性

2. 单腿波比每侧 5×5+踝关节灵活性

伊万专注于自由风格四式的进阶，继续提高他的动作质量。但在本节训练课过程中，他专注于倒立俯卧撑进阶，并结合双立臂和一些起立的变式，如烛台式滚动和波比。倒立俯卧撑强调发展力量和耐力，

而双立臂更侧重于发展技巧，通过摆动式双立臂执行特定的过渡训练。起立针对在烛台式滚动中看到的双立臂过渡提供了一些训练，而波比则增加了髋关节层面的运动能力。

第3天

超级组1

1. 摆动式吊环划船3×8+肩关节过头灵活性

2. 阻挡俯卧撑3×1~8+肩关节过头灵活性

超级组2

1. 低吊环摆动式进阶5×5~10，以获得对进阶的感觉，每组都进入进阶中的下一步+肩关节内旋灵活性

2. 吊环摆动5×5+肩关节内旋灵活性

超级组3

1. 手枪式下降（单脚下降），烛台式滚动（双脚上升）5×3（每侧，双腿交替）+踝关节灵活性

2. 髋部到吊环的引体向上+双立臂+髋部到吊环的引体向上 5×1+1+1+踝关节灵活性

能量代谢训练

伊万继续升级双立臂，通过在吊环划船中看到的基本拉动力学机制来完善其技术，并通过练习严格的推动力学机制来辅助拉动力学机制，以确保他的肩关节力学机制得到最大的提高。

除了努力练习所有进阶之外，还要融入灵活性练习来辅助这些动作和关节所采取的姿势，这样可以继续提高他的动作能力。

第4天

超级组1

1. 倒立俯卧撑进阶

2. 摆动式倒立俯卧撑：3× 在保持良好力学机制的情况下重复尽可能多的次数，两组之间根据需要安排充分恢复的时间

超级组2

1. 摆动式双立臂进阶

2. 摆动式双立臂：3× 在保持良好力学机制的情况下重复尽可能多次，两组之间按需要安排充分恢复的时间

超级组3

6×90秒，休息3分钟

2次双立臂

4次靠墙倒立俯卧撑

6次滚动手枪式（双腿交替）

最大重复次数的波比（全力以赴）

能量代谢训练

在这节训练课中，伊万使用了倒立俯卧撑和双立臂进阶来热身，并准备执行最大极限测试来衡量他的进步。编制计划中组合了倒立俯卧撑、双立臂和手枪式进阶，使他有机会在不同动作转换的压力下测试他的表现，正如他将在比赛中体验到的那样。

编制计划

09

405

如在特异性与能力的编制计划原则（第390页）中所讨论的，高级运动员通常需要非常具体的计划编制。我认为，与其列出一个非常具体的例子，还不如通过一些例子来说明如何处理动作力量上的特定差距。我认为高级运动员是那些精通本书提出进阶的人，或者是精通与其运动项目相关具体动作的人。本节讨论如何回归基础，在继续提高你的能力的同时仍然挑战动作力量的不同方面。这些模板仅仅作为如何根据测定的能力水平确定能量系统目标的示例。

有氧爆发力间歇性训练

有氧系统代表了通过系统训练可以实现的多种生理适应的重大机会——从心脏的输出量到外周血管密度以及快肌纤维的氧化能力，再到细胞中的线粒体（产生能量的地方）数量，一切都可用于通过各种训练方法进行发展。

有氧爆发力间歇训练是提高心脏收缩力及线粒体密度的一个好方法，可以实现有氧地维持更高的爆发力输出（即更长时间地维持更高的爆发力输出）。本质上，你正在锻炼一个"更强壮"的心脏。这种练习假设正在开发一定量的基础心肺耐力（更高的心脏输出量让你可以在有氧爆发力间歇训练中承受更大的训练量），以支持通过使用此方法实现的生理适应。

该模板采用极高强度的间歇训练，然后充分休息，将心率恢复到正常会话水平（小于130 BPM是一个好的起点）。这通常等于1∶1的工作休息比，根据恢复的能力和间隔时间长度确定间歇训练的数量。有氧爆发力间隔时间范围为30秒至10分钟。练习强度当然会随着练习时间的增加而降低（你不能在2分钟练习里保持与在30秒练习中同样的速度）。更长的时间间隔让你有机会学习如何保持高速度，而不会因乳酸堆积而无法持续运动。教练的工作是根据运动员的需求和能力，在持续时间、负荷和动作选择之间找到适当的平衡，从而让该方法产生最佳结果。

有氧爆发力间歇训练—短时

超级组1

7~10×30秒练习，30秒休息

3次双立臂

7次波比

休息10分钟

超级组2

4~6×60秒练习，60秒休息

14次深蹲

7次摆动式引体向上

14次深蹲

7次倒立俯卧撑

或

7次摆动式引体向上

21次深蹲

7次倒立俯卧撑

有氧爆发力间歇训练—中等

超级组

6~10×2分钟练习，2分钟休息

6次手枪式（每条腿）

8次胸部到单杠俯卧撑

能量代谢训练

最大重复次数的波比（可持续的速度，90%的努力程度）

目的是在每个时间间隔内重复相同的次数。对于乳酸，也有动力和容量问题，或者说有爆发力和耐力的问题。

节奏方法

节奏是极其有用的训练变量。它不仅可以用于完善姿态，还可以针对特定的生理适应。更长的离心阶段（动作的反向或"向下"部分）往往会造成更多的组织损伤（酸痛，但也可能是肥大）、力量增加、让运动员可以比在向心练习中控制更重的负荷，同时在一次重复中的等距（静态）保持则可以实现所需的目标力量适应。在任何训练计划中，全过程保持张力都是重要的考虑因素。我不会深入探讨各种节奏指示的复杂性，我将简单讨论在案例研究中所使用的2020节奏的好处。

节奏指示的读数格式始终是：离心阶段/最低位置/向心阶段/最高位置（以手枪式为例，2020的节奏读数表示：下降2秒/在最低位置没有暂停/向上2秒/在最高位置没有暂停）。对于8~12次重复来说，2020节奏意味着承受张力的总时间为36~48秒，这让你可以针对慢肌纤维，特别是其大小和肌肉中的线粒体数量。主要的好处是慢肌纤维会氧化在高强度锻炼过程中产生的乳酸盐，从而让你能够以更高的爆发力输出继续移动更长时间。

节奏方法

超级组1

1. 双立臂复合

摆动式双立臂+缓慢返回

（6秒）3~4×（1+1），组

间休息2分钟

2. 阻挡俯卧撑3×1~8次

重复+肩关节过头灵活性

超级组2

1. 平行支架倒立

俯卧撑5×2~4，节奏

4011，直接转到2

2. 手枪式4×6~8（每

侧，完成一侧之后再做

另一侧），节奏2020，

B1前休息1分钟

超级组3

1. 摆动式吊环划船4×

8，休息40秒

2. 摆动4×8，休息60秒

3. 双立臂进阶，

休息60秒

阶段1：1×6

阶段2：1×4

阶段3：2×4

能量代谢训练

乳酸爆发力间歇性训练

无氧乳酸通路比之前讨论的有氧通路能实现更高的能量产生速率。乳酸能量产生是许多运动项目（那些需要在相对较短的时间内有较高爆发力输出的运动）的重要组成部分，但需要注意与充分的有氧适应性平衡才能获得最佳运动表现，因为最终帮助乳酸通路"恢复"的是有氧系统。

乳酸爆发力具体指由该通路产生能量的速率（与容量相对，容量是指持续时间，即能量产生可以持续多长时间），因此对于要求力量持续时间短暂，但爆发力输出高的运动项目中的运动员来说尤为重要。

考虑到这一点，乳酸爆发力间歇训练由相对时间短但非常高强度的练习（20~40秒）组成，然后是长时间休息（工作：休息比率为1∶5~10），以实现充分恢复，在下一个时间间隔内保持高强度的练习。增加练习时间和缩短休息时间将导致在练习间隔中更加疲劳，并将预期的适应从爆发力转变为容量。

乳酸爆发力间歇训练

超级组1

6×40秒练习，4分钟休息

12次严格引体向上1组

目标是每个间隔都完成

与上一间隔相同或更高

的重复次数

休息12分钟

超级组2

1. 5×40秒练习，4分钟

休息

最多重复次数的波比

（all-outeffort=21+reps）

2. 空心摇摆至肩倒立4×

8~10，休息30秒

超级组3

1. 摆动4×8，休息60秒

2. 双立臂进阶，

休息60秒

阶段2：2×4

阶段3：2×4

能量代谢训练

乳酸耐力间歇训练

乳酸系统产生极高的爆发力输出，但持续时间非常有限。它与有氧系统紧密合作，实现乳酸通路的恢复。该能量系统的发展是相当有限的，并且遗传基因比乳酸通路的影响更大。然而，有时最小的变化会造成最大的表现差异，在这里不应该忽略潜在的适应性。

为了发展乳酸耐力（能力或能量生产的持续时间），可以用短时间间隔（10~15秒）加上中等休息量（1：5+以上的休息比）。目的是在给定时间内，以尽可能最佳的力学机制执行尽可能多次数的爆发力练习，然后让有氧系统在下一个间隔之前能够有效恢复。

当你锻炼耐力方面时，若感觉到疲劳逐渐累积，并且每组练习速度都会稍为减慢，这是正常的。然而，重要的是要明白在进行这种练习时，要想着让自己尽可能地具有爆发性。

乳酸耐力间歇训练

超级组1
拍手俯卧撑 10 × 10 秒练习，50秒休息，每次重复都要尽可能地爆发
8分钟主动恢复

超级组2
深蹲跳 10 × 10 秒练习，50秒休息，每次重复都要尽可能地爆发。如果有负重背心的话，穿上它来执行练习。
8分钟积极恢复

超级组3
胸部到单杠引体向上 10 × 10 秒练习，50秒休息，每次重复都要尽可能地爆发
5轮时间
6次双立臂
12次滚动手枪式（每侧6次）

能量代谢训练

生活方式

10

练习，训练，应用，创造。

　　到目前为止，我已经解释了我观察和描述动作的方法、我如何定义动作能力，以及我如何通过升级动作来改善人体的运动表现。然后我介绍了自由风格四式，我发现这些是为运动和生活中的所有动作构建蓝图时最有用的动作。接下来，我教授了一些动作，可以帮助你练习自由风格四式动作，并帮助你弥补从自由风格四式到你自己的动作和目标之间的差距。最后，我介绍了编制计划的基础知识，以及实施在本书中所看到的进阶的过程。但是，除非本书在你的生活中能找到一席之地，否则它最终将一无所用。

　　在本章中，我想与大家分享一些例子，说明人体的能力。在这里，我会介绍一些我敬仰的人，我从他们的运动技能中获得灵感，并创造了自己的运动表达和生活方式。

禾恩·奥尔森（Jon Olsson）照片由奥斯卡·巴克克（Oskar Bakke）提供

"要成为一名运动员，你必须像一名运动员那样思考、感受和生活。"

为什么要进行体能训练？

由于恼人的腘绳肌受伤，我不得不退出在科纳举行的铁人世界锦标赛，医生和物理治疗师对于我的伤情都没有给出明确答复，我通过体能训练痊愈了，并重新学习了作为一名运动员的意义，并带着比以往任何时候都更好的状态复出。自此以后，我一直致力于与业内其他教练合作，帮助世界各地的耐力运动员提高其能力水平。

专业教练要具备什么素质？

与很多其他领域的专业人员非常相似。你必须有激情、经验和知识。你必须不断成长，愿意接受不确定性，并且能够说"我不知道，但我可以弄清楚"，这些行为对于你来说都是常态。不确定的状态让你开始发展理论和理念，并提出可以使每个人受益的通用解决方案。

以下为练习的3个重点。

1. 身体姿势：花费长时间非常努力地练习一个姿势，以达成所要求的姿态。

2. 力量和灵活性：从负荷和速度的角度挑战基本动作，并帮助运动员达成这些动作所要求的姿势。

3. 体操：发展基本的翻滚技能，以更好地了解身体和空间，并为运动员在骑自行车摔倒时或在游泳练习和比赛中执行翻转时提供一个退出策略。

内森·赫尔明（Nathan Helming）

波士顿，马萨诸塞州

运动史： 帆船、足球、网球、山地自行车、长曲棍球、篮球、软式垒球、越野跑、马拉松和铁人三项

内森一直参与帆船和传统的团队运动。他作为运动员的首次经历是在6岁时为当地足球队充当守门员，他的爸爸在旁边为他加油和指导。内森在高中时未能入选足球校队，他转而投身于耐力运动，最初是越野跑，马拉松，并且最终参加了超级马拉松和铁人三项赛。

尽管内森在训练和跑步方面都取得过良好的成绩，但他从未认为自己是运动员。在波士顿，作为一名运动员，意味着你参加了球类运动，如橄榄球或棒球等。在一场赛跑后，他去了一家当地的跑鞋店，给自己买了一顶耐克的跑步帽。一旦戴上了那顶帽子，他就开始感觉像一个运动员了，并最终意识到，要成为一名运动员，你必须像一名运动员那样思考、感受和生活。

内森搬到了旧金山，在体育用品商店工作，并担任物理治疗师助手，以赚取他的训练和比赛经费，他获得了在夏威夷科纳举行的铁人世界锦标赛的参赛资格。不幸的是，恼人的腘绳肌伤病旧患复发，使他无法参赛。当他与整骨医生、物理治疗师和整脊治疗师协商如何治愈他的腘绳肌时，没有一个人可以给出一个直接的答案来解决他的问题，他感到了绝望。内森没有钱继续他的治疗，这时，当地一名专门负责耐力运动员的体能教练决定接受他作为自己的客户，免费训练和指导他。

内森在第一次执行硬拉时突然明白了。他的腘绳肌感觉好像开始醒过来了，不久之后，他回到了比赛中，并且比以往任何时候都更强壮。除了比赛之外，他现在还有私人教练工作，作为专长于耐力运动的体能教练。

内森作为高级别参赛选手的经验、他为耐力运动群体提供解决方案来提升成绩的激情和热情，以及他与创新的思想者合作，每天都挑战其想法和理念的能力，使他对世界各地该领域的教练和运动员都产生了重要影响，并成为激励他们的动力和灵感。

以下为体能训练的3个好处。

1. 乐趣。这对于成年人来说就像是课间休息；这是玩乐并发现他们的身体可以做什么的时候。

2. 伤病治疗和预防。通过训练，我可以教运动员如何找到其表现中所缺失的要素，以及如何重新构建它。

3. 通过体能训练，可以使所有的动作相互关联，帮助运动员了解所有的人体动作如何连接并转化为他们的具体目标。

图片由格雷厄姆·弗伦奇（Graham French）提供

生活方式

10

"凭技能讲话，不需要炒作。"

为什么会跳街舞（注：此处特指b-boying）？

我不能准确地说出原因，但我可以感觉到。在长大的过程中，你会经历探索世界和自己的过程。我发现街舞让我可以通过舞蹈来做这件事。在高中时，你要么是个运动员，要么不是，而对于我来说，街舞就正好介于运动和非运动之间。街舞让我成为一个艺人，但是用运动去表达。

是街舞定义了你，还是你定义了街舞？

可以说它定义了我，但它归根结底就是你如何表现和处理舞蹈。我觉得如果它真的定义了我，它也以同样的方式定义了所有其他人，但它并没有。每个跳街舞的人都不一样，正是这一点帮助定义了技艺本身。你所造就的作品会成为你。

以下为街舞的3个好处。

1. 你通过动作学会了欣赏音乐，使用自己的身体作为表达它的工具，并让音乐成为自己独有的印记。

2. 它为健身和健康打下了坚实的基础。

3. 你会因此学习和欣赏嘻哈的历史和艺术。

罗格·斯瑞特（RoxRite）

瓜达拉哈拉，墨西哥

**2011年世界红牛街舞大赛（Red Bull BC ONE）总冠军
一共获得85个国际奖项**

RoxRite出生于墨西哥瓜达拉哈市，在底层的环境中长大。他的父母都只受过有限的教育，在一家农场工作，维持生计。20世纪80年代末的经济衰退导致失业率上升，迫使RoxRite及其家人移居到了洛杉矶。在加州南部住了两年后，举家搬到了湾区，他的父亲和哥哥在葡萄园里工作，负责采摘葡萄。

家庭有了稳定收入，让RoxRite能够上学，接受教育。正是在学校里，RoxRite看到一群高中生在一场跳舞秀中展现了街舞，他首次发现了某天将会成为他职业的舞蹈。他开始在家里尝试和练习各种动作，有机会的话，他也会和朋友一起练习。最终，他开始参加当地的比赛，这使得他很快就在旧金山一个叫叛逆摇滚者（Renegade Rockers）的传奇舞团中获得了一席之地。

RoxRite的哥哥对他的鼓励最大。他的哥哥在高中时参加过越野跑和田径赛，是学校所有纪录的保持者，并作为阿迪达斯资助的运动员继续跑步。哥哥的成功让RoxRite相信，自己喜欢的事情有可能成为自己的职业。

RoxRite在比赛了几年之后，直到他25岁在比赛中执行自己的一个标志性动作时失败了，他才意识到，自己的身体是工具，他需要照顾好它。他职业生涯中的这个时刻标志着他从一名舞蹈艺术家过渡到一名以运动风格表达自己的艺术家。

为了提升他的技艺，RoxRite开始像运动员一样进行训练，并确保自己随时都具备执行其动作所需要的灵活性、耐力和爆发力。他解释说，在街舞中，当你的身体感觉不对时，你的大脑就会感觉失常，你就会失去创造力。

RoxRite现拥有85个国际奖项，在全球各地参加竞赛，担任比赛评委，面向各级街舞团体举办讲座。受到迈克尔·乔丹（Michael Jordan）、迈克·泰森（Mike Tyson）、穆罕默德·阿里（Muhammad Ali）等传奇运动员的启发，他继续作为一名运动员磨炼其技巧，并结合艺术，这使他成为一个活着的传奇，并且是街舞和嘻哈领域未来的驱动力。

图片由尼卡·克拉默（Nika Kramer）提供

以下为训练和练习的3个重点。

1. 音乐放在第一位。通过音乐，我进入那种情绪，并让它推动我。

2. 我用比赛的方式进行训练，在街舞对决之间的时间里练习，确保不断改变我的动作。虽然它是对身体的挑战，但它更是一个精神上的挑战。你必须集中精神，思维敏捷，要有即时的战略。你不能脑中一片空白。当你脑中一片空白时，你就会输。

3. 我专注于动作的执行、控制和速度。

生活方式

10

马克·莫西塞特（Marc Morisset）

蒙特利尔，加拿大

第一个成功完成Frontside Rodeo 1080动作的人

马克在加拿大的一个大家庭中长大，他总是非常活跃。直到加拿大政府推行一个测试和促进身体素质的活动，马克才发现自己具有不错的运动素质。尽管他练习了各种各样的运动，但他在练习高山滑雪时觉得山区的生活方式特别有吸引力。当他发现滑板运动时，所有条件都齐备了，并最终将他在滑板上学到的技能运用到了单板滑雪中。

单板滑雪在20世纪90年代有了长足的发展，马克也是如此。虽然单板滑雪是他的关注点，但体育活动的其他表达方式从来没有远离他的脑海。马克显然知道，照顾好身体对于在运动中表现得更好很重要，但是对如何做到这一点还不清楚。他知道，通过训练和发展身体，运动员可以在练习自己的项目时更加完整流畅地发挥出自己的技能。

有几年，马克用一辆公路自行车，骑上他家附近一座12千米的陡峭山坡来锻炼自己的耐力。后来他通过CrossFit发现了功能性训练的世界。经过8个月的训练，他决定回去登山，他第一次骑行的效率提高了25%。马克解释说，感觉他自己在用整个身体，而不仅仅是双腿去蹬车。就是在这个时候，

图片由西恩·沙利文（Sean Sullivan）提供

运动史

足球、高山滑雪、速滑、游泳、瑜伽、双板和单板滑雪

为什么会选择单板滑雪？

我小时候一直在玩自由式滑雪。搬家后，我没有找到适合滑雪的山坡，所以我最终加入了速度滑冰。除了速滑以外，我开始真正接触滑板，并最终在我搬回山区住时爱上了当时蓬勃发展的单板滑雪运动。我没有选择单板滑雪；是它选择了我。我别无选择，只能去做它。单板滑雪成为我的身体和创意的释放，它代表的不仅仅是一项运动；它是一种生活方式。

是单板滑雪定义了你，还是你定义了单板滑雪？

我小时候真的很爱滑雪，准备长大后要去朋克摇滚演出，这在最初定义了我。当我发现单板滑雪，并在20世纪90年代成为一名职业选手时，这项运动有了长足的发展，我知道我在其中发挥一点小作用，但是我绝不会声称我以任何方式定义了它。

他的基础训练理念得到了巩固，并真正带来了一种观念，即良好的身体训练将填补你在运动专项方面的表现差距。

马克现在已从单板滑雪项目退役，居住在靠近不列颠哥伦比亚省惠斯勒市的山脉附近，他继续着运动的生活方式，并已经成为精明的商人，带着我们都是通过运动聚在一起的信念，致力于为功能性运动员开发鞋子和服装。

以下为单板滑雪的3个好处。

1. 学会放弃别人的期望。

2. 与朋友分享经验，互相推动，取得成功。

3. 自由。

以下为训练和练习的3个重点。

1. 基础身体素质。能够走出去，感受无限的可能性，能够有较高水平的表现，全赖良好的身体素质基础。

2. 灵活性。能够完善我的移动方式，这对于表现良好一向至关重要，在处理一些旧伤之后则尤其重要。

3. 自重动作优先于举重训练。若对身体没有良好的控制和意识，肌肉力量的运用是有限的。

"了解饮食、动作和良好的训练是填补运动专项表现差距的关键因素。"

曼努埃尔·卡瓦略
（Manuel Carballo）

马德里，西班牙

作为西班牙国家体操队成员13年

曼努埃尔在西班牙马德里的一个体操世家中长大。他的父母都是体操运动员。他的爸爸作为主教练执教了西班牙男子国家队10年，并执教了女子国家队20年。他的两个哥哥都是体操运动员，其中一个获得了2次世界冠军。此外，曼努埃尔的妹妹是一名艺术体操教练。来自这样的家庭，体操理所当然就是曼努埃尔生活中非常重要的一部分。

尽管体操在曼努埃尔的家庭中是不可或缺的，但曼努埃尔最初却在游泳和柔道项目中表现出运动天赋，体操最终还是接管过来并成为他的全职运动。他对第一次练习体操的记忆是他在吊环和双杠上摆动时的兴奋感。体操有些标志性动作是只能通过学习体操才能体会到，这件事也使他感到很特别，而高水平的风险管理则带来了责任感，并进一步发展了他的自信。

曼努埃尔在很小的年纪就入选了西班牙国家队，并决心要参加奥运会。在他的成长过程中，他面对许多脆弱的时刻，那是由于不断困扰他的疼痛和伤病，以及他不像"正常"的孩子那样长大。幸好他有很棒的家庭、教练和朋友一直支持他，直到他参加了2008年在北京举行的奥运会，得以完成梦想。

曼努埃尔解释说，终身致力于参加奥运的承诺有时会让人觉得非常艰难和孤独，特别是当你试图解释为什么要如此折磨自己时。幸运的是，在专业和生活中会达到一种程度，无论结果如何，都决心尽可能地推动身体，并通过身体去表达你的家庭所培养的价值观，这种决心会带来难以形容的回报。

虽然曼努埃尔退出了比赛圈，但他继续练习体操。他致力于通过健康和健身的方法向全世界推广教育体操运动，而不仅仅是通过竞技体操，让更多的人去了解这个运动项目的魅力和力量。

运动史

柔道、游泳和体操

为什么选择体操？

我的两个哥哥都是体操运动员，对他们的仰慕使得我成为体操运动员是非常自然的事情。但真正吸引我参加体操运动的是在第一次学会无辅助的手倒立或空翻时所获得的感觉。手倒立的那几秒，或者空翻时身体感觉悬挂在空中的瞬间都是无法解释的感觉，这就是独一无二的特殊感觉。体操是一项让你比任何其他人都更了解自己的运动。你的身体是你的工作工具，你要在大脑和身体之间创造一种非常紧密的关系，并转化为一种生活方式。我毫不怀疑，体操会给你带来很多好处，比如帮助你做出更好的决定，并且生活得更加有满足感。

是体操定义了你，还是你定义了体操？

体操完全定义了我。到了某个程度，长时间的练习就会变成一种生活方式，而生活习惯（比如吃饭和睡觉）会对你是谁和你如何生活产生重大的影响。为了让体操与生活相互配合好，你必须使自己的日常生活符合运动项目的要求。回顾我的体操岁月，我自己的内在和外在都发生了巨大的变化。

以下为体操的3个好处。

1. 你会培养出快速的反应、整体的敏捷性和极强的本体感觉。

2. 遇到的挑战很困难，但是，克服了这些挑战之后，回报的就不仅仅是满足感。

3. 你与队友和教练建立的关系超出了这项运动的实践。他们成了家人。

以下为训练和练习的3个重点。

1. 坚持是最重要的，在练习如此复杂的运动项目时尤其如此。

2. 总是回到基础，将每个动作分解成进阶，并分别训练每个进阶，再将它们全部组合起来。

3. 不要浪费时间。哪怕是再短的时间。训练中的每一刻都必须得到很好的利用。

为什么选择举重？

表面上，举重只是两个动作（抓举和挺举），但如果你仔细观察并开始剥离各个层次，你就会意识到奥林匹克举重这项运动及其练习有无数个层次。举重让我处于不断的探索状态，而我剥离的层次越多，我就越意识到我只想继续练习这个项目。

是举重定义了你，还是你定义了举重？

我定义了它，但当我第一次练习时，我真的相信我最初学习的方式就是唯一的方式。我相信一种举重风格，我只是在训练和练习那种风格。直到我开始做教练，我发现尽管举重的本质对于每个人都是一样的，但每个人的做法都会稍微有点不同。从此以后，我决心帮助定义举重普遍风格背后的要点，以及它在所有举重风格中的独特应用。

以下为举重的3个好处。

1. 自我反思和冥想。

2. 产生爆发力。

3. 发展整体身体素质、运动能力，甚至成为运动员。

黛安·傅（Diane Fu）

蒙特雷，加利福尼亚州

运动史：篮球、羽毛球、健身、个人训练、CrossFit和举重

黛安在中西部长大，她的家庭重视学业甚于运动，但并没有阻止她成为篮球运动员的追求。上中学后，她开始在自家后院练习，最终攒够了勇气去参加球队的试训。但事实证明，黛安的篮球技术很糟糕。在她的学校里，每个落选篮球队的学生都被送去打羽毛球。尽管她最终并没有进行自己梦想中的运动项目，但是这项运动帮助她成了今天的运动员和教练。

当黛安开始花时间在健身房练习时，她显得格格不入：她是唯一一个瘦小的亚裔女孩，与橄榄球运动员一起做二头肌弯举，并学习举起很大的重量。16岁时，她有一对哑铃和一面镜子，建好了她的家庭健身房，并继续在父母的地下室进行训练。

中学毕业后，她搬到旧金山学习人体运动科学，还在当地的健身俱乐部找了一份前台工作。她对与她合作的私人教练印象深刻，决定努力成为一名私人教练，而这最终成了她的全职工作。她探索了身体运动表现的不同途径，其中之一是CrossFit。通过CrossFit，她发现了奥林匹克举重。

举重让黛安有了新的动力去学习关于该运动和人体动作的一切。她联系当地的一名奥林匹克举重教练，在他的监督下开始训练。她的第一次体验并不好，至少可以说：一个十几岁的女孩的抓举重量就可以双倍于黛安在状态比较好时的挺举重量。

她举重的前3年都是在训练和追求数字的上升。她的体重从130磅（69千克）上升到160磅（72千克），以便参加美国的全国性比赛。即使她觉得自己在该项运动中是有竞争力的，但她开始得太迟了，并且是在她作为教练开始发出耀眼光彩的时候才意识到这一点。她有能力与比她更高级的运动员沟通，并帮助他们追求其作为举重运动员的梦想。

自从黛安开始执教之后，她一直致力于发展自己的技艺，为各级运动员创造一个训练和练习的空间，以帮助世界各地的运动员和教练更好地理解为什么举重有如此多的风格，但仍然有一个普遍的方法可以适用于每一个人。

以下为练习的3个重点。

1. 动作质量。线条必须干净；身体必须适应不同的形态、流动和流畅。

2. 态度。没有不合理的滑稽动作。我喜欢保持轻松的团队氛围。

3. 乐趣。

图片由格雷厄姆·弗伦奇（Graham French）提供

生活方式

10

乔恩·奥尔森（Jon Olsson）

莫拉，瑞典

9块极限运动奖牌获得者兼几个双重空翻的发明者，包括D旋转720度水平旋转540度（DJ flip）、空中翻转1080度（hexo flip）、双水平旋转900度（kangaroo flip）和720度croked转换至平转540度（the tornado）。

乔恩·奥尔森出生于瑞典的莫拉。从很小的年纪开始，他就喜欢赢，喜欢迎接新的挑战。相较于喜欢赢，他更讨厌输。在他的第一场滑雪比赛中，他拿下第三名，他记得自己坐在父母的车子里回家，一路为了没有赢得奖杯而感到极度沮丧。乔恩继续练习高山滑雪，直到他16岁。当他看到一些人向后面滑，并在滑雪板上做出空翻动作时，他决定追求这种滑雪风格。

他将这种对赢的渴望带到了生活中的各个方面。即使在学校里要求写论文的时候，他也会确保自己的论文是最长的。乔恩做的一切都是极端的。他确保自己总是拥有最好的技巧，他最努力地去练习，让自己成为最好的。当每个人都回家的时候，他仍然会留在山上，爬上去跳下来，再试20次才结束一天的练习。

乔恩决心成为世界上最好的运动员，这个决心让他上升到世界排名第一，在冬季极限运动会中获得了金牌，并获得了其他许多世界冠军奖项。他不仅赢得了比赛，还创造了一些成为自由式滑雪标志性动作的新技巧，将这项运动推向了一个新台阶。

在参加了几年最高级别的赛事之后，乔恩决定再次在高山滑雪赛中碰碰运气。当他回到滑雪比赛时，他意识到他对胜利的满足感已经改变了，现在他开始不那么看重输赢，而是更

图片由奥斯卡尔·巴克克（Oskar Bakke）提供

为什么选择滑雪？

我小时候的第一个记忆就是在滑雪板上，滑雪对我而言是第二天性。每当我感到压力，生活变化得太快，或者感觉事情开始变得过于严肃时，爬上山就能让我立即感到解脱——更不要说在大自然的环境中会改变人的心态。

是滑雪定义了你，还是你定义了滑雪？

滑雪绝对定义了我成长过程中的生活方式，但随着年龄的增长，我开始创造出我想要的生活方式。滑雪让我接触到除了滑雪之外的其他一百万种冒险，我一直在利用它们来进一步定义这项运动。

多地因为知道自己尽了最大的努力去更接近自己的目标而欣赏自己的表现。

乔恩现在大部分时间都在欧洲进行训练和比赛，并在滑雪训练时间和赛季允许的情况下进一步发展自己作为自由式滑雪运动员的技能。他不只参加比赛，还主持在瑞典最受欢迎的大跳台（Big Air）赛事之一。另外，他是年轻的新晋商业大亨。

以下为滑雪的3个好处。

1. 不断成长。无论滑雪多久，总有进步的空间。

2. 自由。

3. 新鲜的空气和美丽的景色对任何人都有好处。

以下为训练和练习的3个重点。

1. 腿部力量。我希望我的下半身强壮，有爆发力，可以在斜坡上将我推得更远。

2. 动作技巧。我一直在努力完善我的技巧。

3. 核心力量，因为它是我所有动作的基础。

"我会不会是最好的，这从来就不是一个问题。但随着我年龄的增长，更倾向于我将是世界上最好的滑雪运动员。"

"训练，胜利，
微笑，重复。"

运动史

体操、芭蕾舞、撑竿跳、训练营、瑜伽和CrossFit

为什么选择CrossFit？

我一辈子都是运动员，并且有机会探索不同的体育学科，但我从来没有觉得那些运动能够让我真正深入了解作为运动员的自己。我喜欢赢，但只关注一件事从来都不是我的风格。CrossFit开发运动能力的通用方法使我处于一种不断感受到挑战的状态，而对我来说，这很有趣，因为我觉得我永远都还有新的目标。

是CrossFit定义了你，还是你定义了CrossFit？

CrossFit是我的运动，已经定义了我如今的部分生活方式。我很幸运地在这项运动刚刚开始蓬勃发展时就接触到它，我与它一起成长。看到参与这项运动的运动员和教练及CrossFit社区如何为其发展做出贡献，激励着我每一天都会继续努力向前，并帮助定义在未来将如何体验这种健身和生活方式。

安妮·索斯多尔
（Annie Thorisdottir）

雷克雅未克，冰岛

CrossFit赛事首位蝉联冠军的运动员

安妮在冰岛长大，家里还有父母和3个哥哥。除了在成长过程中一直是一个非常活跃的女孩之外，与哥哥们在一起的竞争氛围也激发了她的求胜心。如果你询问她的任何一位家庭成员，你就会很快知道，安妮不喜欢输，并且会付出一切努力去在任何竞赛环境中获得胜利。无论是哪个运动项目、引体向上比赛还是电子游戏或棋盘游戏，安妮总是带着她的冠军心态参加。

安妮在很小的时候就开始练习体操，并且有几年参加过比赛。除了体操之外，芭蕾也是她的身体表现的重要组成部分，直到她注意到自己并没有典型的舞者体型，并最终决定专注于体操生涯。尽管她擅长体操，但她的身材、运动员气质和强大的运动能力使她接触到了田径世界中的撑竿跳。她在这个项目上花了几年时间进行训练，并在国际赛事中代表她的国家参赛。

作为她体能训练计划的一部分，安妮参加了当地的训练营课程，她的好奇心和不断测试自己的动力在课程中得到了提高。她成了训练营课程的常客，并且那里的一名教练建议她应该在CrossFit比赛中碰碰运气。安妮完全不知道CrossFit是什么就去参加了比赛，并且赢了。这次获胜让她赢得了2009年在加利福尼亚州的阿罗马斯举行的CrossFit运动会总决赛的参赛资格。尽管在2009年的运动会中她并没有站上领奖台，但她在2010年再次参赛并获得了第二名，然后在2011年和2012年获得第一名，成为第一位连续两次赢得"地球上最强健的女人"（Fittest Woman on Earth）殊荣的人。

安妮继续从事CrossFit训练，并在她的家乡雷克雅未克与别人合资开了一家健身房，她在那里指导和教育会员，让他们了解健康生活方式的好处。她已经成为世界各地女性的榜样。

图片由 The Box 杂志提供

以下为CrossFit的3个好处。

1. 你变得有修养，因为你有机会与非常不一样的人群交流，你可能永远不会有机会在健身房和运动之外接触到他们。

2. 群体的氛围和挑战总是很有趣。

3. 对健康的真正意义以及身体的能力有新的认识。

以下为训练和练习的3个重点。

1. 积极的态度。不管问题多么棘手，总会有一些有益的收获。

2. 挑战自己。我推动自己去找到作为运动员的新我。我渴望成为我明天要成为的人。

3. 让姿态好看。我相信美是一种力量的表现。

生活方式

10

425

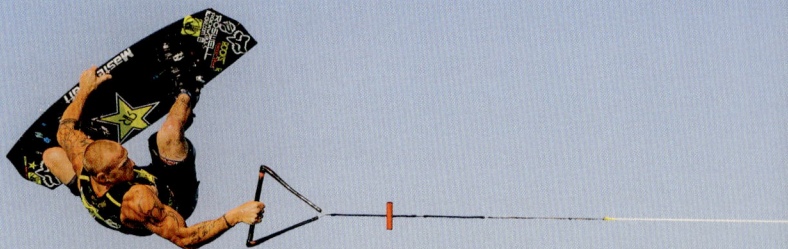

"尽可能努力地工作，但始终确保要为自己所做的工作感到骄傲。"

运动史

冰球、BMX（自行车越野）、滑板、直排轮滑、单板滑雪、摩托车越野赛、篮球、棒球、英式橄榄球和滑水

为什么选择滑水？

我爱上了它。它让我充满激情。滑水在成为我的工作之前，我已经完全迷恋上它，并且它最终成了我生活的一部分，就像生活伴侣一样。

是滑水定义了你，还是你定义了滑水？

当你尝试达到一定水平时，你会坚持滑水的行动计划，一旦你成为世界上的名人，那么你将为自己和周围环境设定新的标准，并帮助为滑水运动创建一个新的行动计划。

鲁斯蒂·"碎骨机"·马利诺斯基
（Rusty "Bone Crusher" Malinoski）

洪堡，萨斯喀彻温省，加拿大

世界冠军

第一个在比赛中完成转体1080度落地的人

鲁斯蒂在加拿大的一个小镇长大。他们家的几兄弟以参加各种团队和个人运动而闻名，如冰球、篮球、棒球、英式橄榄球和摩托车越野赛。然而，正是滑水最终让鲁斯蒂成了职业运动员。成为职业运动员的其中一步就是要花时间强化身体素质，以进一步提高自己的技艺水平。他已经做到常常去健身房，但到了18岁的时候，训练已经成为他滑水的重要组成部分。是摩托车越野运动的个人主义使他了解到发展自己的身体有多么重要，并将这种观点延续到他的滑水生涯。

在滑水的前三年，鲁斯蒂只是想开摩托车。他并没有意识到滑水会成为他的职业，后来他的朋友和周围的人注意到了他的天赋，并且鼓励他把滑水作为职业追求。为此，第一步是搬到佛罗里达州的奥兰多。

在其职业生涯的10年里，鲁斯蒂每年的排名都进入前十名，现在还保持着世界冠军头衔。他说，在职业生涯中的重大转折点之一就是开始练习CrossFit。他不仅学习了如何掌握人体动作和表现的基础知识，而且还把自己从一个220磅（约99.8千克）重的世界顶级车手变成一个比起以往任何时候都更快、更强壮和更灵活的190磅（约86.2千克）的滑板运动高手。这种变化在鲁斯蒂的训练方案中点燃了火种。自此以后，他一直致力于学习如何以最基本的方式移动他的身体，以便真正让自己的努力和花费在练习运动项目上的时间有最大的回报。因为他把自己的生活作为一项事业来经营，并且他是深爱妻子和儿子的顾家好男人。

以下为滑水的3个好处。

1. 探索与发现（鲁斯蒂走遍了世界各地）。

2. 关系（他遇见了他的妻子）。

3. 克服逆境（心态和职业道德）。

以下为训练和练习的3个重点。

1. 灵活性。消除所有的限制，并跳出在你的运动项目中使用最多的主要姿势。

2. 跳跃和落地的力学。奥林匹克举重。

3. 增加练习容量。更强的心肺耐力、耐力和力量使鲁斯蒂能够提高练习强度，更有竞争力，并且精力充沛。

图片由文伦·凯滕（Aaron Kalten）提供

生活方式

10

427

克里斯·"斯图蒂"·斯图腾堡
(Chris "Stouty" Stoutenburg)

科林伍德，安大略省，加拿大

残奥会轮椅篮球两次奥运金牌得主

斯图蒂在加拿大的小城镇中长大，运动是他家庭传统的重要组成部分。他的母亲是初中女子篮球队的教练，赢得过11个县级冠军；他的父亲为多伦多马利斯球队（Toronto Marlies）效力，并因骑自行车穿越安大略省为囊性纤维化患者筹集资金而知名。在这样一个热爱运动的家庭中，我们并不奇怪斯图蒂在3岁时就学会了滑冰和打冰球。

斯图蒂参加了很多项运动，但橄榄球吸引了他的注意力。他记得，自己还是一个约168厘米高、48千克重的小孩，站在球场上想打球，听到教练们在争论是否要让他这个小个子上场。斯图蒂说，"教练，把最大块头的人放在我面前，我能对付并阻截他。"他的决心让他一直打橄榄球，长大后成了一个约193厘米高、91千克重的大学球员。

有一天，当在朋友家的阳台上聊天时，斯图蒂的生活发生了180度的翻转。他靠着的栏杆不能支撑他的体重，这使他骤然跌落到地面，摔伤了背部。事故发生后，他在医院醒来，意识到他永远不能再走路了。这种现实带来了巨大的恐惧和沮丧，也是他一生中的决定性时刻。他告诉自己："我要么继续我的生活，要么结束生命，但不管我做什么，我都要全身心投入。"斯图蒂决定继续他的生活，并开始踏上康复之路。

医生告诉他，在他可以出院之前需要6个月的康复，但是斯图蒂告诉他们，他不能住院那么久，他已经计划在3个月后开始上大学了。在经过多次手术后，他向护士要一张轮椅。护士告诉他，他还没有准备好，于是斯图蒂在床边摆动着双腿说："如果你不给我一张轮椅，我就要自己下床喽！"护士跑去推了一个轮椅过来，康复之路就此开始。斯图蒂把原定每日一小时疗程变成了全天训练，因为他把其他人的康复疗程记在心里，并开始训练自己，为上大学做准备。2个月后，他出院了。

图片由珍妮弗·尼科尔（Jennifer Nichol）提供

运动史

冰球、棒球、足球、篮球、田径、橄榄球、轮椅网球、轮椅橄榄球和轮椅篮球

为什么选择篮球？

当你坐在轮椅上时，人们首先看到椅子，然后看到人。不幸的是，这是人性，对像我这种情况的人来说，这真的会让人气馁。通过篮球，我建立了勇气，能够在轮椅上与他人进行社交和身体的接触，表达我是谁，我有什么能力。如果没有篮球，我也仍然会是我，但篮球帮助我找到工具让自己变成更好的我。

以下为作为残疾运动员进行训练的3个好处。

1. 我变成了一个有能力的父亲。我可以和我的孩子进行互动和玩耍。

2. 我成了一个独立的人。即使没有我的轮椅或任何人的帮助，我也可以四处走。

3. 我发展了最基本的人体功能——我们认为是理所当然的功能，比如对膀胱和肠道的控制。

以下为训练的3个重点。

1. 准备。我总是有一个计划和策略。

2. 身体素质。我不仅仅是为了篮球而训练；我为了生活而训练。

3. 心理训练。我专注于培养正确的心态。

出院后，他马上进行了一些残疾人运动，比如网球、橄榄球和田径。不过，是篮球让他找到了熟悉的感觉，让他有勇气再次找回自己。最重要的是，斯图蒂想建立自己的家庭。他为一些事情感到苦恼：他无法完成作为父亲的一些基本功能，例如从地上捡起一些东西，把它放在大腿上，而不需要借助双臂让自己从俯身姿势坐起来。医生说他永远都不能做到这个动作，但是斯图蒂决心学会它，以便能够抱起孩子，把他放在自己的大腿上。经过几个月的训练和练习，他做到了，他现在可以把他的孩子从地上抱起来并放在大腿上。

现在，斯图蒂和妻子及儿子一起住在安大略省的科灵伍德，在那里他打篮球也教篮球，每天都训练，保持体形和状态，并且帮助和激励世界各地残疾运动员达到他们从来没有想过有可能达到的运动表现水平。

"生活有得必有失。我其实不介意失去；这只会让我更加努力。"

有机会写一本书并且出版，这的确不是每天都会发生的事情。想想在他们的人生目标清单上列出"写书"的人数，更不用说有多少伟大的作家穷尽一生也没有出版过任何作品。

我作为运动员和教练，大半辈子都在体操馆里。很明显，我应该写一写体操这项运动——特别要写一写如何利用体操来提高体能或身体素质。所以我打电话给我的朋友和前客户安东尼·谢邦狄（Antony Sherbondy），并邀请他和我一起写。这种合作关系似乎是水到渠成的，因为我们已经在几年前讨论过一些想法，准备合作撰写关于体操及其在健身和运动表现方面应用的文章。

当我们第一次合作时，我们在帕洛阿尔托的一家咖啡馆见面，聊了几个小时。我们在记事本和餐巾上做笔记，并录下了我们的对话，作为参考，将来也可转录成文字。我们越讨论这本书，试图把想法写在纸上，这本书的概念就越多。我们很难坚持体操的主题。我们不断偏离体操，谈论极限运动、CrossFit，甚至是哲学问题。经过几个月的时间，我们感到有点迷惘。

在我们的一次会议中，安东尼建议在不同的主题之间来回切换，并尝试首先为我所教授的研讨会写一本手册。该手册不会采用传统书籍的形式，而是采用交互式电子书的形式。我们都相信，这将让我的观众在使用和消化这份材料时有一份独特的体验。

我们都对这个想法感到兴奋，并开始工作。在短短几天之后，我们已经设法组合了比过去6个月更多的内容。我们终于启动了项目，我们清楚地知道自己正在写什么，以及谁想要阅读它。不过，我们没过多久就意识到，必须出版一本有实际页面的实体书，因为这是一生只有一次的机会。我们也意识到这本书不再是关于体操的。它是关于生活，关于运动，关于健康长寿的。它是关于我们真正关心的一个话题的：通过动作表达自我。

这本书不再是手册了；它是我们所信奉的一种生活方式的宣言，我都认为应该与全世界分享这种生活方式。生活方式并不是你所做的某件事，而是你的*生活实践*。

我是在运动中长大的——这种生活方式让人致力于不断练习、训练、探索，并专注于发展身心。我获得的最大启示是，你周围的人与你的生活方式同样有价值。这些人不仅仅是队友、教练、医生和治疗师。他们会成为你的朋友、大家庭的一员、最令人赞叹的支持团体，以及你最好的灵感来源。

在我的成长过程中，我非常痴迷于体操训练的生活方式，晚上我会急于去睡觉，那么我就可以闭上眼睛，在梦里赢得奥运奖牌。在我的梦想中，我可以看到自己站在领奖台上，拿到一枚奖牌，看着充满欢呼的观众和闪光灯的体育馆。直到今天，我仍然会想到这个梦想，但是现在我有时会想象我不是看着一个充满闪光灯的体育馆，而是抬头看着一个没有闪光灯，没有家人或朋友一起庆祝的空荡荡的体育馆。在这个版本的梦中，赢得奥运奖牌显然不再有意义。

我告诉你这个梦想，因为它教会我，无论你在生活中有什么成就，除非你与世界分享它，否则你的体育馆将是空荡荡的。写这本书是我的其中一个生活成就，所以我和你分享它。如果在阅读这本书的时候，你会学到一件事情，或者脑海里有灵光一闪的一刻，那一刻就是一场胜利。无论胜利是大是小，你都始终可以认为这场胜利是一项成就。

所以我现在离开你，鼓励你拥抱自己所学到的东西，并与别人分享它。在你这样做的那一刻，你就会看到进步。如果你问我，我会说，进步永远都是成功。

外展（abduction）：使肢体远离身体中线的一种动作。

内收（adduction）：将肢体拉向身体中线的一种动作。

解剖学姿势（anatomical position）：在这种姿势中，人体处于直立和静止状态，双脚并拢，双臂转向外侧，使手掌朝前，拇指朝向离开身体的方向。

前部的（anterior）：更靠近正面，特别是位于身体的前部。

支撑基础（base of support）：在身体下方由身体与支撑面接触的每个点所组成的区域。这些接触点可以是身体部位，例如脚或手，也可以是物体，例如拐杖或者上面坐人的椅子。

质量中心（center of mass，COM）：又叫质心，和重心不同。一个假设的点，重力似乎在其周围发生作用。身体的组合质量似乎集中在这一点上。因为它是一个假设的点，质量中心不一定在一个人或物体的物理边界范围之内。

向心阶段（concentric phase）：一个动作阶段。在该阶段中，发生向心收缩并且肌肉长度缩短，以执行动作。例如，在深蹲中，这将是蹬地重新站起来的阶段。

对侧的（contralateral）：指发生在身体另一侧的动作。

背屈（dorsiflexion）：方向朝上的足部屈曲。

离心阶段（eccentric phase）：一个动作阶段。在该阶段中，发生离心收缩，并且肌肉长度增加，以执行动作。例如，在深蹲中，这将是身体向地面降低的阶段。

运动范围边界（end range of motion）：动作在全身（身体形态）或局部（关节）层面的极端限制。

伸展平板支撑姿势（extended plank position）：在这种平板支撑姿势中，双手不再位于肩膀下方，而是在肩膀前面，肩关节屈曲，并且从手到脚形成一个空心体姿势。

伸展（extension）：一个伸直的动作，使身体部位之间的角度增大。例如，站立时，膝关节伸展。髋或肩的伸展使腿或臂向下和向后移动。与屈曲相反。

屈曲（flexion）：一个弯曲的动作，使身体部位之间的角度减小。肩或髋的屈曲使手臂或腿向前和向上移动。弯曲肘部就是肘关节屈曲的一个例子，而手臂举过头顶则是肩关节屈曲的一个例子。与伸展相反。

额状面（frontal plane）：将身体分为前后两个部分的垂直平面。

全身（global）：指在移动或静止期间所采用的完整身体形态。例如，站立是一个中立的全身姿势，而在吊环上摆动则是身体在全身层面屈曲和伸展的动作。

铰链（hinge）：关节执行类似于铰链的功能的行为。例如，俯身从地面上捡起东西就需要髋关节铰链。

空心体姿势（hollow body position）：来自体操的术语，指身体采用全身屈曲的姿势，通常在地上仰卧或面朝上。

倒立（inversion）：将身体的方位改变为

433

反转或上下颠倒的行为。

摆动（kip）：爆发性的踢或摆动动作。

局部（local）：指在运动或静止期间采用的关节姿势。例如，手倒立要求肩关节屈曲。

移位（locomotion）：从一个地方移动到另一个地方。最常见的移位形式是爬行、行走和跑步。

腰曲（lumbar curve）：也称为腰弯、腰凸或脊柱前凸（lordosis），指腰椎（下）和颈部（上）区域的正常向内弯曲。

中线（midline）：一条从头顶到双脚的假想线。中线通常与矢状面相关联，矢状面将身体分为右半部和左半部。

动作控制（movement control）：在动作过程中或处于静态姿势时，在全身和局部层面控制姿态的能力。

多关节动作（multi-joint movement）：一个动作涉及几个关节同时屈曲和伸展、在健身界也被称为复合动作（compound movement）。

反向阶段（negative phase）：动作的离心阶段或下降阶段。也称离心阶段。

中立（neutral）：指身体在全身和局部层面尽可能接近解剖学姿势。

平板支撑姿势（plank position）：作为力量练习的一种静态保持，包括保持中立的全身身体姿势，同时用双臂和双腿支撑自己。最常见的平板支撑或前平板支撑是在俯卧撑姿势中的保持，在由双手和双脚创造的支撑基础上支撑体重。但在平板支撑中也可以由前臂、肘部和脚趾来支撑。

跖屈（plantarflexion）：方向朝下的脚伸展。

正向阶段（positive phase）：动作的向心或上升阶段。参见向心阶段。

后方肌肉群（posterior chain）：在身体的背面主要由肌腱和韧带组成的一个肌肉群。

进阶（progression）：这种行为是指对动作模式逐渐提出更具挑战性的要求，以便针对特定任务目标开发特定的动作或练习。

俯卧/伏下姿势（prone/pronated position）：面朝下趴着。

本体感觉（proprioception）：动作过程中不同身体部位在空间中相对位置的感觉。

接（receive）：接住一个物体，比如在奥林匹克举重的高翻中，让杠铃落在肩上。另外，指控制动作进入某个特定姿势，例如执行摆动式双立臂，并有控制地让自己进入臂屈伸姿势。

矢状面（sagittal plane）：将身体分为右半部和左半部的垂直平面。

单关节动作（single-joint movement）：一个动作只涉及一个关节的屈曲和伸展，在健身界中也称为孤立动作（isolation movement）。

技能转移（skill transfer）：将通过练习和训练一种特定动作技巧所获得的移动能力传递到另一种动作技巧的能力。

平行（square）：指髋和肩保持与额状面平行。

严格（strict）：指不涉及摆动的动作类型。严格的动作通常要缓慢地执行，全身形态的变化很小。

超人姿势（Superman position）：来自体操的术语，是指身体采用全身伸展姿势，通常面朝下或俯卧在地面上，双臂伸过头顶并内收。

仰卧/躺卧姿势（supine/supinated position）：面朝上躺着。

牵引（traction）：执行动作时的控制和稳定性。可以认为它相当于汽车轮胎在路面上的抓地力。

过渡姿势（transition position）：或叫转

换姿势，身体在动作过程中改变方向前采取的最后一个姿势。

横截面（transverse plane）： 将身体分为上半部和下半部的假想平面。它垂直于额状面和矢状面。

团身（tuck）： 膝盖弯曲并保持靠近胸部的姿势，通常双手紧抱胫部。

单侧负荷（unilateral loading）： 在动作期间或保持姿势时，将大部分负荷放在身体的一侧。

首先和最重要的，我要感谢我的未婚妻托尼亚·怀特（Tonya White）在我写这本书的过程中给予我无条件的爱、支持、鼓励和指导。在遇到压力、疲劳和心不在焉时，我常会变成一个唠叨的人。感谢你成为我最好的朋友、我的灵感来源，你是我继续努力生活的最好理由。

感谢我的家人对我的信任，帮助我成为今天的自己。感谢我的妈妈，让我明白家庭的重要性，以及把自己的价值观和诚信带到生活和事业中的各个方面会有多么强大的作用。感谢我的爸爸，教会我积极主动的重要性，以及如何让困难看起来变得容易。感谢我的姐姐海伦娜（Helena），教我勇于梦想，勇于走自己的路，不害怕打破固有模式。感谢我的哥哥约翰（John），你是我的榜样，让我知道自己想成长为什么样的人。感谢我的兄弟奥斯卡（Oscar），你永远在我的身边，同甘共苦，并总是愿意为了我而牺牲自己的幸福。感谢我的小妹妹克里斯蒂娜（Cristina），你总是把快乐带到我的生活中，让我知道我们都是平等的，要以尊重和正直的态度来待他人。

感谢我的合著者安东尼（Anthoney），现在我们已经是好朋友了，你毫不犹豫就加入这个项目，使其成为我职业生涯中最好的学习经历。感谢你教我如何成为更好的沟通者和团队合作伙伴，以及如何对付和解决最困难的问题。如果没有你，这本书永远都写不出来，为此我永远都感激不尽。

谢谢赖恩·史密斯（Ryan Smith）和尼克·迪米科（Nick D'Amico）帮我将我的想法和教学理念通过这本书带给大家。感谢你们教我如何为受众创造最独特和完整的体验，并不断提醒我不要害怕与众不同。

感谢我的导师凯利·斯塔雷特（Kelly Starrett）对我的帮助和照顾。感谢您告诉我，要成为沟通专家，就必须首先学会如何做老师，而创新就像让想法和概念深入人心一样简单。

感谢内森·赫尔明（Nathan Helming）提醒我总会有成

长的空间。更不用说还要感谢您帮助我阅读、编辑、组织和撰写这本书。

感谢贾米·蒂卡宁（Jami Tikkanen）从最开始就相信我，让我有机会与像安妮·索斯多尔（Annie Thorisdottir）这样了不起的运动员一起工作，并且向我示范一个真正的教练应该怎么做。感谢您在本书中分享您的知识，并帮助我全面展现我的想法。

感谢 AcroSports 给了我家的温暖，并让我有机会重回体操运动的领域。感谢你们帮助我看到并尊重所有表演艺术和学科。

谢谢胡列特·斯塔雷特（Juliet Starrett）总是包容我并帮助我继续我的职业生涯。感谢旧金山 CrossFit 的所有教练，你们是我好榜样、同事和朋友。

感谢布里埃尔·贾奇科（Gabriel Jaochico），即 BBoy Wicket，向我展示了舞蹈的力量，以及如何通过动作去表达艺术。感谢迈尔斯·品涅达（Miles Pinneda）成为我的老师，并向我展示自由风格的真正意义。

谢谢安妮·索斯多尔（Annie Thorisdottir）信任我可以帮助指导你们实现你们的目标，并向我展示人体的真正能力。

感谢我的出版商维克多·贝尔特公司（Victory Belt）的指导和支持，并相信我要说的内容有足够的价值，给了我这个机会。特别感谢格伦·科多萨（Glen Cordoza）拍摄的所有技术图片。

感谢鲁斯蒂·马利诺斯基（Rusty Malinoski）、乔恩·奥尔森（Jon Olsson）、奥马尔·德尔加多［Omar Delgado，即罗格·斯瑞特（RoxRite）］、安妮·索斯多尔（Annie Thorisdottir）、克里斯·"斯图蒂"·斯图腾堡（Chris "Stouty" Stoutenburg）、马克·莫西塞特（Marc Morisset）、曼努埃尔·卡瓦略（Manuel Carballo）、布赖恩·奥罗斯科（Brian Orosco）、黛安·傅（Diane Fu）和林齐·马修斯（Lindsey Mathews），感谢你们在忙碌的事业中抽出时间和我交流，并允许我讲述你们的故事。

感谢卡拉·卡米拉（Caragh Camera）、格雷厄姆·弗伦奇（Graham French）、奥斯卡尔·巴克克（Oskar Bakke）、保罗·桑切斯（Paolo Sanchez）、肖恩·沙利文（Sean Sullivan）、艾

伦·凯滕（Aaron Katen）、珍妮弗·尼科尔（Jennifer Nichol）、尼卡·克拉默（Nika Kramer）、克里斯·格里尔（Chris Greer）、基德·大卫（Kid David）和玛丽亚·戴维（Maria Davey）为我提供了漂亮的图片，帮助我栩栩如生地表现出我所信奉的生活方式。谢谢杰尼·莫杜克（Jeanie Mordukhay）支持并帮助设计本书的排版。

感谢亲身跟过我训练，观看过我的视频，或者直接伸出援手支持我的工作的每一个人。你们善意的话语让我继续坚持下去。我把这本书献给你们。